Washington Rules

WASHINGTON RULES: America's Path to Permanent War
by Andrew J. Bacevich

Copyright © 2010 by Andrew J. Bacevich

워싱턴 룰

★ ★ ★

미국은 왜
전쟁을 멈추지 못하는가

★ ★ ★

앤드루 바세비치 지음
박인규 옮김

오월의봄

어리석은 우리가 스스로를 조롱하지 않게 해주소서.

−T. S. 엘리엇, 〈재의 수요일〉(1930)

내가 《워싱턴 룰》을 쓴 가장 큰 목적은 미국 국민에게 미 국가 안보 정책의 진정한 핵심을 규정하는 행동방식을 보여주기 위한 것이었다. 세계에 대한 개입주의, 이를 작동시키기 위한 세계적 힘의 투사, 그리고 이를 위한 미 군사력의 세계적 배치라는 이 행동방식은 2차 세계대전 직후에 생겨나 지금까지 계속되고 있다.

한국전쟁(1950~1953년)은 이러한 행동방식이 정착되는 데 중대한 기여를 했다. 이후 현재까지 미군이 한반도에 주둔하고 있다는 사실은 이 행동방식이 얼마나 끈질긴 것인가를 잘 말해준다. 오늘날 미국인들은 한반도에서 전투가 중단된 지 60년이 지난 지금까지도 머나먼 동북아시아에 미군이 주둔하고 있다는 사실을 전혀 이상하게 받아들이지 않는다. 사실 미국 국민은 미군이 일본과 몇몇 서유럽 국가들에 한국보다도 더 오랜 기간 주둔하고 있다는 사실도 당연하게 받아들인다. 대다수 미국인들에게 미군 병사를 해외에 보내는 것은 미국 영화를 수출하는 것만큼이나 자연스러운 일이다. 그것은 그저 미국이 하는 일 중 하나일 뿐이다.

한때는 워싱턴 룰에 대한 준수가 미국 국익에 부합했다. 그렇게 하는 것이 미국 국민의 안전과 행복에 기여했다. 또한 냉전 기간 동안 미군을 해외에 주둔시키고 기꺼이 그 힘을 투사하려는 워싱턴의 의지가 미국의 우방국들에게 도움이 됐다. 남한은 물론이고 서유럽과 일본에서도 자신의 국토에 미군이 주둔하고 있다는 사실만으로도 안전함을 느낄 수 있었다. 안전 보장은 경제 재건, 또는 경제 개발을 촉진했고, 이는 다시 자유민주주의 제도의 형성을 가져왔다.

나 자신이 해외에서 군 복무를 해본(비록 한국에서는 못했지만) 군인으로서, 미군의 활동이 현지 주민들에게 불편함과 어려움을 끼쳤음을 잘 알고 있다. 나아가 어떤 때는 일부 미군 병사가 아주 못된 행동을 했다는 것도 알고 있다. 그러나 전체적으로 평가해보자면, 2차 세계대전 직후 몇 십 년 동안 한국을 비롯해 미군을 받아들인 나라들에게 워싱턴 룰에 따른 혜택은 그 비용을 능가했다고 할 수 있다.

그러나 그것은 그때이고 지금은 사정이 달라졌다. 지금 이 순간, 적어도 미국에 관한 한 워싱턴 룰은 비생산적인 것이 돼버렸다. 워싱턴 룰은 더 이상 미국을 강력하고 안전하게 만들어주지 못한다. 오히려 미국의 힘을 소진시키고, 미국의 부를 탕진시킨다. 그것들은 미국이 영구적으로 전쟁을 할 수밖에 없는 상황을 만들어냈다.

물론 1950년대 초 미국이 한반도에서 수행했던 전쟁에 비하면 현재 치르고 있는 전쟁들은 그 규모가 크지 않다. 그러나 이 전쟁들은 대단히 많은 비용이 소모되고, 대단히 오래 지속되고 있으며, 설사 결말이 난다 해도 잘해봐야 애매모호한 것으로 끝날 공산이 크다. (전쟁으로 인한) 이득보다도 고통이 훨씬 큰 것이다. 일례로 이라크전쟁의 과정과 결과를 살펴보라.

어쨌거나 워싱턴 룰은 여전히 건재하다. 버락 오바마 대통령이 노벨 평화상을 받았다는 사실에 현혹되지 말자. 오바마 역시 워싱턴 룰을 충실히 따르고 있다. 그 자신의 취향에 따른 약간의 변형이 있긴 하지만 말이다. 예컨대 미국의 세계적 배치와 관련해 오바마는 아프리카를 강조하며, 미 아프리카사령부의 역할과 활동을 확대하고 있다. 나아가 세계적 힘의 투사를 위해 무력을 선택하는 문제에서 오바마는 미사일 발사 능력을 가진 무인기drone를 특별히 선호하고 있다. 현재 무인기는 필리핀에서 예멘, 소말리아에 이르기까지 표적 암살의 수단으로 활용되고 있다. 또 개입주의 성향에 관해서, 비록 오바마는 실패한 이라크전쟁에서 미군을 철수시키기는 했지만, 역시 실패한 아프가니스탄전쟁(나아가 이웃한 파키스탄에까지)을 확대하고 연장시켰다. 그리고 이제 오바마 행정부는 아시아로 '귀환'을 선언했다. 이 선언이 실행될 경우 미군이 아시아 지역 어디에 배치될 것이며 어떻게 편제되고 무슨 임무를 맡을 것인지 등에 커다란 영향을 미칠 것이다.

나는 미국 국민이 워싱턴 룰에 대한 집착이 허망한 것임을 결국에는 깨닫기를 기대한다. 아니 소망한다. 하지만 솔직히 말하면 그러한 일이 조만간 일어나리라고 예상하지는 않는다. 워싱턴 룰은 여전히 워싱턴을 살찌우고 있다. 미국 전체에는 큰 해악을 끼치고 있지만 말이다. 그 결과 국가안보 기구를 장악하고 있는 사람들은 현상유지를 위해 무슨 일이든 하려 할 것이다. 앞으로 당분간은 이들의 노력이 먹힐 것으로 보인다.

하지만 언젠가―어쩌면 누구도 제대로 설명할 수 없는 명분을 위해 너무도 많은 미군 병사들이 목숨을 잃은 뒤, 또는 수조 달러의 재정 적자가 쌓이고 난 뒤―는 미국 국민이 워싱턴 룰의 완전한 폐기까지는 아니더라도 개정을 요구하는 날이 올 것이다. 그러한 일이 벌어질 경우 한국과 같은 미국의 오랜 동맹국들에게 미치는 영향은 심대할 것이다.

그 영향이 즉각 드러나지는 않을 것이다. 변화는 점진적으로, 어쩌면 10년 이상에 걸쳐 일어날 것이다. 그러나 새롭게 형성될 규칙rule은 다음과 같을 것이다. 미국은 더 이상 스스로를 방어할 능력을 갖춘 것이 분명한 나라들에 대한 방위 의무를 지지 않을 것이다. 미군 병사들이 싸우고 목숨을 잃을지도 모를 전쟁을 결정할 때 이전보다 훨씬 신중해질 것이다. 워싱턴 룰이 영구히 중단되는 사태를 예상하면서 한국인들도 지금부터 그에 대한 대비를 시작해야 할 것이다.

인디애나 주 노트르담에서

앤드루 바세비치

차례

한국어판 서문   6

들어가는 말   12

1장   **CIA와 SAC, 준전쟁의 전사들**   35

대통령을 움직이는 세력들 | 제국의 건설자들 | 앨런 덜레스: 위대한 백인
담당관 | 커티스 르메이: 우리는 지금 전쟁 중 | 새로운 안보국가의 음과 양

2장   **냉전 용사들의 환상**   87

케네디, 워싱턴 룰을 더 강화하다 | 누가 통제권을 갖는가 | 냉전 용사들의 치
욕 | 낭떠러지를 향해 | 베트남과 케네디의 죽음 | 베트남전쟁은 왜 일어났나

3장   **되살아난 신조**   151

전쟁을 반대하는 사람들 | 명예로운 평화 | 베트남을 망각하다 | 올브라이트
의 등장과 퇴장

4장 **성 삼위일체가 재편성되다**   199

미군의 세계 주둔은 더 확대됐다 | 전쟁의 재발명 | 속도는 최고의 무기 | 수
렁에 빠진 이라크 원정

5장 **여전히 전쟁은 계속됐다**   245

부시도 오바마도 똑같은 공범일 뿐 | 워싱턴 룰의 궤도 수정 | 퍼트레이어스
의 전쟁 교훈 | 증강, 질문을 지워버리다 | 반란진압작전 세력의 어젠다 | 오
바마의 아프가니스탄전쟁 | 오바마의 현상유지 결정

6장 **워싱턴 룰, 누가 이익을 보는가**   297

워싱턴 룰, 이익 보는 세력들 | 돌아오라 조국으로 | 새로운 성 삼위일체 | 대
중의 책임도 있다 | 선택을 해야 할 시점

감사의 말   334

옮긴이의 말   336

미주   349

뒤늦은 배움

세속적 야망은 진정한 배움에 방해가 된다. 나 자신이 잘 알고 있다. 무엇인가를 정신없이 좇는 젊은이들에게 배움이란 거의 불가능하다. 젊은이들은 자신이 무엇을 원하는지, 어디로 향하고 있는지를 잘 알고 있다. 과거를 돌아본다거나 색다른 생각을 음미해 보는 것에 대해서는 그럴 시간도 의향도 갖고 있지 않다. 젊은이에게 중요한 것은 자신이 무엇인가를 추구하고 있다는 사실이다. 야망이 사그라질 때 비로소 배움의 가능성이 열린다.

내가 진정한 배움을 시작하게 된 것은 중년에 들어선 이후였다. 나는 그 날짜를 정확하게 지적할 수 있다. 베를린장벽이 무너지고 얼마 지나지 않은 어느 겨울날 저녁, 베를린 브란덴부르크문 앞에서 내 배움은 시작됐다.

미 육군 장교로서 나는 상당한 기간을 독일에서 보냈다. 하지만 그때까지 우리 가족이나 내가 독일에서 가장 유명한 이 도시, 베를린을 방문할 기회는 없었다. 베를린에는 지극히 역겨운 역사의 유물들이 여전히 도시 곳곳에 흩어져 있었다. 우리는 불과 몇 달 전까지만 해도 공산권 지역이었던 동베를린을 하루 종일 싸돌아 다녔다. 시간은 늦었고 배도 고팠지만. 나는 운터덴린덴Unter den Linden 거리를 따라 슈프레강에서 브란덴부르크문까지 걷자고 고집했다. 차가운 겨울비가 내렸고 도로는 반짝거렸다. 도로에 늘어선 건물들, 프로이센 왕들의 시대부터 있던 건물들은 어둡고 더러웠으며 군데군데 홈이 파여 있었다. 사람들은 거의 없었다. 관광하기에 좋은 밤은 결코 아니었다.

내가 기억하는 한 브란덴부르크문은 시대의 탁월한 상징이었으며 베를린은 현대사의 진원지였다. 그러나 과거 독일의 수도였으며 다시 미래의 수도가 될 이 도시를 내가 방문하고 있을 즈음 역사는 이미 앞으로 나아가고 있었다. 냉전은 갑작스럽게 끝났다. 분단된 도시와 분단된 민족은 다시 하나가 됐다.

베를린을 그저 지도상으로만 알고 있는 미국인에게 이 도시는 하나의 은유metaphor로만 존재한다. 특정한 시점을 뽑아보라—예컨대 1933년, 1942년, 1945년, 1948년, 1961년, 1968년—그렇다면 베를린은 권력, 부패, 비극, 저항, 인내, 입증 등을 보여주는 교훈적 상징이 된다. 과거를 우화의 연대기로 보려는 사람들에게 베를린의 현대사는 풍부한 이야깃거리를 제공해준다. 이러한 우화 중 가장 거대한 것은 1933년에서 1945년 사이의 사건들, 즉 악이 일어나고, 이에 뒤늦게 대응하며, 마침내 이 악을 영웅적으로 무너뜨리고 만다는 대서사이다. 두 번째 이야기는 2차 세계대전 직후 긴장된 시기에 엮어진 사건으로 평화의 희망이 꺾이고, 지독한 적대 상태가 시작되지만 결연한 의지로 이를 뚫고 나간다는 것을 보여준다. 세 번째 이야기의 중심은 뒤이은 대치 상태—존 케네디의 기억될 만한 표현에 따르면 "기나긴 여명의 투쟁"—이며, 그 시기의 핵심 주제는 다가올 위험에 정면으로 대응하는 강인한 용기이다. 그리고 마침내 1989년 환희의 순간이 찾아왔다. 드디어 자유가 베를린뿐만 아니라 동유럽 전체에 흘러넘치게 된 것이다.

브란덴부르크문에서 내가 찾으려 했던 것은 정확히 무엇이었을까? 아마도 내가 진실이라고 여기고 받아들였던 위의 이야기들을 확인하려 했던 것 같다. 그러나 내가 기대한 것이 무엇이었든 간에 내가 실제로 발견한 것은 배지라든가 메달, 모자, 군복 등 한때 막강했던 소련 적군Red Army의 기념품들을 좌판에 벌여놓고 행상을 하고 있는 허름한 차림의 젊은이들—분명 독일인은 아니었다—이었다. 젊은이들이 파는 물건들은 모두 값싸게 만들어진 조잡한 쓰레기들이었다. 나는 한 움큼의 도이체마르크D-marks를 주고 소련군 문양이 새겨진 손목시계를 샀다. 그 시계는 며칠이 가지 않아 작동을 멈췄다.

상처가 난 기둥 사이에 옹기종기 모여 있는 이 행상꾼들—본국으로 재배치를 기다리고 있는 휴가 중의 러시아 병사들이 분명했다—의 존재는 전복적인 분위기를 풍겼다. 그들은 베를린장벽의 붕괴와 함께 깔끔하게 마무리되었어야 했을 이야기를 깔끔하지 못하게 만든 사례였다. 따스한 잠자리와 식사를 위해 호텔을 찾아 헤매는 동안 이 당혹스러운 만남이 내내 내 머릿속을 맴돌았고, 나는 다음과 같은 가능성을 곱씹었다. 지난 20년간 직업군인으로서 내가 축적해왔던 진실들—특히 냉전과 미국의 대외 정책에 관한—이 어쩌면 완벽한 진실은 아닐지도 모른다는 가능성 말이다.

타고난 기질과 자라온 환경에 따라 나는 언제나 정통적인 견해를 받아들이는 것에 편안함을 느껴왔다. 권위에 복종하는 삶을 살아온 탓에 존경은 내 삶에 깊이 각인된 습관이 됐다. 나는 통상적인 지혜에서 확신을 느껴왔다. 하지만 이제 나는 어렵사리, 이른바 정통이 쓰레기일 수도 있다는 점을 의심하기 시작했다. 나는 진정한 진실이란 결코 단순하지 않으며, 높으신 분들—대통령, 총리, 또는 대주교 등—이 아랫사람들에게 말하는 이른바 '진실'은 기본적으로 의심해야 한다는 점을 깨달았다. 강자가 진실을 드러낼 때는 오직 자신의 목적에 부합하는 한에서만 진실을 보여준다는 것도 깨달았다. 그럴 때조차도 강자가 내보이는 진실은 기만과 은폐와 이중성이라는, 보이지 않는 실에 뒤덮인 채 제시된다. 권력의 행사에는 조작이 따르기 마련이고, 권력은 솔직함과 대척점에 서 있는 것이다.

창피하게도 나는 이 명백한 사실을 인생의 후반부에 뒤늦게 깨달았다. 일찍이 역사가 헨리 애덤스Henry Adams는 다음과 같이 썼다. "무의미한 사실을 축적해갈수록 무지도 늘어간다는 사실만큼 교육에서 놀라운 일은 없다." 그 순간까지 나는 너무도 자주 사실들을 축적하고 분류하는 것이 곧 배움이라고 착각해왔다. 베를린, 브란덴부르크문 발치에서 나는 비로소 내가 천진난만했다는 사실을 깨달았다. 그리하여 나이 마흔한 살에 가다 서다를 반복하며 진정한 배움의 길에 들어서게 된 것이다.

그 후 20년이 지나면서 나의 배움은 약간의 진전을 이루었다.

이 책은 그동안 내가 진정 배운 것이 무엇인지를 보여준다.

* * *

사실 1990년 10월에 나는 이전의 내 배움에서 무언가가 잘못됐다는 사실을 어렴풋이 깨달을 수 있었다. 10월 3일, 공산 동독—공식적으로는 독일민주공화국GDR—이 사라졌고 독일 통일이 공식 확정됐다. 바로 그 주에 나는 일단의 미군 장교들과 이전 동독 지역에 있었던 예나를 방문했다. 우리의 방문 목적은 교육이었다. 보나파르트 나폴레옹과 그의 장군들이 브라운슈바이크 공작이 이끄는 프러시아군에게 치욕적인 대패를 안긴 저 유명한 예나-오이어스타트 전투를 연구하기 위해서였다. (1806년 이 전투 결과는 당시 예나에 거주하고 있던 철학자 헤겔에게 영감을 불어넣어 그로 하여금 "역사의 종말"이 다가왔다고 선언하게 만들었다. 최근 냉전이 종식되자 미국 학자 프랜시스 후쿠야마는 헤겔과 비슷하게 환희에 가득 찬 말을 내뱉었다.)

이 여행에서 우리는 예나 전투의 실상에 대해 많은 것을 배울 수 있었다. 물론 활기 없는 사실에 진정한 교육적 가치가 있는 것은 아니었다. 하지만 우리는 예기치 않게 미국인들이 습관적으로 철의 장막이라고 불렀던 곳의 저 건너편, 미 군사용어로 '흔적the trace'으로 불리던 곳의 실제 삶의 모습이 어떠했던가를 알게 됐다. 이런 점에서 본다면 이 여행은 우리가 모르고 있던 것을 드러내주는, 그야말로 폭로와 다름없었다. 내게 이 여행의 교육적 내용은 아무리 강조해도 지나치지 않을 만큼 소중한 것이었다.

　버스가 옛 동서독 국경을 넘자마자 우리는 곧바로 시간여행에 들어갔다. 지난 수십 년간 바이에른이나 헤센 지방에 주둔했던 미군 병사들에게 서독은 일종의 (놀이공원의) 테마파크였다. 멋진 마을, 숨 막힐 듯한 풍경, 훌륭한 고속도로와 함께 좋은 음식과 맛이 기막힌 맥주, 그리고 상냥한 여인들이 무한정 공급되는 거대한 에프코트Epcot 센터(미 플로리다 주 디즈니월드 안에 있는 미래도시─옮긴이)였던 셈입니다. 이제 우리는 서독과는 전혀 다른 독일(동독)을 대면하게 됐다. 일반적으로 동독은 소련 제국 중 가장 선진적이며 성공한 곳이라고 알려졌지만, 실제로는 저개발 국가와 별 차이가 없었다.

　길은 주요 고속도로조차도 좁았고 군데군데 파인 데가 보였다. 교통량은 전혀 문제될 게 없었다. 터덜터덜 굴러가는 몇몇 트라반트와 바르트부르크─마치 원시주의를 표방하는 듯한 동독제 자동차들─그리고 어쩌다 검은 배기가스를 내뿜으며 주저앉아버리는 트럭을 제외하면 길은 텅텅 비어 있었다. 우리가 지나친 마을들은 황량했고 그 발치에 조그만 농장들이 있었다. 점심을 먹기 위해 우리는 길가 간이식당에 들어갔다. 가게 주인은 우리가 내미는 도이체마르크를 기꺼이 받았고 그 대신 도저히 먹을 수 없는 소시지를 내놓았다. 주변 간판들을 보면 우리가 독일어 지역에 있는 것은 분명했지만, 동독은 2차 세계대전의 상처에서 여전히 회복되지 않은 것이 분명했다.

　예나에 도착해서 우리는 슈바르처배르 호텔로 들어갔다. 선발팀이 예나에서 가장 좋은 호텔이라고 지목한 곳이었다. 말이 호텔이지 벼룩의 소굴이었다. 일행 중 최고참이었던 나는 그나마 수돗물이 나오는 방에 묵었다. 다른 사람들은 그런 호사도 누릴 수 없었다.

예나는 중간 규모의 대학 도시였고, 우리가 묵었던 호텔 바로 건너편에 대학본부 건물이 있었다. 캠퍼스 한켠에는 거대한 칼 맑스의 흉상이 잔뜩 먼지를 뒤집어쓴 채 화강암 받침대 위에 놓여 있었다. 가정용 연료로 쓰이는 조개탄 덕택에 공기는 도저히 숨 쉴 수 없을 정도였고, 모든 것에 그을음이 덮여 있었다. 우리가 알던 서독의 도시들은 집이나 아파트의 색조가 옅은 녹색이나 부드러운 주황색, 또는 연노랑 등 파스텔톤을 띠었다. 그런데 이곳은 모든 것이 갈색 아니면 회색이었다.

그날 저녁, 식사를 위해 거리에 나섰다. 걸을 만한 거리에는 식당들이 적었고 별로 내키지 않는 곳들뿐이었다. 재수 없게도 우리가 들어간 식당에는 신선한 야채마저 없었고, 소시지는 형편없었다. 그나마 맥주가 유일한 위안거리였다.

다음 날 예나 전투 현장으로 가는 길에 상당수의 소련군을 관찰할 수 있었다. 대부분 트럭을 타고 이동 중이었는데, 트럭의 외양으로 보아 1950년대에 설계된 구식 차량들이었다. 놀랍게도 소련군은 나폴레옹이 프러시아군을 궤멸시킨 현장 부근에 조그만 훈련장을 만들어놓고 있었다. 우리는 러시아인과 일체 접촉하지 말라는 명령을 받았지만, 소련군 무장병력의 존재는 우리의 관심을 사로잡았다. 나폴레옹이나 브라운슈바이크 공작보다는 훨씬 현실감이 있었던 것이다. 그토록 오랫동안 수없이 들어왔지만 실제로는 거의 아무것도 모르는 '타자the other' 말이다. 쌍안경으로 러시아

장갑차량들—나토NATO 용어로는 BMP(보병전투차)—이 일렬로 이
동하는 모습을 지켜보았다. 아마도 운전병 교육인 듯했다. 갑자기
그중 한 대가 검은 연기를 내뿜더니 곧이어 화염에 휩싸였다.

이것이야말로 진짜 교육이요 배움이었다. 그러나 당시에는 그
중요성을 아주 막연히 느낄 수 있을 뿐이었다.

* * *

예나와 베를린을 방문하고 나서 내가 가장 근본적으로 가정하
는 것들과는 전혀 다른 실제 현실의 모습을 어렴풋이 볼 수 있었
다. 기대하거나 예상하지 않았던 전복적 힘들이 내 의식 속으로 침
투하기 시작했다. 조금씩 내 세계관은 무너지기 시작했다.

내 세계관은 다음과 같은 신념에서 비롯된 것이었다. 미국의
힘은 미국의 세계적 리더십을 위한 것이다, 미국의 힘과 미국의 세
계적 리더십은 건국이념에 대한 미국 국민의 지속적인 헌신을 드
러내며 확인해준다, 미국의 힘과 정책, 목표 등은 서로 긴밀하게
연결돼 일관된 논리를 이루고 있으며 각 요소들은 다른 요소에서
힘을 얻거나 보강해준다. 이상과 같은 신념들을 나는 자명한 것으
로 받아들였다. 나의 성년기 동안 개입주의 성향이 미국 정책의 특
징이 됐음에도 나는 그것이 평화에 대한 미국인의 열망과 배치된
다고 생각하지 않았다(적어도 내게는 그랬다). 오히려 머나먼 외국 땅
에서 미국인의 소중한 생명과 재화를 희생시킬 각오가 돼 있다는
것이야말로 평화에 대한 열망이 매우 진지하다는 것을 보여주는

것이라고 생각했다. 같은 기간 동안 미국은 핵무기라는 무시무시한 병기를 3만 1,000개나 쌓아놓았고 그중 극히 일부는 내가 소속된 부대에도 배치됐는데, 이 같은 사실도 인간은 생명과 자유에 관해 타인에게 양도할 수 없는 권리를 갖고 있다는 우리의 믿음과 배치된다고 생각하지 않았다. 오히려 생명과 자유에 대한 위협 때문에 미국은 하는 수 없이 그토록 무시무시한 핵무기를 갖게 됐고 언제든 즉각 사용할 수 있도록 준비 태세를 갖추고 있다고 생각했다.

나는 미국이 지금까지 걸어온 길에 아무런 결점도 없다고 믿을 정도로 순진하지는 않았다. 그렇지만 미국의 어떤 실수나 판단 착오도 선의에서 비롯된 것이라고 스스로를 설득했다. 게다가 주변 환경도 미국에게 별다른 선택의 여지를 허용하지 않았다. 서유럽과 동남아시아, 미주 대륙과 걸프만 등에서 미국은 단지 필요한 일을 했을 뿐이었다. 현실성이 있는 대안은 없었다. 미국의 힘을 약화시키는 어떤 선택도 세계적 리더십의 포기로 이어질 것이며, 그렇게 된다면 우리 자신은 물론 미국의 우방과 동맹국들의 안전, 번영, 자유를 위태롭게 할 것이다.

무엇을 선택할지는 너무도 분명해 보였다. 한쪽에는 현상유지가 있었다. 국가안보기구에 의해 집행되는 미국식 세계관여주의 globalism를 규정하는 약속과 관습, 그리고 습관들이 그것이다. 나 자신도 그 안에서 조그만 나사못으로 활동하고 있기도 하다. 다른 한편에는 유화책, 고립주의, 그리고 파국의 전망만이 있을 뿐이었다. 유일하게 책임 있는 노선은 해리 트루먼 이래 모든 미국 대통령이 지켜온 전자의 노선뿐이었다.

내게 냉전은 내가 그러한 세계관을 지켜오는 데 결정적인 역할을 했다. 내 출생 시기와 성장 환경, 그리고 직업적 배경 등으로 보아 다른 선택을 할 가능성은 거의 없었다. 미국과 소련의 거대한 대결이 때때로 상당한 불안을 초래하긴 했으나—쿠바 미사일 위기 당시 아버지가 지하실에 사재기해온 물과 깡통 음식을 쌓아놓던 장면을 아직도 생생히 기억하고 있다—그 대결은 우리를 겁먹게 하기보다는 무엇을 택할 것인지를 더 분명하게 해주는 역할을 했다. 냉전은 현대사를 구성하고 이해하는 하나의 틀을 제공했다. 냉전은 양 팀 선수들의 명단과 성적표를 제공했다. 예컨대 거기에는 나쁜 독일인과 좋은 독일인, 그들의 독일인과 우리의 독일인, 전체주의적인 독일인과 미국인처럼 자유를 열렬히 사랑하는 독일인이 있었으며, 나는 그 제안을 도그마로 받아들였다. 냉전을 선과 악의 대결로 바라봄으로써 많은 문제들에 대한 해답을 얻을 수 있었으며, 어떤 나라들은 주변부로 밀어버리고 또 어떤 나라들은 아예 의미 없는 것으로 도외시할 수 있었다.

돌이켜보면 베트남전쟁이 한창이던 1960년대에도 내 세대의 적지 않은 사람들은 냉전을 선악의 투쟁이라는 이분법적 시각에서 바라보는 것을 거부했다. 그러고 보면 나는 참 뒤늦게 배우는 사람이라는 점을 인정해야만 할 것 같다. 게다가 다른 사람들이 이미 오래전에 폐기한 신념을 오랫동안 간직해왔던 탓에 뒤늦게 찾아온 의문들로 말미암아 나는 더욱 갈피를 잡을 수 없었다.

물론 예나와 베를린을 방문하기 훨씬 이전에도 문득 의심이 들었던 적은 있었다. 베트남에서 겪은 경험도 그러한 의문을 제기했지만 나는 온 힘을 다해 그것을 억눌렀다. 어쨌든 나는 현역 군인이었기 때문이었다. 그 당시의 군대에서는 일반적인 관행을 따르지 않는 것을 결코 곱게 봐주지 않았다. 군대에서 승진을 계속하려면 내 안의 개성적인 요소를 최대한 억눌러야 했다. 앞으로 나아가려면 팀플레이어가 돼야 했다. 나중에 대학원에서 미국의 대외관계사를 공부하면서 정통 학설에 대해 도전해보라고 부추김을 받았지만 나는 이를 완강하게 거부했다. 교육의 측면에서 본다면 대학원은 완벽한 시간낭비였다. 더 많은 사실의 축적을 위해 열심히 공부하던 시기였으며, 그 시기 동안 나는 그 사실들이 계속 의미 없는 사실로 남아 있도록 온 힘을 다했다.

하지만 이제 내 개인적인 환경이 바뀌고 있다. 냉전이 종식된 지 얼마 안 돼 나는 군에서 퇴역했다. 이제 교육이 가능해졌을 뿐만 아니라 필요해지기까지 한 것이다.

적절한 금욕은 영혼을 정화시킨다. 나아가 지나친 자존심에 대한 완벽한 해독제가 되기도 한다. 미 육군에서 23년을 보내면서 무언가를 추구했다고 생각했지만 막상 군을 나오고 보니 아무것도 한 게 아니었다. 자족적이고 세속에서 격리된 병영생활을 하면서 아주 잠시 대단치 않은 직위에까지 올랐다. 하지만 군복을 벗는 순간 그 직위마저도 허공으로 사라져버리고 말았다. 곧 나라는 존재가 얼마나 하찮은 것인가를 깨닫게 됐다. 축하할 만한 교훈이었으나 이미 오래전에 배웠어야 할 것이기도 했다.

마침내 내가 교사이자 저자로서 새로운 소명의 길을 게처럼 갈지자걸음으로 나아가기—일종의 순례여행이었다—시작하면서 일반적으로 받아들여지는 야망도 사라졌다. 이런 일들이 한꺼번에 일어난 것은 아니었다. 점진적으로 나타났고, 인생의 빛나는 전리품을 획득하려는 노력은 더 이상 최우선의 목표가 아니게 되었다. 이제 부와 권력, 명성 등은 인생의 목표가 아니라 냉철한 분석 대상이 됐다. 역사는—특히 냉전이라는 낯익은 서사는—더 이상 해답을 제공하지 않았다. 그 대신 당황스러운 수수께끼를 제시할 뿐이었다. 가장 골치 아픈 질문은 바로 이런 것이었다. 어찌하여 나는 철의 장막 저편의 실상을 그토록 근본적으로 잘못 판단하게 된 것일까?

내가 충분히 주의를 기울이지 못한 탓은 아닐까? 아니면 그토록 철저하게 사기를 당한다는 것이 가능한 일인가? 이런 질문들을 곰곰 되씹으면서, 동시에 '긴 1990년대'—두 번의 이라크전쟁 (1990년과 2003년) 사이에 낀 기간으로 이 당시 미국의 자만심은 하늘을 찌를 정도였다—가 전개되는 모습을 지켜보면서 미국의 적들이 우리에게 제기한 위협들을 내가 아주 단단히 잘못 파악하고 있다는 사실을 깨달을 수 있었다. 하지만 이는 전체 문제의 절반에도 미치지 못하는 것이었다. '저들'을 잘못 파악했던 것보다 더 고약했던 것은 내가 '우리'를 잘못 알고 있었다는 사실이다. 내가 가장 잘 알고 있다고 생각했던 것을 사실은 가장 잘 모르고 있었던 것이다. 다른 어떤 것보다 바로 여기에서 교육이 가장 절실히 필요한 것으로 여겨졌다.

2003년 조지 W. 부시의 이라크 침공 결정은 나를 완전히 반대파로 돌아서게 만들었다. 한때는 기본으로 받아들여졌던 주장들—무엇보다도 미국의 힘의 행사는 기본적으로 선한 목적에서 비롯된 것이라는 주장들—이 이제는 터무니없는 것으로 비춰졌다. 미국은 평화 애호 국가라는 주장과 실제로는 예방전쟁을 자행하는 행위 사이의 간극은 그저 무시하기에는 너무도 큰 것이었다. 아무 생각 없이 미국을, 목표도 불분명하고 끝날 기약조차 없는 '세계적 테러와의 전쟁global war on terror'에 몰아놓은 정책 담당자들의 무지와 오만은 가히 (1, 2차 세계대전을 일으킨) 독일의 미친 군벌과 맞먹는 것이었다. 그들은 테러와의 전쟁에서 승리란 어떤 모습이고, 어떻게 해야 이길 수 있으며, 승리를 위해 어느 정도를 희생해야 할지에 대해 아무런 계산도 예측도 없이 미국을 전쟁으로 몰고 간 것이다. 적어도 소련에 대해 봉쇄 전략을 폈던 기간 동안에는 미국은 원칙 있는 전략이라는 외양을 유지할 수 있었다. 그러나 이제 그 원칙의 외양마저도 환상과 기회주의에 자리를 내주고 말았다. 그와 함께 청년기부터 장년 때까지 내가 갖고 있었던 세계관은 완전히 사라지고 말았다.

* * *

그렇다면 이제는 폐기된 신념의 자리에 무엇이 들어서야 하나? 단순히 통상적인 지혜를 뒤집는 것, 그러니까 이분법적 패러다임은 그대로 둔 채 선과 악이 자리를 바꾸는 것—소련이 아닌 미국이 세계의 악의 근원이 되는 것—으로는 충분치 않다. 진실 자체가 아니라 그 근처에라도 가기 위해서는 과거의 것이든 현재의 것이든 통상적인 지혜에 대해 지속적이고도 집요하게 정밀조사를 해야 한다. 처음에는 조심스럽게 그리고 점점 확신을 가지고 나는 이런 작업을 해나가려 한다.

통상적 지혜에 대해 정밀조사를 벌인다는 것은 내가 지난 수십 년간 체득해온 순응이라는 버릇을 떨쳐버린다는 것을 의미한다. 성년이 된 이후 내내 나는 조직의 일원으로 살아왔다. 조직에 충성하면 할수록 세상을 보는 눈은 좁아진다는 사실을 아주 어렴풋이 알았을 뿐이다. 독립을 선언하기 위해서는 우선 내가 사회에 받아들여지기 위해 얼마나 많은 것을 신성불가침 영역에 두어왔던가를 알아야 했다. 이것이야말로 진정한 교육을 받기 위한 필수적인 사전 절차였다. 지난 오랜 기간 동안 나는 상당량의 쓰레기를 쌓아왔다. 이제 이것들은 모두 버려야 했다. 뒤늦게 나는 통상적 지혜로 통하는 것들이 사실은 틀린 것인 경우가 대단히 많다는 사실을 배웠다. 자신이 신뢰할 만한 사람임을 입증하기 위해 시류에 영합하는 태도를 취하는 것—정치의 세계에는 이를 통해 권력의 핵심부로 들어갈 자격을 얻고자 하는 사람들로 가득 차 있다—은 약속된 많은 환대를 받기 위해 매춘에 응하는 것과 다름없다. 이는 천박할 뿐만 아니라 아주 어리석은 짓이다.

이 책은 가장 영향력 있고 지속적인 형태로 이어져왔던 통상적인 지혜들을 정밀조사하기 위한 목적으로 쓰였다. 다시 말해 2차 세계대전이 끝난 이후 지금까지—이제 막 끝나가고 있는 미국의 세계 지배 시대—미국이 지켜온 국가경영의 전통을 규정해온 가정, 습관, 계율 등을 정밀 조사할 것이다. 2차 세계대전 후 이 전통은 두 가지 요소의 결합으로 이루어졌는데, 두 요소 모두 미국인의 집단의식 속에 너무도 깊이 박혀 있어 겉으로는 보이지 않을 정도이다.

첫 번째 요소는 국제질서가 어떻게 작동돼야 하는가에 대한 규범을 제시하는 동시에 이 규범을 집행할 책임이 미국에게 있음을 명시하는 것이다. 이것을 '미국의 신조American credo'라고 부르자. 한마디로 이 신조에 따르면 미국은, 그리고 오직 미국만이 세계를 이끌고, 구원하며, 해방하고, 궁극적으로 변형시킬 임무와 특권을 갖는다. 세계적 리더십이라는 이 헐렁한 개념은 저명한 언론인이었던 헨리 R. 루스Henry R. Luce가 '미국의 세기The American Century'라고 명명한 유명한 선언을 통해 처음 제시된 것이다. 이 영향력 있는 출판인은 1941년 초 (자신이 발행인인)《라이프Life》에 "우리가 합당하다고 생각하는 목적을 위해, 나아가 우리가 적절하다고 믿는 수단으로 전 세계에 우리의 영향력을 최대한 발휘하자. 그리고 이런 우리의 의무를 전폭적으로 수락하자"고 미국인들에게 호소했다. 루스의 이 호소는 오늘날까지도 '미국의 신조'의 핵심을 가장 잘 요약한 것으로 남아 있다.

미국의 세기라는 루스의 개념은 미국이 의심할 여지없이 세계에서 가장 우위에 있다는 뜻이다. 이 생각은 특히 워싱턴에서 깊은 공감을 받았다. '미국의 세기'라는 이 기분 좋은 구절은 이후 미국의 정치용어에서 영구적인 지위를 차지했다. (1990년대에 보다 호전적인 미국의 대외 정책을 요구했던 네오콘이 자신들의 사업을 '새로운 미국의 세기를 위한 프로젝트'라고 명명했던 사실을 상기하자.) 마찬가지로 미국

은 실행해야 할 특권이 있다는 루스의 주장도 이후 미국 정치의 단
골 메뉴가 됐다. 오늘날까지도 미국의 공직자들은 세계를 이끌 미
국의 책임을 언급할 때면 반드시 이러한 신조에 충성심을 드러낸
다. 미국에서 고위 공직을 바라보는 사람이라면 하나님과 '우리 병
사'들에 대한 경의, 그리고 루스의 신조에 대한 준수는 반드시 지
켜야 할 전제조건이다. 만일 이것들에 조금이라도 의문을 표시한
다면 미국 정계에서 출세할 가능성은 거의 없다고 보면 된다.

그런데 루스가 미국인의 의무라고 지칭한 것에는 두 가지 요
소가 있음을 주목하자. 루스는 미국이 세계에 영향을 미치기 위해
목표를 선택해야 하고, 그 목표를 달성할 수단을 선택하는 것까지
도 미국인의 손에 달려 있다고 말했다. 여기에서 우리는 2차 세계
대전 후 미국의 국가경영 전통의 두 번째 요소와 만나게 된다.

목표를 이룰 수단과 관련해 이 전통은 미국이 바람직한 사례
를 몸소 보여주거나 다른 나라들이 이를 따르기를 기다리기보다는
다른 나라들에게 직접 무언가를 할 것을 요구한다. 소프트 파워보
다는 하드 파워를, 설득보다는 강제를 강조한다(때때로 "강자의 입장
에서 협상"하는 형태를 띠기도 한다). 무엇보다도 미국의 신조가 처방한
세계적 리더십을 발휘하기 위해 미국은 자국의 방위를 위해 필요
한 것보다 훨씬 어마어마한 군사력을 유지해야만 한다. 2차 세계
대전 이전까지 미국인들은 대체로 노골적인 적대까지는 아니더라
도 회의적으로 군사력과 군사 조직을 바라보았다. 그런데 2차 세
계대전을 거치면서 그 태도가 바뀌었다. 이제 군사적 힘에 대한 친
밀감은 미국적 정체성의 중심으로 떠올랐다.

20세기 중반이 되면서 '펜타곤'은 단순히 거대한 5각형 빌딩이 아니게 됐다. 그 이상의 존재가 된 것이다. 19세기 말의 '월스트리트'가 그랬던 것처럼 펜타곤은 리바이어던이 됐다. 펜타곤의 행동은 비밀 속에 가려졌고, 그 행동반경은 전 세계에 달하게 됐다. 그런데 대부분의 미국인들은 월스트리트에 힘이 집중된 것을 깊은 우려와 의혹의 시선으로 바라봤는데, 펜타곤에 힘이 집중된 것은 좋은 것으로 받아들였다. 안심이 된다는 반응이었다.

오랫동안 상비군을 자유에 대한 위협으로 간주했던 사람들이 이제는 자유를 지키기 위해서는 군사력에 아낌없이 돈을 쏟아 부어야 한다고 믿게 됐다. 냉전 기간 내내 미국의 군사력이 압도적 우위를 누렸음에도 미국인들은 소련에 뒤쳐질까봐 끊임없이 노심초사했다. 소련의 위협이 사라지자 이제는 단순한 우위만으로는 충분치 않게 됐다. 변변한 국가적 토론도 거치지 않은 채, 확고하고도 지속적인 전 지구적 군사 패권이 미국의 세계적 리더십을 유지하기 위한 필수조건으로 떠올랐다.

역사상 위대한 군사 강국들은 나름대로 그만의 고유한 특징을 갖고 있었다. 예컨대 나폴레옹이 이끌었던 프랑스군은 전 국민이 무장하여 싸우는 국민군levee en masse이었다. 이들은 혁명의 열정으로 무장하고 있었다. 전성기의 대영제국은 대양을 제패했다. 대영제국의 해군은 우수한 함대로 지브롤터에서 희망봉, 싱가포르에서 홍콩에 이르기까지 먼 곳에 있는 전진기지들의 네트워크를 활용해 전 세계 대양의 지배자로 군림했다. 1860년대부터 1940년대까지 독일(그리고 1948년부터 1973년까지의 이스라엘)은 다른 접근 방식을 취했다. 전술적 유연성과 작전상의 과감함을 결합해 전장에서 우위를 이끌어낸 것이다.

2차 세계대전 이후 미 군사력의 변치 않은 특징은 위에서 예로 든 국가들과는 전혀 차원이 다르다. 미국은 특정한 유형의 전쟁에서 우위를 점하는 것을 주특기로 삼지 않았다. 또한 고정된 전술 스타일을 고집하지도 않았다. 육·해·공군 중 어느 한 병종, 또는 특정한 무기가 지속적으로 우위를 점하지도 않았다. 병력의 경우에도 어떤 때는 일반 시민 중에서 징집된 시민병사가 주축이 되기도 하고, 어떤 때는 오랫동안 복무한 직업군인이 주축이 되기도 한다. 그러나 지난 60년간 미국의 군사 정책과 실제 관행들을 관찰해보면 몇 가지 중요한 지속적인 요소들을 발견할 수 있다. 국제 평화와 질서를 지키기 위해 미국은 최소한 다음과 같은 것들을 유지해야 한다는 믿음, 그것을 성聖 삼위일체라고 부르자. 그것은 첫째 미 군사력의 세계적 주둔global military presence, 둘째 이 군사력에 의한 세계적 힘의 투사global power projection, 셋째 현존하는, 또는 앞으로 예상되는 위협을 제거하기 위한 세계적 개입주의global interventionism로 요약할 수 있다.

미국적 신조와 성 삼위일체, 이 두 가지—하나는 목표를, 다른 하나는 실천을 규정한다—가 그동안 미국의 세기를 통치하고 감시하기 위해 워싱턴이 시도해온 방식의 진수를 이룬다. 이 두 가지를 '워싱턴 룰Washington Rules'이라고 부르자. 이것들은 서로 공생관계를 유지하고 있다. 미국의 신조가 추구하는 거대한 임무를 실천하려면 성 삼위일체가 필요하다. 다른 한편 미국의 신조는 성 삼위일체를 위해 막대한 자원이 투입되는 것을 정당화시켜주는 역할을 한다. 이 두 가지는 미국의 정책에 일관성을 부여하는 항구적인 합의의 기반이 돼준다. 이 합의는 어느 정당이 여당이 되든, 또는 누가 백악관의 주인이 되든 결코 바뀌지 않는다. 해리 트루먼의 시대에서 버락 오바마의 시대에 이르기까지 이 합의는 단 한 차례도 바뀐 적이 없다. 이것이야말로 워싱턴이 준수해온 법칙이다. 바로 이것이 워싱턴 룰을 결정하는 계율이다.

여기서 말하는 워싱턴이란 지리적 의미가 아니다. 공식적이든 비공식적이든 국가 정책의 형성에 영향력을 미칠 수 있는 인물들이 이끌고 있으며 서로 긴밀히 연결된 일련의 조직들을 말한다. 이런 의미의 워싱턴에는 연방정부의 행정, 입법, 사법부의 상층부를 비롯해 국가안보의 주요 구성원―국방부, 국무부, 그리고 최근 만들어진 국토안보부, 나아가 정보기관들과 연방 법집행기구들―이 포함된다. 또한 일부 싱크탱크와 이익단체들, 그리고 변호사, 로비스트, 해결사, 전직 관료, 예비역 군 장교 등 아직도 권력 핵심부와 끈이 닿는 사람들을 워싱턴의 일원이라고 말할 수 있다. 그러나 워싱턴의 범위는 벨트웨이(워싱턴 주변을 도는 순환도로)를 뛰어넘어 거대 은행을 비롯한 금융기관들, 방위산업체와 대기업, TV 방송국과 《뉴욕타임스》와 같은 고급 신문들, 나아가 대외관계협의회Council on Foreign Relations나 하버드 대학 케네디행정대학원 같은 준학술 조직들도 포괄한다. 이들 세계의 일원이 되기 위해서는 반드시 워싱턴 룰을 받아들여야 한다. 예외는 없다.

내가 이 책을 쓰는 목적은 다섯 가지다. 첫째 워싱턴 룰―합의

를 가능케 한 미국의 신조, 그리고 신조의 구체적 표현이 담긴 성
삼위일체, 이 모두―의 기원과 진화를 추적하는 것, 둘째 여기에
서 도출된 합의를 비판적으로 검토해서 누가 이득을 보고 누가 피
해를 보며 필요한 비용은 누가 대는가를 보여주는 것, 셋째 어째서
워싱턴 룰이 지속되고 있는가를 설명하는 것, 즉 어떤 의견들은 높
은 평가를 받는 반면 다른 견해들은 혹평을 받는 이유를 규명하는
것, 넷째 워싱턴 룰이 한때는 효용성을 가졌는지는 몰라도 이제는
어떠한 쓸모도 갖고 있지 않으며 따라서 이를 계속 유지하는 것은
우리 사회에 치명적일 뿐만 아니라 그 비용을 감당할 수 없다는 사
실을 보여주는 것, 그리고 마지막으로 우리의 국가안보에 관한 논
쟁에서 (기존의 패러다임을 버리고) 이제까지 이른바 평판이 좋지 않
았던(또는 '과격한') 견해들을 받아들여야 함을 설파하는 것, 즉 현상
유지가 아니라 대안들을 정당한 해결책으로 택할 것을 주장하는
것이다. 사실상 내 목표는 20여 년 전 내가 베를린에서 시작한 진
정한 배움의 과정을 독자들과 함께 공유하는 것이다.

　워싱턴 룰은 미국의 힘과 영향력이 절정에 이르렀을 즈음에
만들어졌다. 그 시기는 이제 지나갔다. 미국은 1945년경 획득한 권
위와 호의를 이제 거의 다 소진했다. 이제 워싱턴이 내뱉는 말들은
이전처럼 다른 나라의 존경을 받지 못한다. 지금 미국은 세계를 구
원하겠다는 백일몽에 빠져 있을 형편이 못된다. 세계를 우리의 이
미지대로 재창조한다는 것은 더 말할 나위조차 없다. 미국의 세기
에 커튼이 내려지고 있는 것이다.

　마찬가지로 미국은 더 이상 개입주의 정책을 위해 군사력 배

치와 힘의 투사에 의존하는 국가안보 전략을 더 이상 지속할 만한 물질적 재정적 능력을 갖고 있지 못하다. 한때 평화의 필수요소라고 선전됐던 이 전략을 고수한 결과, 이제 미국은 영구전쟁과 유사한 상황에 직면하고 말았다. 지난 10년간 미국의 군사모험주의가 이를 잘 보여준다.

제정신을 가진 사람이라면 누구라도 워싱턴 룰에 내재된 약점들을 너무도 명명백백하게 볼 수 있을 것이다. 이러한 관행을 유지시킴으로써 가장 큰 이득을 본 사람들은 다르게 주장하겠지만, 아직까지 워싱턴이 충성을 바치고 있는 이 전통들은 허물어지기 시작했다. 이 전통을 유지시키는 것이 워싱턴에게는 이익이 될지 몰라도 미국 국민에게는 전혀 도움이 되지 않는다.

현재까지 통용되고 있는 국가안보 패러다임을 대체할 새로운 대안을 만들어낸다는 것은 보통 어려운 일이 아니다. 특히 미국 국민이 '워싱턴'을 바라보고 그들에게 참신한 아이디어를 내놓으라고 기대한다면 더욱 그러하다. 대안 마련은 이제 우리의 필수 임무이다.

어떤 의미에서 워싱턴이 그토록 집요하게 지켜온 국가안보 정책들은 오래전부터 미국이 자신의 국경 밖 세계와 교류하면서 선호해왔던 접근 방식이기도 했다. 그 접근 방식은 미국이 가장 잘하는 것—2차 세계대전 후, 특히 냉전 종식 후에는 군사력이었다—에 의존하는 것이었다. 다른 의미에서 이 같은 군사력에의 의존은 타자와의 진지한 교류를 회피하는 빌미가 됐다. 미 군사력에 대한 맹신은 타자가 무엇을 생각하는지를, 자신과 타자의 열망이

서로 다를 수도 있다는 점을 헤아려볼 필요가 없게 만들었다. 이런
식으로 워싱턴 룰은 미국적 편협함을 강화시켰고, 이 미국적 특성
으로 말미암아 아직까지도 그 대가를 톡톡히 치르고 있다.

또한 워싱턴 룰의 지속은 자기 자신에 대한 진지한 성찰의 기
회를 방해하고 있다. 이런 관점에서 본다면 미국의 신조와 성 삼위
일체 덕택에 미국인들은 타자들이 미국의 필요나 열망—그것이
값싼 석유든, 또는 값싼 이자의 대출금이나 값싼 소비재든—을 충
족시키기 위해 스스로 알아서 길 것이라고 믿게 됐고, 이로 말미암
아 바로 이곳에서 우리가 풀어야 할 문제들을 무시하거나 지연시
키고 있다. 클리블랜드나 디트로이트의 문제를 해결하는 것보다
이라크나 아프가니스탄의 문제를 해결하는 것이 더 우선시되고 있
는 것이다. 세계를 자유롭게 하기 위해 성전을 벌이고 있는 병사들
을 응원해야 한다고 주장함으로써 미국인들 자신의 자유를 실천하
기 위해 행하고 있는 것들이 과연 올바른가를 점검할 필요성을 없
애버리고 있는 것이다. 미국인 스스로가 용기 있게 자기 자신을 진
지하게 성찰하는 것과 함께 타자들과 진지하게 교류할 용의를 가
질 때 아마도 진정한 배움은 시작될 것이다.

1

★ ★ ★

CIA와 SAC,
준전쟁의 전사들

★ ★ ★

대통령을 움직이는 세력들

대통령 당선이 확정되던 날 밤, 버락 오바마는 시카고 그랜트 공원에 모인 군중에게 "우리의 손을 역사의 호꺎 위에 올려놓고 다시 한 번 지금보다 더 나은 날에 대한 희망의 방향으로 구부립시다"라고 호소했다.[1] 역사에는 미리 정해진 진행 방향이 있고, 미국인은 그 궤적을 결정할 소명을 부여받았다는 것을 청중은 당연한 것으로 받아들였다. 미국인은 오랫동안 자신의 지도자들이 그런 주장을 하는 것을 익숙하게 들어왔다.

역사의 호를 구부린다는 것은 당연히 지속적이고 엄청난 노력을 필요로 한다. 또한 호의 적절한 모양을 판별할 능력이 있어야 한다. 나아가 거대한 힘과 함께 그 힘을 역사의 목표를 이루는 데 사용할 용의가 있어야 한다.

오바마에 의해 국무부 장관에 임명된 힐러리 클린턴은 자신의 첫 주요 외교 정책 연설에서 이 점을 분명히 했다. 미국 독립혁명 시기 과격파였던 톰 페인의 유명한 말 "우리에게는 세계를 다시 시작할 만한 힘이 있다"를 인용하면서 클린턴은 "오늘날…… 우리는 이 힘을 사용할 것을 요청받고 있다"[2]고 선언했다.

이 낯간지러운 비전은 미국인이 보통 '세계적 리더십global leadership'이라는 말로 이해하고 있는 것의 본질을 아주 잘 드러내고 있다. 오바마는 연설에서 세계적 리더십이라는 말이 의미하는 모든 것을 실행에 옮길 것임을 암묵적으로 약속했다. 미국의 변화가 시작된 것은 사실이지만 그것이 미국의 책임을 포기하는 것을 의미하는 것은 아니었다. 오히려 그 반대였다.

백악관에 들어간 후 오바마 대통령은 미국이 자신의 리더십을 행사하는 방식을 조정하기 위해 여러 측면에서 노력했다. 그러나 그 조정이란 것이 얼굴에 분칠하는 정도 이상으로 나아간 적은 없었다. 그 역시 근본은 확고했다. 1945년 이후 역대 대통령이 지켜왔던 국가안보에 관한 컨센서스는 여전히 건재하고 있었던 것이다. 이런 측면에서 보면 미국의 변화는 아직 시작되지 않았다.

취임 직후 즉각 오바마 대통령과 그의 주요 보좌관들은 이 컨센서스와 여기에서 도출된 네 가지 주장에 충성을 맹세했다. 해리 트루먼 이래 모든 대통령이 이 주장들에 충성을 맹세해왔으며 오바마 역시 예외가 아니었다.

첫째, 누군가 세계를 조직해야만(또는 형성해야만) 한다. 조직하지 않는다면 반드시 혼란이 발생할 것이기 때문이다.

둘째, 오직 미국만이 세계 질서를 처방하고 집행할 능력이 있다. 다른 나라에게는 세계를 이끌어가기 위해 필요한 비전과 의지, 지혜가 없다. 미국을 제외하고는 그 어떤 나라도, 또는 다른 나라들의 모임(그리고 유엔과 같은 초국가적 조직)도 그 역할을 맡을 능력이 없다. 이런 의미에서 리더십은 새로운 의무를 짊어지면서 어떠한 한계도 인정하지 않으려는 워싱턴의 게걸스러운 탐욕을 보여준다. 한 번 짊어진 의무는 영구적이 된다. 1989년 미국이 이러한 원칙을 위반하고 아프간에서 철수했을 때의 결과는 미국이 어떠한 피해를 입는지를 잘 보여준다.

셋째, 미국에게 주어진 임무 중에는 국제 질서를 규정할 원칙들을 정교하게 만드는 것도 포함된다. 그 원칙들은 당연히 미국적 원칙일 수밖에 없으며 이것들은 보편적 타당성을 지닌다. 특정한 미국적 원칙들이 일부는 (더욱 미국적으로) 진화할 수 있겠으나 그것이 이 원칙들의 보편성을 저해하는 것은 아니다. 핵무기, 비전투원의 피해, 여성의 권리 등에 대해 미국인들의 태도가 바뀐다 하더라도, 중요한 것은 가장 최근에 확립된 원칙이 무엇이냐 하는 것이며 다른 국가, 다른 국민들은 여기에 순응해야만 한다.

마지막으로 (국제사회의) 극소수 깡패국가들이나 불평꾼국가들을 빼놓고는 모든 국가들이 이와 같은 현실을 이해하고 받아들이고 있다. 모든 나라의 지도자들은 비록 겉으로는 불평하는 척하고 있지만 미국이 지도자의 역할을 맡아주기를 원하고 있다. 실제로 많은 나라 지도자들의 밤잠을 설치게 하는 것은 역사가 지어준 (세계적 리더십이라는) 짐을 그토록 존경스럽게 해내온 미국이 어느 날 갑자기 그 책임에서 벗어나려 할지도 모른다는 두려움이다.

정통 공화당원이나 정통 민주당원 모두 똑같이 이를 미국 국가경영의 기본 교리로 받아들이고 있다. 이것이 타당하다는 것을 입증해줄 수 있는 경험적 증거가 거의 없지만 이는 문제가 되지 않는다. 신념의 문제는 입증이 필요하지 않기 때문이다. 미국 정치에서 이 신조에 대한 충성은 바로 신념의 문제에 해당된다. 연설, 국가교서, 공식행사 등에서 미국의 공직자들은 끊임없이 이러한 신념을 확인하고 강조한다. 상업 TV 곳곳에 광고가 숨어 있는 것처럼 이 신조는 도처에 있으나 겉으로는 드러나지 않는다.

또한 정통 공화당원과 정통 민주당원은 이 신조를 집행하기 위해서는 힘의 행사가 필요하다는 점을 절대적으로 믿고 있다. 이런 점에서 혼자만의 책임은 혼자만의 특권을 요구한다. 워싱턴은 위협을 물리치는 데 만족하지 않고 이를 제거하려 한다. 국가안보 엘리트들은 사건이 일어나기를 기다리기보다는 먼저 능동적으로 나서는 것을 선호한다. 국방부라는, 오해하기 쉽게 이름 붙여진 이 부서는 사실 지구경찰부Ministry of Global Policing 역할을 하고 있다.

힘의 투사라는 측면에서 봤을 때 미국은 다른 나라들에게 지키기를 요구하는 규범을 정작 자신은 지키지 않으려고 한다. 저 악명 높은 부시의 예방전쟁preventive war 독트린이야말로 미국이 원하는 특권의 궁극적 표현이다. 자신의 이름이 담긴 독트린을 널리 공포하면서 조지 W. 부시는 잘 확립된 전통을 따랐다. 1904년 시어도어 루스벨트가 먼로 독트린에 대한 그 자신의 유명한 '보론corollary'(유럽 국가들에 의해 미주 대륙의 국가가 점령 또는 간섭의 위협을 받았을 때 미국은 라틴아메리카 국가들의 내정에 간섭할 수 있다는 먼로 독트린의 확대 해석—옮긴이)을 발표한—미국이 카리브해 지역에서 '만성적 잘못'의 증거를 발견했을 때 이를 시정하기 위해 '국제적 경찰력'을 발동할 권리가 있다는—이래 역대 대통령들은 루스벨트의 주제에 바탕을 둔 변주곡을 연주해왔다. 트루먼 독트린, 아이젠하워 독트린, 카터 독트린, 레이건 독트린 등이 그런 것들이다.[3]

　해외의 군사 개입을 원활하게 하기 위해서는 세계 도처에 군사기지 네트워크를 유지하며 외국 정부들과 여러 양해 조치를 취해야 한다는 것이 핵심 전제조건으로 떠올랐다. 한때 미국은 제국의 외곽기지들을 방어하기 위해 하와이, 필리핀, 파나마 등에 군사기지를 세우기는 했으나 최근 수십 년간 '(군사력) 전진 배치'의 중심 목적은 지구상 어디라도 미국의 군사력을 투사하겠다는 것이었다. 그 결과 미국인은 오래전부터 미군 병사를 머나먼 외국 땅에 주둔시키는 일에 아주 익숙해졌다. 따라서 미 군사력의 세계 배치는 적어도 겉으로는 미국인의 자유를 지키기 위한 핵심 요소가 됐다. 미국의 자유를 위협하는 것이 미미하거나 또는 상상에 불과한 곳이라 하더라도 미군의 주둔은 필요한 것으로 간주됐다.

　(미국의 판단에 따르면) 미국의 목표가 인류의 집단적 이해관계를 정확하게 표현하고 있으므로 워싱턴은 다른 국가들이 미국의 군사력, 펜타곤의 세계적 주둔, 그리고 미국의 개입주의적 성향을 우려할 것이 아니라 편안함과 보증의 원천으로 받아들일 것을 기대했다. 미국의 세계적 리더십이라는 미국의 신조에는 기본적으로 선의가 깔려 있으므로 미국의 군사행동을 규정하는 원칙인 성聖 삼위일체도 좋은 것이라는 논리다.

　미국인은 이 모든 것을 당연한 것으로 받아들였고 따라서 그것이 얼마나 중요한지를 모른다. 부패, 위선과 마찬가지로 국가안보에 관한 이 합의는 오랫동안 우리 국민생활의 일부로 매우 깊이 자리 잡고 있기 때문에 아주 특별한 실수가 발생하지 않는 한 누구의 관심도 끌지 않았다.

국회의원이 뇌물을 받았다는 사실은 뉴스거리가 못 되지만 그가 그 뇌물을 부엌 냉장고에 감췄다는 사실은 뉴스가 되는 것과 같은 이치다. 결혼한 상원의원이 내연의 여인을 두고 있다는 사실은 흔해빠진 뉴스일 뿐이다. 그런데 그가 기독교 선교단체인 '프로미스 키퍼스Promise Keepers' 회원으로 가족 가치family value의 열렬한 옹호자였으며, 나아가 르윈스키 스캔들과 관련해 클린턴 탄핵의 최선봉에 섰던 인물이라면 얘기가 달라진다. 한마디로 대서특필할 거리가 되는 것이다. 워싱턴 룰의 경우도 마찬가지다. 아주 지독한 실패—대부분 전쟁 계획의 실패—를 했을 때만 대중은 이 문제에 관심을 가지며 그것도 아주 잠깐 주의를 기울일 뿐이다. 워싱턴 룰이 우리 문제에 대한 해결책을 제시하는 것이 아니라 워싱턴 룰 자체가 문제라는 점은 대중의 관심을 거의 받지 못한다.

비교를 위해 다음과 같은 가능성을 고려해보자. 떠오르는 강국으로 주목받고 있는 중국의 국방부 장관이 아래와 같은 계획을 발표한다.

- 인민해방군PLA의 연간 군사비가 일본, 한국, 러시아, 인도, 독일, 프랑스, 영국을 합친 것보다 많아질 만큼 중국의 국방비를 대폭 증액한다.
- 세계 도처에 중국의 이해관계가 걸려 있다면서, 예컨대 라틴아메리카 등 전략적으로 민감한 지역들에 인민해방군의

전진기지를 구축한다.

- 중국의 인도주의적 개입을 원활하게 하고 세계적 안정을 유지하기 위한 인민해방군의 능력을 보강한다는 명분 아래 수십 개 국가들과 기지 접근 조약을 맺거나 영공 통과 권한을 얻어낸다.

- 지구를 몇 개 지역사령부 관할로 나눠 인민해방군 4성 장군들에게 각각 책임을 맡긴다. 아시아태평양사령부, 아프리카사령부, 중동사령부 식으로. 여기에는 중국 대륙을 상시 감시하는 중국판 북미사령부, 우주를 관장하는 중국판 우주사령부 등도 포함된다.

- 정력적으로 모의 전쟁 계획war game을 세워 (미국의 뒷마당인) 미주 대륙을 포함해 지구상 도처에서 전쟁 게임을 벌인다. 동시에 육·해·공군이 언제라도 실제 전투에 참가할 수 있도록 즉각적인 준비태세를 항상 유지한다.

- 인민해방군판 장거리타격 기동대를 창설한다. 이 기동대의 임무는 명령을 받는 즉시 대륙 건너 멀리 있는 적들에 대해 재래식 무기와 핵무기는 물론이고 사이버 작전까지 동원해 공격하는 것이다.

물론 중국의 국방부 장관은 다른 나라들에 대해 이 같은 중국의 군사 프로그램을 전혀 걱정하지 말라고 당부할 것이다. 중국은 다른 국가들과 조화롭게 살 것을 진정으로 원하고 있다면서. 더 나아가 중국은 신망 있는 문명권이자 활기차고 떠오르는 민족국가로서 세계의 안정에 기여할 고유한 책무가 있다고까지 주장할 것이다. 그러나 미국의 어떤 관측통들도(이 문제라면 다른 어떤 나라에서도) 중국의 이러한 확약을 곧이곧대로 받아들이려 하지 않을 것이다. 워싱턴, 도쿄, 모스크바를 비롯한 세계 곳곳의 수도에서 중국의 진정한 의도가 무엇이냐를 두고 치열한 토론이 벌어질 것이다. 또한 책임 있는 관리라면 세계 평화의 증진을 위해 군사력에 그토록 엄청난 투자를 한다는 중국 측의 설명을 액면 그대로 받아들이려 하지 않을 것이다. 아무리 그럴듯한 말로 포장한다 하더라도 여기에 속을 사람은 없다.

그런데 미국의 실제 군사 태세는 앞에 말한 상상 속의 중국 군사 프로그램보다도 훨씬 어마어마하다. 몇 가지 실례를 들어보자.

- 현재 미 국방부의 연간 예산은 7,000억 달러 이상으로, 미국을 뺀 세계 전체의 국방비를 합친 것과 같거나 그보다 더 많다.[4]

- 미국의 해외 주둔 병력은 약 30만 명으로 세계 나머지 국가를 합친 것보다 많으며(여기에는 항공모함 등을 타고 바다를 순항 중인 해군과 해병 9만 명이 포함돼 있지 않다),[5] 미 국방부에 따르면 이 병력들이 2008년 현재 39개 국가의 761개 '부지'를 점거 내지 사용하고 있다. 그런데 이 숫자에는 이라크와 아프가니스탄에 있는 미군기지 수십 개는 포함돼 있지 않다.[6] 다른 어떤 국가도 이 '군사기지의 제국' 발밑에도 따라갈 수 없으며, 펜타곤이 전 세계에서 양해를 받아낸 공항,

또는 항구 사용권에 필적할 접근권을 갖고 있지 못하다.[7]

· 펜타곤은 지구를(또한 우주를) 몇 개의 '통합사령부' 관할로 나누었으며 4성 장군으로 하여금 이 사령부들을 지휘하게 하고 있다. 태평양사령부는 아시아태평양 지역의 "안보와 안정, 그리고 자유를 지키기 위해" 활동하고 있으며 지구 면적의 50%가 되는 지역과 지구 인구의 절반이 넘는 인구들을 감독하고 있다.[8] 대중동Greater Middle East 지역을 관장하는 중부사령부는 현재 "이 지역의 안보, 안정과 번영을 증진시키기 위해" 이라크, 아프가니스탄, 파키스탄 전쟁을 지휘하고 있다.[9] 2차 세계대전 말 독일에서 창설된 유럽사령부는 "사령부가 관할하고 있는 지역에 대한 미국의 관여를 유지하고 확대한다"는 당초의 설립 목표를 계속 유지하고 있다.[10] 2007년 창설된 아프리카사령부는 "아프리카의 안정되고 안전한 환경 조성을 증진하기 위하여" 이 지역 53개 국가들과 "군사교류 프로그램, 군대가 지원하는 활동, 기타 군 관련 활동"을 수행하고 있다.[11] 중남미와 카리브해를 관장하는 남부사령부는 "안정을 유지하고" "안보를 증진하며" "교류를 확대하기 위해" 노력하고 있다.[12] 9·11 여파로 창설된 북부사령부는 북미 지역을 맡고 있다. 그리고 이것으로 끝이 아니다. 위의 것들보다 훨씬 광대한 지역을 맡고 있는 우주사령부는 "우주 병력 지원, 우주 병력 증강, 우주 병력 적용, 우주 병력 관제" 등을 비롯한 '합동 우주 작전'을 수행하고 있다.[13]

- 6개의 지역사령부들은 각기 모의전쟁훈련, 지휘통제훈련, 워크숍, 컨퍼런스, 세미나, 재난구호훈련 등 매우 분주한 스케줄을 소화하고 있는데 이런 훈련들을 하는 명분은 '관여 engagement'이다. 태평양사령부의 경우를 예로 들자면 반복되는 훈련의 종류만 해도 탤리맨 세이버, 탠덤 트러스트, 킹피셔, 크로코다일, 코브라 골드, 발리카탄, 킨 스워드, 킨 에지, 림 오브 더 퍼시픽 등 부지기수다. 이외에도 미 해군의 태평양 선단은 매년 700회 이상 관내 외국의 항구들을 방문하고 있다.[14]

- 마지막으로 결코 잊지 말아야 할 것이 있다. 전략사령부가 그것이다. 예전에 전략공군사령부로 알려졌던 이 사령부는 언제라도, 지구상 어디라도 "핵무기와 정보작전을 통해 (적에게) 통합된 물리적, 비물리적 타격을 가하기 위해" 자체 보유하고 있는 잠수함발사 미사일, 지상발사 미사일, 그리고 장거리 폭격기의 즉시 출격 태세를 유지하고 있다.[15] 위에서 말한 정보작전은 사이버 전쟁의 완곡한 표현인데, 이 분야는 머지않아 사이버사령부CYBERCOM로 불릴 새로운 사령부가 관장하게 될 것이다.

이러한 군사 활동이 워싱턴 내에서는 결코 논쟁 대상이 되지 않는다. 워싱턴 바깥에서 펜타곤의 세계적 군사 활동은 할리우드 유명 연예인의 최근 활동보다도 훨씬 적은 관심을 받는다.

습관, 조건 지워짐, 사회화 등 어떤 이름을 붙여도 좋다. 중요한 것은 미국 시민은 국가안보의 근본에 관한 가장 핵심적인 질문을 던질 능력을 상실했다는 것이다. 2008년 대선 예비선거에서 론 폴이나 데니스 쿠치니치가 그랬던 것처럼 (미 군사력의) 세계적 배치, 힘의 투사, 개입주의라는 3대 원칙에 대해 의문을 제기했다간 스스로를 괴짜, 또는 '또라이'로 자인하는 셈이 된다. 이런 사람들은 뭔가를 잘 모르거나 신뢰할 수 없는 인물로, 따라서 국가 공직을 맡기기에는 부적합한 인물로 확실하게 낙인찍힌다.

이런 생각들이 너무 깊이 박혀 있기에 미국에서 국가안보에 관한 '토론'은 기껏해야 기술적 문제의 차원에서 벗어나지 못한다. 관료적 절차―끊임없는 재검토와 예산 우선순위를 둘러싼 다툼들―가 현상유지를 영속화하는 메커니즘으로 작동하며, 워싱턴 룰―미국은 세계의 지도자라는 미국의 신조와 미군의 세계적 주둔, 힘의 투사, 개입주의 등 미 군사행동의 3대 원칙―이 미국을 국가안보의 항구적 위기 상황으로 몰아가고 있다는 근본적 문제에 대한 관심을 빼앗는다.

미국의 초대 국방부 장관인 제임스 포레스탈은 이러한 항구적 위기 상황을 묘사하기 위해 한 가지 용어를 고안해냈다. '준전쟁 semiwar'이 그것이다.[16] 냉전 초기 포레스탈에 의해 구상됐으며, 또한 그의 반공주의적 집착을 반영하는 이 용어는 거대한 위험이 항상 미국을 위협하고 있으며 앞으로도 무기한 이 상황이 계속될 것임을 의미한다. 이 적대적 상황에 적극 대응하지 않는다면 미국은 아무런 사전 경고 없이 적의 무자비한 공격에 직면할 수 있다. 따라서 국가 정책의 우선순위를 정할 때 이러한 돌발적 위기상황에 대응하는 것이 가장 중요할 수밖에 없다.

준전쟁의 전사들semiwarriors은 워싱턴 룰을 만들어냈고 이를 지속시켰으며, 그 지속을 통해 이득을 취해왔다.

이들 준전쟁의 전사들의 일부는 군인이고 또 다른 일부는 민간인인데, 어떤 위협이 실제로 존재하는가에 관계없이 대대적인 군사비 지출이 필요하다는 데 완벽하게 의견의 일치를 이룬다. 가끔 이들은 군산복합체의 엄청난 자원 낭비를 한탄하는 제스처를 취하기는 하지만 미국 국민의 혈세 수십억 달러 정도는 눈 깜짝하지 않고 써버린다. 미래의 잠재적 적대세력이 어디에서든, 또 어느 분야에서든 조금이라도 미국보다 우위에 설 가능성이 있다는 분석 결과가 나오기만 하면 이들은 미국의 기존 군사 능력을 개선하는 것은 물론 완전히 새로운 무기 개발에까지 나선다. 수십 년 후에나 사용이 가능할 무기 시스템, 공상과학소설에나 등장할 만한 난데없는 기술개발 등에도 아낌없이 돈을 퍼붓는다. 이들은 (미국의) 시민-병사들이 이룬 업적에 경의를 표할 만큼 조심스러운 태도를 취하지만 다른 한편으론 자신이 봉사하는 사회와는 격리된 전사 계급을 양성하고 있다. 또한 기회만 되면 평화에 대한 굽힘 없는 헌신을 강조하면서도, 그 어느 것도 미국의 전쟁 준비를 방해해서는 안 된다고 주장한다.

칼을 갈고 부딪치며 찌르는 등 안보를 둘러싼 요란한 논쟁의 와중에도 (안보 정책의) 효용이라는 근본적인 문제에 대한 질문은 결코 제기되지 않는다. 갈수록 더욱 빨라지는 변화의 물결이 미국에게 더욱 복잡한 문제를 제기하고 있다는 통상적인 주장이 이러한 경향을 더욱 강화시킨다. 만일 현재의 도전이 전례가 없는 것이라면 과거는 아무 쓸모가 없을 것이기 때문이다. 이런 식으로 (안보에 관한 근본적 질문을 하지 않는) 미국인의 습관은 점점 고질병이 돼간다. 그 모순을 아무도 눈치 채지 못한다. 무엇보다도 그 과정에서 책임 문제accountability가 사라져버린다.

외교 정책 평론가인 로저 모리스가 약 30년 전에 제기한 통렬한 비판은 지금도 여전히 유효하다. 당시 그는 보통의 미국인이 집안의 일상적인 문제들에 온통 자신의 관심을 빼앗기는 바람에 "다른 세계적인 문제들에 대해서는 어쩌다 잠깐, 그저 흘깃 눈길을 줄 뿐"이라고 썼다. 이들은 미국이 세계를 이끌 사명을 부여받았다는 정치인들의 주장을 철석같이 믿으면서 구체적인 사항은 다른 사람들이 알아서 하도록 내버려두었다. 그 결과 보통의 시민들은 나라의 안녕과 번영에 필수적이라고 선전된 정책들을 작성하는 사람들이 누구인지, 어떤 과정을 거쳐 만들어지는지 전혀 알 수 없게 됐다. 과정과 사람 모두가 철저히 비밀에 가려져 있기 때문이다. 때때로 "시무룩하고, 대개가 이름을 알 수 없는 사람들"이 닫힌 문 뒤에서 나타나 "사려 깊은 목소리로 새로운 재앙이 발생했다고 발표한다". 당연히 (재앙의 원인이 무엇인가에 대한) 조사가 뒤따르지만 그 결과 책임 소재가 명확해지는 것이 아니라 분산된다. 그러고는 아무 일도 없었다는 듯 같은 일이 다시 반복된다. 그들의 권한은 거의 영향 받지 않고, 등장인물도 거의 바뀌지 않으며, 그저 선거가 진행될 때마다 정기적으로 공화당과 민주당 인사들이 서로 자리를 바꿔 앉을 뿐이다.

"베트남전쟁에서 아주 심각하게 오점을 남긴 극소수 인물을 떨쳐낸 것을 제외하고 지난 20년간 미국의 여러 분야 중에서 국가안보 기구만큼 새로운 에너지, 재능, 관점이 가장 덜 수혈된 분야는 없을 것이다." 모리스가 이 글을 쓴 시기는 1980년이다. 지금이라면 베트남을 대중동으로 바꿀 수 있을 것이다. 그는 이어서 이들 국가안보 기구들이 초래한 재앙의 부담은 결국 돈 없고 힘없는 사람들이 지게 될 뿐이라고 지적한다.

그 부담은 연간 소득 2만 달러 이하의 대다수 미국인의 어깨 위로 떨어진다. 이들은 국가안보 정책이 만들어지는 데는 거의 아무런 목소리도 보탤 수 없었지만, 이를 위한 경비도 이들의 호주머니에서 나오고 이 정책들을 실행하느라 목숨을 바치는 것도 이들의 자식들이다.

모리스가 이러한 비판을 가하던 시점은 이란에서 미 대사관 인질사건이 계속되고 있는 가운데 소련군이 아프가니스탄을 침공한 직후였다. 이 책 《워싱턴 룰》은 조지 W. 부시가 이라크전쟁을 일으킨 후, 그리고 이제는 버락 오바마의 전쟁이 돼버린 아프가니스탄전쟁이 한창 진행되는 시점에 나왔다. 하지만 모리스의 핵심 주장은 여전히 지금도 유효하다.

미국 대외 정책의 치명적 결점은 좌냐 우냐의 문제에 있지 않다. 자유주의자들의 비겁함, 또는 보수주의자들의 음모에 있는 것도 아니다. 그보다는 민주, 공화 양당의 지극한 평범함에 있다.
(……) 용기가 없는 것보다 능력이 없는 것이 더 큰 문제다. 그것
은 마치 우리 동네 시위원회나 학교위원회의 연고주의, 또는 형
편없는 행정, 아니면 노후한 통근열차, 크라이슬러처럼 망해가
는 자동차 회사와 같은 것이다.[17]

책임감을 회복하려면 무엇보다도 먼저 우리가 어찌하여 현재
의 상황에 이르렀는가를 제대로 이해해야 한다. 어떻게 그런 원칙
들이(세계적 리더십이라는 미국의 신조와 군사력 사용에 관한 삼위일체 원
칙―옮긴이) 우리의 국가안보에 관한 합의의 중심으로 자리 잡게
되었을까? 이 질문에 답하기 위해서는 현대 미국 역사에 대한 재
평가와 재구성이 선행돼야 한다.

언론에 의해 널리 알려지고, 학자들도 대단히 사랑하는 표준
적인 이야기 방식에 따르면 미국의 역사는 역대 행정부의 교체와
계승으로 묘사되고 있다. 백악관의 주인이 시대를 결정한다. 새로
운 행정부의 수장이 취임함으로써 (이전의 모든 것들은 지워지고) 판
이 깨끗해진다. 각 신임 대통령은 각자 새로운 시작을 하게 되며
자신의 임기 동안 모든 것에 자신의 개인적 자취를 심어놓는다. 따
라서 1945년부터 1952년까지는 트루먼의 시대이며, 그 뒤를 아이
젠하워의 시대가 이었고, 그다음에는 짧지만 영원히 애도되는 존
F. 케네디의 원탁의 기사 시대가 있었다. 그리고 오바마의 시대까
지 이어지면서, 최종 개표가 완료되기도 전에 늘 "오늘 밤…… 변
화가 미국에 도래했습니다"라는 신념의 표명과 함께 새로운 시대

가 계속돼왔다.

이처럼 미국 역사를 역대 행정부의 교체와 계승으로 이해하는 것은 갈수록 호화스러워지고 자기 자랑에 빠진 대통령 기념도서관의 건립을 정당화하는 데에는 매우 유용하다. 그러나 현실을 제대로 이해하기 위한 방편으로서 과거를 4년 또는 8년 단위로 쪼개는 것은 밝혀주는 것보다 감추고 왜곡하는 것이 더 많다. 실상은 이렇다. 우선 어떤 대통령도 백지 상태에서 시작하지 않는다. 신임 대통령은 백악관 집무실에 처음 들어서는 순간부터 이전 행정부가 남겨놓은 긴박하고, 때로는 골치 아픈 문제들에 맞닥뜨리게 된다. 국내적 또는 국제적 제약들이 신임 대통령의 행동의 자유를 제한한다. 대통령들은 이전 행정부가 남겨놓은 문제들을 통제하기(또는 최소한 이해하기) 위해 분투하고, 여러 제약들을 피해가려 하지만 성공하는 만큼이나 실패하는 경우도 많다.

대통령은 자신이 최종 결정권자Decider인 양 행세하지만, 실제로는 거의 대부분 권력이 행사되는 한 단계에 불과할 뿐이다. 특히 국가안보와 관련된 문제에서는 그저 다른 사람들이 상황을 만들거나 조작해놓은 상황에 적응할 뿐이다. 해리 트루먼이 히로시마에 원폭 투하를 결정했다는 것은 가장 명목적인 의미에서만 그럴 뿐이다. 1945년 여름쯤이 되면 원자폭탄을 사용해야 한다는 모멘텀momentum이 너무도 강력해서 누구도 거부할 수 없을 지경이 됐다. 1961년 존 F. 케네디의 (쿠바의 카스트로 제거를 위한) 피그만 침공 결정, 1965년 린든 존슨의 미 지상군 베트남 파병 결정, 그리고 심지어 2003년 조지 W. 부시의 이라크전쟁 결정에 대해서도 같은 말

을 할 수 있을 것이다. 각 경우에서 대통령은 그저 다른 사람들이
이미 결정해놓은 것을 추인했을 뿐이다. 그런데도 거의 예외 없이
모든 대통령들은—너무도 어처구니없는 실수에 대해서까지—처
음부터 끝까지 자신이 모든 것을 관장해왔다는 허구를 유지하려
한다. 그리고 이를 통해 현대 대통령직에 대한 주술적 믿음(대통령
이 시대를 결정한다는 의미—옮긴이)을 지속시키는 것이다.

　　드와이트 D. 아이젠하워의 저 유명한 '고별연설'은 아주 희귀
한 예외에 속한다.[18] 대통령직을 떠나기 하루 전 날—그 이전에 했
다면 더 좋았을 테지만—아이젠하워는 미국 국민에게 대통령의
통제를 벗어난 강력한 힘의 일단을 보여주었다. 그는 정직하고 정
확하게, 그리고 용감하게 (비록 뒤늦기는 했지만) 워싱턴에서 겉보기
와 실상은 너무도 다르다는 비밀을 동료 국민에게 알려주었다. 그
는 자신이 명명한 '군산복합체military-industrial complex'를 묘사하고 비
판하면서 미국 정치의 실상에 관해 미국 국민의 정신이 버쩍 들게
하는 강의를 했다. 명목상 공동선을 위한 공동의 비전을 진전시킬
의무를 지닌 정치기구와 제도들이 어떻게 남용되고 있는가를 고발
했다.

　　그가 고발한 핵심은 미국 국민이 정치라고 착각하는 것—민
주당과 공화당의 경쟁, 또는 의회와 백악관 간의 다툼—이 사실은
연극과 별 다를 게 없다는 것이었다. 무대 뒤에서 야망(과 권력)에
대한 접근, 돈, 들뜬 상상, 그리고 편협한 조직적 이해관계 등에 의
해 형성된 합의가 국가의 실질적 우선순위를 결정하고 있다는 것
이다. 아이젠하워의 후임자는 극적인 변화를 약속한—그런 약속

을 한 대통령은 케네디가 처음도 마지막도 아니었다─젊고 잘생긴 케네디였다. 하지만 아이젠하워는 케네디의 개인적 자질이 아무리 매력적이라 하더라도 그에 대항해 똘똘 뭉친 거대한 세력에 비하면 아무것도 아니라는 것을 잘 알고 있었다. 퇴임하는 대통령은 이렇게 경고했다. "부적절한 권력이 재앙적으로 부상할 가능성은 현존하며 앞으로도 계속될 것입니다. 우리는 그 어떤 것도 당연한 것으로 받아들여서는 안 될 것입니다."

아이젠하워의 진솔한 경고는 새로운 문제적 현실에 대한 그 자신의 평가를 반영한다. 국가의 "거대한 군부 집단이" "엄청난 힘을 지닌 영구적 군수산업과" 결탁해 "모든 도시, 모든 지방의회, 연방정부의 모든 부서에" 영향을─경제적, 정치적, 심지어 정신적인─미치고 있다는 것이다. 사실 1961년에는 이미 준전쟁의 전사들─이들은 영구적 국가안보 위기 상황을 조성함으로써 권력과 영향력을 획득했다─이 미 연방정부에 대한 실질적 통제권을 확보한 상태였다.

아이젠하워는 자신이 이들 준전쟁의 전사들과 한패였으며 실행 책임자였다는 사실을 인정하지 않았다. 나아가 왜 대통령 퇴임 하루 전 날에야 비로소 이 부적절한 권력의 존재를 밝히게 됐는지 그 이유도 설명하지 않았다. 그러나 그의 직위가 대통령이었다는 점을 감안하면 아이젠하워의 고백은 놀라운 것이 아닐 수 없다. 국가안보를 확보한다는 명분 아래 취해진 여러 조치들이 미국의 전통적 가치들과 정면으로 배치되는 새로운 기구와 관습들을 만들어 낸 것이다.

이 새로운 힘들은 아이젠하워 자신이 장군으로서 또는 대통령으로서 의도하지 않았고 기대하지도 않았던 불길한 결과들을 낳아 미국의 민주주의를 위협했다. 워싱턴이 만들어낸 문제를 워싱턴 자신이 치유하기를 바라는 것은 아이젠하워의 생각으로는 환상에 불과했다. 따라서 그는 "오직 깨어 있고 양식 있는 시민들만이" 이 준전쟁의 전사들을 감시, 통제할 수 있으며 "그리하여 안보와 자유가 동시에 확보될 수 있다"고 주장했다. 퇴임하는 대통령은 보통의 미국인들에게 이제 깨어나, 관심을 기울이고, 빼앗긴 민주주의를 되찾으라고 촉구한 것이다.

그러나 1961년 당시 아이젠하워의 경고는 쇠귀에 경 읽기였다. 케네디의 위트와 활력, 외견상의 세련됨에 매혹되고, 그와 함께 뉴 프론티어를 약속한 인물들의 화려한 면면에 넋을 잃은 미국 국민은 아이젠하워의 경고를 무시했다. 그것은 미국인들에게는 상당한 불행이었다. 그리고 시간이 지날수록 아이젠하워의 경고가 갖는 중요성은 더욱 커져갔다.

제국의 건설자들

아이젠하워 대통령이 퇴임할 즈음, 미 군사력의 세계적 배치, 힘의 세계적 투사, 개입주의라는 성 삼위일체는 미 안보 정책의 초석으로 단단히 자리 잡았다. 이 정책이 탄생하는 데에는 여러 사람

의 힘이 필요했는데, 장군이자 대통령인 아이젠하워도 그중 하나
였다. 그러나 다음 두 인물의 기여가 가장 크게 두드러진다. 만일
그가 남긴 유산이 얼마나 오랫동안 지속됐는가가 역사적 평가의
기준이 된다고 한다면, 앨런 덜레스Allen Dulles와 커티스 르메이Curtis
LeMay를 꼽을 수 있을 것이다. 이 두 사람은 지금은 잊힌 인물이지
만, 앞에 말한 기준으로 평가한다면 (링컨과 제퍼슨의 기념관이 세워져
있는) 워싱턴몰 한 자리에 기념관 하나를 차지할 만하다. 또한 후대
에 얼마나 영향을 미쳤는가가 능력에 대한 평가 기준이 된다면 덜
레스와 르메이—그들은 탁월한 준전쟁의 전사들이었다—는 대리
석으로 감싼 도서관이나 박물관, 또는 자신의 이름이 명명된 행정
대학원에서 호사를 누리고 있는 최근의 몇몇 대통령보다 더 높은
평가를 받아 마땅하다.

덜레스와 르메이는 개인주의와는 정반대의 인물이었다. 이 둘
은 조직을 건설하는 데서 개인적 성취감을 찾았다. 1950년대라는
중요한 10년 동안 두 사람은 두 개의 탁월한 조직을 키워냈는데,
이 조직들은 이후 워싱턴이 작동하는 원리들을 규정하고 또한 오
래 지속되는 데 중요한 역할을 했다. 덜레스는 중앙정보국CIA, 르메
이는 전략공군사령부SAC. 이 두 조직 모두 그 자체로 중요하기도
했지만, 자신들에게 부여된 공식 임무를 훨씬 뛰어넘는 큰 영향력
을 행사했다. CIA와 SAC는 전체 안보국가National Security State에 깊
고도 지속적인 자취를 남길 일단의 개념들을 널리 퍼뜨렸다. 그것
은 마치 한때《뉴욕타임스》가 뉴스산업의 기준이 되고, 다른 언론
사의 기자라 하더라도 당연히 지켜야 할 기자의 덕목을 제시했던

것과 같다.

덜레스는 1953년부터 1961년까지 CIA 국장DCI으로 근무했다. 이후 다른 어떤 국장도 그의 권력에 필적하지 못했다. 그와 CIA 간의 관계는 빌 게이츠와 마이크로소프트의 관계와 같았다. 덜레스는 빌 게이츠와 마찬가지로 전 세계를 아우르는 거대한 조직을 창조했으며, 공포와 마지못한 존경이 혼합된 묘한 분위기를 만들어냈다. 빌 게이츠와 마찬가지로 덜레스는 자신이 만든 제국에 자신의 세계관, 야망, 가치들을 반영했다. 빌 게이츠가 다른 첨단산업 기업가들에게 모델이 될 만한 문화를 마이크로소프트에 심어준 것처럼 덜레스는 CIA에 다른 정보기구의 모델이 될 문화를 심어놓았다. 이른바 정보화 시대에는 일확천금의 기회가 많다. 실리콘밸리에서 마이크로소프트는 그 기회를 어떻게 잡을 것인가에 관한 모범답안을 보여준다. 마찬가지로 2차 세계대전 후 동이 튼 안보국가의 시대에는 권력을 잡을 기회가 매우 풍부했다. 냉전 초기 기간 동안 덜레스의 CIA는 워싱턴의 다른 사람들에게 그 기회를 어떻게 활용할 것인가를 보여주었다.

르메이 역시 제국의 건설자였다. 그의 성취는 덜레스의 그것을 능가했다. 이 4성 공군 장성은 1948년부터 1957년까지―현대식 군대의 관행으로는 매우 오랜 기간에 해당된다―미국의 핵심 핵타격 전력이자 3차 세계대전의 핵심 부대인 SAC를 지휘했다.

르메이가 SAC의 지휘봉을 잡았을 당시, 이 부대가 자신의 핵심 임무―소련에 대한 핵공격―를 수행할 능력은 좋게 봐야 회의적인 정도였다. 능력은 제한돼 있고 준비 태세는 형편없었다. 르메이는 이 모든 것을 바꾸어놓았다. 더 빠르게, 더 멀리, 더 무거운 폭탄을 실을 수 있는 폭격기를 확보해갔고, 미국의 무한정에 가까운 핵폭탄 생산 능력을 활용했으며, 또한 더 광범위하고 복잡한 전쟁계획을 실행에 옮길 수 있는 능력을 연마해가면서 SAC를 소련뿐만 아니라 공산세계 전체를 몇 번이나 파괴할 수 있는 능력과 즉각 출격 태세를 지닌 부대로 탈바꿈시켰다. 'SAC의 아버지'로 기억되고 있는 르메이는 동시에 과잉 살상의 아버지이기도 했다.

출신 배경이나 성장 환경으로 본다면 덜레스와 르메이는 서로 아주 다른 세계에 속한다. 또한 두 사람은 각자의 독특한 작전 스타일을 발전시켰다. 그러나 그들의 유사성은 이러한 차이를 훨씬 능가하며 그들이 미국 사회에 끼친 영향력을 설명해준다.

앨런 덜레스: 위대한 백인 담당관

냉정하고 세련됐으며 프린스턴 대학에서 교육을 받은 귀족 취향의 앨런 덜레스는 강력한 공직 전통을 지닌 집안에서 태어났다. 그의 할아버지 존 포스터와 삼촌 로버트 랜싱이 국무부 장관을 역임했을 뿐만 아니라 형 존 포스터 덜레스는 중앙정보국장인 그와 함께 아이젠하워 행정부에서 국무부 장관을 맡았다. 젊은 시절 앨런은 1919년 1차 세계대전을 마무리 짓는 파리강화회의의 미국 측 일원으로 참가하는 등 외교관으로 활동했으며 그 후에는 뉴욕의 유명한 로펌인 설리번앤크롬웰의 변호사로 활동했다.[19] 하지만 그는 민간 분야에서 활동하는 것만으로는 도저히 충족할 수 없는 야망을 불태우고 있었다.

이런 측면에서 2차 세계대전은 그야말로 신이 내려준 기회였다. 전쟁 기간 동안 앨런은 월스트리트를 떠나 CIA의 전신인 전략첩보국OSS의 주도적 인물이 됐다. 그는 스위스 베른에서 OSS의 대규모 작전을 지휘했다. 베른에서 앨런은 첩보 활동에 천부적인 재능을 드러냈을 뿐만 아니라 깊이 매료됐다. 전쟁이 끝난 후에는 미국이 영구적인 정보기관을 창설해야 한다는 목소리에 동참했다. 1947년 미 의회가 CIA 창설을 승인한 후 앨런은 CIA에 참여했으며 이제 막 태동 중인 비밀 활동 조직을 지휘하다가 아이젠하워 대통령에 의해 CIA 국장으로 발탁됐다.

덜레스가 CIA에 있을 동안은 이 조직의 황금기였다. 당시 CIA의 자율성이나 권세, 명성 등은 최고조였다.[20] 아이젠하워는 CIA에 매우 폭넓은 재량권을 허용함으로써 CIA의 비밀작전을 통해 소련에 공세를 펼 수 있다는 덜레스의 믿음에 암묵적으로 동조했다. 게다가 앨런의 형인 존 포스터가 대통령이 신임하는 최고 외교관이라는 점도 그의 위세를 한껏 높여주었다. 두 형제가 미국 외교 정책의 공식, 비공식 측면을 모두 관장함으로써(그들의 누이 엘레노아 역시 미 국무부의 영향력 있는 관리였다) 1950년대 워싱턴에서 덜레스 가문은 한껏 그 빛을 발했다.

덜레스의 성장 환경이나 교육은 그가 맡은 민감한 직책에 딱 어울리는 듯했다. 미국이 첩보 업무로 손을 더럽힐 일이 있다면 그

일을 해치울 젠틀맨이 바로 덜레스였다. CIA 사람들과 만났을 때 그는 풍부한 세상 경험과 깊이, 세련됨을 물씬 풍겼다. 《뉴욕타임스》는 (델레스가 CIA 국장에 임명된) 1953년 알랑거리는 투의 인물 소개 기사에서 "듬성듬성한 은발이 단정하게 감싸고 있는 이지적인 이마"와 "깔끔하게 다듬어진 콧수염", 그리고 "값비싼 새빌로우 양복" 등 그에 대한 한없는 경탄을 쏟아냈다. 그의 치아는 "두툼한 장미파이프를 물고 있고", "영국 사립학교 교장선생님과 같은 외모에 평정함을 내보이고" 있으며, "높은 문화적 소양과 코스모폴리탄적 인격을 지닌" 덜레스야말로 미국인들이 신뢰할 수 있는 인물이라는 것이다.[21]

《뉴욕타임스》만 이처럼 아첨을 떤 것은 아니었다. 그해 8월 《타임》 역시 덜레스를 커버스토리로 다루면서 갖은 아양을 떨었다. 덜레스를 "뉴잉글랜드 대입예비학교의 교장과도 같은 활기차고 남성적인 매너"를 지닌 "학자적이고 다정하며, 파이프 담배를 피우는 변호사"로 묘사하면서 덜레스야말로 CIA 국장으로서 "기나긴, 추악하면서 영웅적이고, 동시에 현란한 정보기관들의 역사상 가장 중요한 사명을 짊어진 인물"이라고 치켜세웠다. CIA를 이끌 자격은 "오직 덜레스에게만 있으며", 그는 이미 CIA를 "원만하고 지치지 않는 에너지로" 끌고 갈 능력을 보여주었다는 것이다. 누구에게든 단점이 있는 것이 세상 이치이건만 《타임》은 전혀 그럴 여지를 두지 않았다. 덜레스의 지휘 하에 CIA는 완벽하게 굴러가고 있다는 투였다.[22]

한편 의회는 의회대로 앨런 덜레스의 CIA에게 삽으로 돈을 퍼준다고 해야 할 정도로 아무것도 묻지 않고 엄청난 자금을 아낌없이 지원했다. 대부분의 언론인들도 CIA 활동을 지원하거나 아니면 최소한 침묵을 지키는 것이 자신들의 애국적 본분이라고 생각했다. 덜레스가 지휘한 일련의 비밀작전 중에서 특히 다음 두 가지가 CIA의 명민함과 과감성, 유능함을 대중에게 각인시키는 핵심 역할을 했다.

민주적으로 선출된 이란의 모하메드 모사데그 정부를 전복시키고 샤(국왕)를 다시 권좌에 앉힌 1953년의 트파약스TPAJAX 작전과, 역시 민주적으로 선출된 과테말라의 좌파 대통령 야코보 아르벤즈 구스만을 CIA가 충동질한 쿠데타를 통해 제거한 뒤 군부에 정권을 넘긴 1954년의 피비석세스PBSUCCESS 작전이 그것이다. 이 두 작전은 충분한 재량권만 허용된다면 CIA는 매우 적은 비용으로 아주 많은 일을 해낼 수 있다는 것을 보여주는 사례인 것처럼 비쳐졌다. 그러나 시간이 지날수록 이 판단은 사실이 아닌 것으로 드러났다.

한 전기작가에 따르면 덜레스는 CIA 국장이 된 순간부터 "CIA는 세계 곳곳에 침투해야만 한다는 결론을 갖고 있었다."[23] 1950년대가 끝나갈 즈음, 덜레스는 이 같은 자신의 목표를 달성했다. 전세계에 걸쳐 있는 미국 대사관 안에 CIA 조직을 심어놓았던 것이다. (게다가 CIA는 미국 내의 주요 도시에도 지국을 두고 있었다.) "비밀작전의 강도나 숫자는 반드시 확대돼야만 한다"고 확신했던 덜레스는 CIA의 상층부에 자신과 같은 세계관을 가진 것은 물론 자신처럼 비밀작전에 매혹되고 위험을 떠안기를 좋아하는 인물들을 대거 영입했다. 비밀 활동의 온갖 측면에 대한 덜레스의 열성이 어찌나 대단했던지 CIA 내에서 그는 위대한 백인 담당관Great White Case Officer이라는 별명으로 불렸다.[24]

덜레스는 부하를 고를 때 균형감각보다는 열성을 더 중시했다. 그가 고위 책임자로 앉힌 사람들은 대단한 능력을 가졌지만 인격적으로는 결함이 많았다. 런던 지국장에서 비밀작전 담당 부국장으로 발탁된 프랭크 위스너는 미쳐서 자살을 하고 말았다. CIA 방첩 담당 수장이었던 제임스 지저스 앵글턴은 매일 술에 절어 지내다가 결국 편집증에 사로잡혔는데 이는 너무도 유명한 이야기다. 베를린 지국장 윌리엄 K. 하베이는 진주손잡이가 달린 권총을 들고 다니며 매일 점심을 먹을 때 마티니 한 주전자를 들이켰고, 틈만 나면 자신의 섹스 행각을 떠벌렸다. 강박적일 정도로 모험을 사랑했던 트레이시 반즈는 비상한 용감함을 뽐냈지만 동시에 상식이라곤 전혀 없는 인물이었다. 앨런 덜레스 자신은 상습적인 오입쟁이이자 무정한 아버지였다.

이들 각자의 개인적 결점이야 어찌 됐든, 덜레스의 부하들은 하나같이 덜레스처럼 조국에 대한 깊은 의무감을 공유했다. 한 점의 의혹이나 망설임도 없이 이들은 문자 그대로 조직이 시키는 어떤 일이든 해냈다. 그들은 명예를 지킬 줄 아는 사나이들이었고, 흔들림 없이 반공 성전이라는 정당한 임무를 수행해나갔다. 훗날 CIA 국장을 맡게 된 윌리엄 콜비는 초창기 CIA의 기풍을 "공산주의라는 어둠의 세력으로부터 서구문명을 구원하려는" "템플 기사단"과 같았다고 비유했다.[25]

덜레스의 CIA는 어마어마한 야망을 추구했다. 그것은 내적 성찰이라곤 전혀 할 줄 모르는 어마어마한 자신감에서 비롯된 것이었다. 덜레스와 그의 부하들은 문자 그대로 너무도 바빠서 생각할 틈이 없었다. 이들은 술과 담배에 절어 지냈지만, 진정 사랑했던 마약은 아드레날린이었던 셈이다.

덜레스를 비롯한 CIA의 고위 간부들은 항상 극단적인 흥분 상태에 있었다. 그들의 삶은 분주한 순간의 연속이었다. 비밀 백악관 브리핑, 워싱턴의 명사들과 함께 밤늦게까지 계속되는 조지타운에서의 파티, 동맹국 고위 관리들과의 협의를 위한 갑작스러운 해외 출장, 새로운 비밀작전에 대한 검토와 승인 등. 한마디로 그들은 전성기에 있었다. 그들은 국가기밀을 알고 있었다. 나름 한 가닥 한다는 사람들은 그들과 안다는 것을 자랑스럽게 여겼다. 그들이 자신을 안다는 것은 단순한 유명인사와는 비교도 안 될 정도로 자신의 신분이 몇 단계 상승한 것이기 때문이었다.

CIA 간부들이 냉전을 수행한다고 말할 때, 그들이 강조하는 것은 '냉Cold'이 아니라 '전War'이었다. 덜레스는 소련 진영에 대해 "우리는 실제로 그들과 '평화 상태'에 있지 않다. 공산주의가 우리 식의 정부와 삶에 대해 전쟁을 선언했을 때부터 쭉 그래왔다"고 썼다.[26] 대부분의 미국인은 1950년대를 1960년대의 거대한 폭풍우가 밀어닥치기 전의 비교적 평온한 시기로 기억하고 있을 것이다. 그러나 덜레스와 CIA에게 아이젠하워 행정부 시기는 평온과는 거리가 멀었다. 이 시기 CIA는 모든 수단을 동원해 소련과의 전면전을 적극 수행하고 있었던 것이다.

이 싸움에는 다른 어떤 무엇보다도 중요한 것이 걸려 있었다. 크레믈린이 "아시아와 유럽의 사회를 산산조각 내고 미국을 고립시켜 결국은 세계 전체를 장악하기 위한 마스터플랜"을 진행하고 있다고 굳게 믿는 덜레스로서는 이 계획을 좌절시키기 위해 집요하고도 지속적인 활동을 해야만 했다. 두 번째 의미도 명확했다. "전 세계가 우리 싸움의 현장"이라는 것이다. "지구 거의 모든 곳에서 언제라도 우리의 핵심적 이익이 공격받을 수 있으므로" "지금 당장 외교관이나 군인들이 최대의 관심을 기울이는 것이 무엇이든 상관없이 CIA는 세계 모든 곳에 대해 항상 경계의 고삐를 늦추지 않는 것이" 결정적으로 중요하다는 것이다.[27]

다른 모든 전쟁에서와 마찬가지로 중요한 것은 결과였다. 그 결과가 빨리 나올수록, 그리고 구체적일수록 좋은 법이다. 덜레스와 그의 부하들에게 그 외의 고려 사항은 부차적일 뿐이었다. 그들의 세계에는 해결해야 할 문제들이 산적해 있었고, 활용해야 할 기회들이 도처에 있었다. 자신들의 행동이 장기적으로 어떤 결과를 초래할지에 대해 숙고할 시간이 그들에게는 없었다. 그들이 선호하는 효율성의 기준은 간단명료했다. 작전은 성공했는가, 실패했는가? 이 좁은 기준에 따르면 이란과 과테말라는 CIA의 가장 화려한 성공작이었다.

덜레스는 자신의 비밀 전쟁을 아주 단호한 도덕적 확신 속에 수행했다. 보통 때라면 지저분한 것으로 보였을 일들—거짓 정보를 흘리고, 외국 관리를 매수하며, 사보타지를 계획하고, 정부를 전복하며, 암살을 지시하는 등—을 하는 것은 그 행동이 추구하는 명분이 너무도 위대하기 때문이라는 것이다. 더욱이 실패할 경우 너무도 심각한 결과—소련의 자유세계 장악—를 초래할 것이므로 다른 때라면 도저히 생각조차 못했을 행동도 정당화될 수 있다는 것이다. 실제로 덜레스와 그의 부하들은 다른 사람들이 하지 않으려는 일을 해내는 것이야말로 자신들의 도덕적 정당함을 보여주는 것이라고 생각했다. 에번 토머스가 초기 CIA에 관한 저서에서 지적했던 것처럼 "(도덕적) 거리낌을 억누르는 능력, 더 큰 선을 위해 어려운 임무를 해내는 능력이야말로 (자신이) 도덕적으로 우월함을 보여주는 표지로 간주됐다".[28] 이런 의미에서 어떤 부당한 행동이 일어나도 그것이 추구하는 명분으로 이를 모두 지울 수 있었던 셈이다. 매우 역설적이게도 CIA는 고정되고 항구적이며 보편적인 가치를 추구하기 위해 아주 자의적인 도덕적 기준을 동원했던 것이다.

임무에 대한 헌신과 조직에 대한 충성이 서로 뗄 수 없을 정도로 얽혀 있었던 건 어쩌면 당연한 일이었다. 1953년 국방부 장관에 지명된 GM 사장 찰스 윌슨이 "제너럴 모터스에 좋은 것이 국가에 좋은 것이고, 그 역도 마찬가지입니다"라는 소신을 표명했을 때, 그는 비웃음을 받았다. 하지만 그는 단순히 당시 미국 사회의 유력인사라면 누구나 갖고 있었던 정서를 드러냈을 뿐이다. 월스트리트의 은행가들, 대학 총장들, 대도시의 신문 발행인들, (교회의) 주교들, 그리고 군 고위간부들 모두가 동의했다. 나라가 융성하기 위해서는 그 책임을 맡은 조직이나 기관들이 융성해야 한다는 것이다. 다시 말해 자기가 속한 조직의 이익을 증진하는 것이 바로 공동선을 증진시킨다는 논리다. 그런데 여기에는 대외적으로는 표명되지 않은 채 그들끼리만 암묵적으로 이해하고 있는 또 다른 논리가 있다. 즉 조직의 이익을 증진하는 것은 그 조직의 최고위직을 맡고 있는 인물들의 개인적 지위 역시 향상시킨다는 것이다. 대표실을 차지하고 있는 사람들에게 조직의 위세는 곧 자신의 개인적 영향력으로 활용되며 게다가 아주 자주 물질적 혜택까지도 가져다준다.

덜레스는 진실한 애국자였으며 냉전을 정당한 명분으로 생각했다. 그 신념의 진정성을 의심할 만한 이유는 없다. 그러나 그가 부추긴 항구적 위기의 분위기는 CIA의 위세를 드높이고 자신의 야망을 충족시킬 수 있는 커다란 기회를 만들어냈다. 이 명백한 상관관계를 무시하는 것은 너무도 순진한 생각이다. 다른 식으로 표현한다면, 덜레스(그리고 CIA)로서는 소련의 위협을 강조하면 할수록 모든 것을 얻을 수 있는 반면, '소련이 실제로 그렇게 큰 위협은 아니잖아'라는 의심이 널리 퍼지면 퍼질수록 잃을 것이 너무 많았던 것이다. 찰스 윌슨이 말하고자 했던 핵심을 더 분명하게 말하면 다음과 같다. 덜레스가 보기에 CIA에 해를 끼치는 모든 것은 미국에 해로운 것이고, 또한 CIA를 위협하는 것은 그 어떤 것이든 곧 자신을 위협하는 것이다.

그중에서도 가장 위험한 위협은 외부인―소련인이 아니라 미국 국민―이 CIA가 거의 독점적 권한을 행사하고 있는 그 비밀스러운 세계를 들여다보는 것이다. CIA(그리고 담당 국장)의 권력을 영속화하기 위해서는 그 독점을 유지해야만 한다. 덜레스가 가장 걱

정했던 것은 대통령, 의회, 또는 언론—이들 모두는 각기 다른 이
유에서이지만 CIA를 존중했다—의 감시가 아니라 일반 국민의
감시였다.

덜레스는 엄청난 권력을 가진 기관이 효율적 감시 없이 운영
되도록 방치하는 것은 민주주의 관행에 어긋난다는 주장을 온 힘
을 다해 반박했다. 그는 "우리의 자유를 위협하는 것은 우리 정보
기관이 아니라 우리에게 닥친 위협을 제대로 파악하지 못하는 것
이다"라고 썼다. 따라서 "우리 정보기관을 명령 계통의 사슬 속에
집어넣는 것은 오늘날 우리가 해서는 절대로 안 될 일"이라는 것
이다.[29] CIA를 자유롭게 풀어주라는 얘기는 어떤 정보를 공개하고
또 어떤 정보는 은폐할 것인가에 관한 권한을 전적으로 CIA에 주
라는 의미다. (소련에 의한) 항구적 위기를 빌미로 책임성에 관한 표
준적 규칙, 그리고 오랫동안 잘 다져온 정부 관료주의에 대한 미국
식 견제장치들이 무력화되고 만 것이다. '스스로 알아서 잘하겠지'
라는 자기감시면 충분한 것으로 생각됐다.

1950년대 말이 되면 덜레스의 CIA는 모든 곳에, 아니 최소한
워싱턴의 입장에서 중요하다고 생각되는 모든 곳에 침투해 있었
다. 자신의 비밀공작을 통해 CIA는 세계 곳곳의 문제 지역들에 미
국의 힘을 투사할 수 있었다. 또한 라틴아메리카에서 중동, 서유럽,
동남아시아 지역에 이르기까지 비밀공작을 펼침으로써 냉전의 최
전선에 섰다.[30] 그리하여 CIA는 워싱턴 컨센서스가 부여하는 임무
를 수행하는 가장 인기 있는 기관 중 하나가 됐다.

커티스 르메이: 우리는 지금 전쟁 중

앨런 덜레스만큼이나 커티스 르메이도 자기 운명의 주인이었다.[31] 덜레스의 운명에서 가장 중요한 것이 기민함과 술수였던 반면, 르메이에게는 야수와도 같은 파괴력을 개발하는 것이 무엇보다 중요했다. 전 세계를 몇 번이고 파괴할 수 있는 장거리 공중 폭격 능력을 배양하고 언제고 즉각 출격할 수 있는 태세를 유지하는 것, 이러한 측면에서 르메이는 누구도 따라올 수 없는 탁월한 능력을 지니고 있었다.

스타일이나 개성 측면에서 두 사람은 천양지차로 달랐다. 덜레스는 속을 알 수 없는 인물인 반면, 르메이는 자기 생각을 있는 그대로 거침없이 드러냈다. 파이프 담배를 피우는 덜레스가 교활함과 세련됨을 추구했다면, 르메이는 언제나 시가를 질겅질겅 씹어대면서 거칠고 직선적이며 조야한 인간성을 키워갔다. 평범한 집안에서 태어난 르메이는 뒷문을 통해 군부 엘리트 대열에 합류할 수 있었다. 오하이오 주립대학 ROTC로 육군 장교가 됐고, 그 후 2차 세계대전 발발 직전까지 육군 항공단에서 오랜 수련생활을 했다. 르메이가 빛을 발한 것은 2차 세계대전 기간 동안이었다. 당시 그는 나치 독일에 대한 최초의 공중 폭격 그룹과 공중 폭격 사단을 지휘함으로써 영미 합동공습 작전에서 주도적 역할을 했다.

1944년 7월 미 전쟁부는 르메이를 태평양 전장에 배속시켰다. 그는 일본 본토에 대한 전략폭격을 맡아 도쿄를 비롯한 주요 도시들에 대한 공습, 그리고 핵시대를 연 히로시마와 나가사키에 대한

원폭 공격을 지휘했다. 만일 무차별 폭격을 하나의 예술이라고 한
다면 르메이는 이 분야의 달인이라 할 만했다. 전쟁이 끝나갈 무렵,
39세의 육군 소장으로서 수직상승하고 있었던 르메이는 세계 최
고의 전략폭격 달인이라는 확고한 명성을 누리고 있었다. 민간인
들의 '가옥 파괴dehousing'라는 측면에서 나치 공군의 헤르만 괴링은
물론 '폭격기'란 별명으로 불리던 영국 공군의 해리스조차도 르메
이의 적수가 되지 못했다. 도시 전체를 불태우는 일이라면 남북전
쟁 당시 남부연합의 시민들을 벌벌 떨게 했던 윌리엄 셔먼도 르메
이에 비하면 애송이에 불과했다.

    2차 세계대전 직후 르메이는 유럽 주재 미 공군을 지휘하라는
임무를 부여받았다. 1948~49년의 베를린 봉쇄 당시 그는 영웅적
인 공수작전을 주도함으로써 베를린을 살려냈을 뿐만 아니라 냉전
이후 서방에서 최초의 커다란 승리를 이끌어냈다.

    도쿄를 불바다로 만든 것도, 소련의 봉쇄로부터 베를린을 살
려낸 것도 모두 르메이의 동일한 능력에서 비롯된 것이었다. 외골
수, 집요함, 좋은 결과를 내라는 가차 없는 요구, 그리고 부하들로
하여금 자신에게 모든 것을 바치도록 만드는 탁월한 능력 등. 자신
이 지휘하는 한 어떤 경우에도 그는 늘 최고의 조종사, 최고의 항
법사, 최고의 폭격수로 빛을 발했다. (1965년 현역에서 은퇴할 때까지
그가 직접 조종해본 군용 항공기는 자그마치 75종류나 됐다.)[32] 그러나 그를
탁월한 조종사로만 자리매김한다면 지나치게 과소평가하는 것이
다. 그는 혁신가였고 기획자였으며, 관료적 싸움에서도 절대 밀리
지 않는 능란한 싸움꾼이었고, 나아가 세련된 정치인이었다.

르메이의 최대 재능은 지휘orchestration였다. 대규모의 공중작전을 효과적으로 수행하려면 수없이 많은 요소들을 통제해야 했다. 비행장, 항공기, 군수품, 훈련된 승무원, 정비공, 예비 부품, 연료와 윤활유, 정확한 기상 예측, 효과적 통신, 최신 정보, 기지 지원, 대체 등. 작전의 성공을 위해서는 이 모든 다양한 요소들이 오늘, 내일, 나아가 작전이 요구하는 기간 내내 최선의 결과를 낼 수 있도록 조율되어야만 했다.

1948년 10월 르메이가 SAC를 맡았을 때, 이 조직은 아직 정비되지 않은 상태였다. 뉴멕시코 주 로스웰에 자리 잡은 SAC의 공격력은 고작 2차 세계대전 때 사용되던 B-29 폭격기를 약간 손본 30여 대가 전부였다. 폭격 임무를 수행할 수 있는 훈련을 완료한 승무원은 겨우 6명이었다. 약 50개의 나가사키형 핵폭탄이 미국이 보유한 핵무기 숫자의 전부였는데 그나마 실전에 투입되려면 오랜 시간의 사전 준비가 필요했다. 원폭 한 개를 조립하려면 39명으로 이루어진 기술자 한 팀이 며칠을 걸려 일해야 했다. 미국이 원자폭탄을 독점함으로써 누구도 넘볼 수 없는 군사적 우위를 점하게 됐다는 확신이 널리 퍼져 있었지만, 그 원자폭탄 단 한 개를 소련에 투하할 SAC의 능력을 의심받을 지경에 있었던 것이다.[33]

히로시마와 나가사키에 원자폭탄을 투하하며 일본의 항복을 받아낸 직후 르메이는 국방부의 한 위원회에서 이렇게 말했다. "미국의 유일한 방어책은 우리의 어떤 잠재적 적국보다도 강력한 타격을 가할 수 있는 규모의 공격력을 키우는 것입니다."[34] 이제 그는 자신이 말한 것과 같은 공격력을 키우기 위해 나선 것이다.

몇 가지 우연한 환경들이 그를 도왔다. 우선 1949년 8월 소련이 원자폭탄 실험에 성공함으로써 '미국의 핵 독점'이라는 워싱턴의 달콤한 자만심을 산산조각 내버렸다. 1950년 6월 북한의 남한침공은 2차 세계대전 이후 미국이 지켜왔던 '군사비 동결'이라는 족쇄를 풀어버렸다. 갑자기 방위예산이 풍족해졌다. 그즈음 미국은 핵무기의 대량 생산 능력을 갖추게 됐다. 핵 희소의 시대가 핵풍요의 시대로 바뀜에 따라 핵폭탄의 공급은 더 이상 SAC의 발전을 가로막는 걸림돌이 되지 못했다.

1952년 드와이트 D. 아이젠하워의 당선은 결과적으로 르메이와 SAC에게는 대박이 됐다. 이제 '대량보복massive retaliation'이라는 개념이 미 냉전 전략의 중심이 됐다. 아이젠하워의 당선은 부분적으로는 희생만 크고 별 소득은 없었던 한국전쟁에 대한 대중의 불만에 힘입었기에 아이젠하워는 조금이라도 한국전쟁과 비슷한 사건에 끌려들어갈 마음이 추호도 없었다. 대량보복이란 세계 어느 곳에서든 소련의 공격에 대해서는 전면적인 핵 보복으로 맞서겠다는 전략을 의미한다. 이에 따라 핵공격력의 '신뢰성'과 대응력을 보장하는 것이 펜타곤의 최우선 과제가 됐다.

한편 항공기와 무기 디자인, 제트 엔진, 로켓, 통신 기술 분야 등에서 눈부시게 빠른 혁신이 일어나면서 미국 무기의 성능은 현기증이 날 정도로 향상됐고 르메이의 무기 구매 목록은 한없이 늘어갔다. 르메이는 지체 없이 이 기회를 최대한 활용했다. 그의 업적은 세 가지로 정리할 수 있다.

첫째, 그는 엄청난 속도로 인력, 항공기, 무기, 부지들을 구입하면서 SAC의 규모를 몇 십, 몇 백 배로 늘려놓았다. 1950년대 중반이 되면 르메이 휘하에는 55개 기지에 20만 명의 병력이 있었다. 한 역사가가 말한 것처럼 SAC는 "공군 속의 공군"이자 르메이의 왕국이었다. 덜레스가 CIA를 지배했던 것과 똑같이 르메이는 SAC를 지배했던 것이다.[35]

둘째, (그가 부임했던) 1948년 당시 SAC의 느슨한 준비 태세 대신, 르메이는 자신의 부대에 대해 즉각 출격 태세의 문화를 한껏 불어넣었다. 사실상 덜레스가 CIA에 대해 그랬던 것처럼, 르메이는 SAC의 전투 태세를 강화시켜 SAC를 즉각 발사될 수 있는 '장전된 무기'로 전환시켰다. '장전된 무기'라는 말은 결코 은유적 표현이 아니었다.

셋째, 르메이는 지속적인 현대화 프로그램을 처음 도입했다. 예를 들어 신형 폭격기를 차례로 배치했는데, 1948년에는 콘베어 B-36 폭격기가 400대 가까이 도입됐고, 1951년부터는 보잉 B-47 2,000대가 배치되기 시작했으며, 1954년에는 모두 700여 대의 B-52 폭격기 중 첫 번째 인도된 폭격기들이 비행을 시작했다. 이들 폭격기들과 함께 보잉 KC-135 공중급유기 500대가 배치됐고, 엄청난 자금을 투입해가며 초음속 장거리 폭격기와 대륙간 탄도 미사일 개발 등이 진행됐다. SAC에 대한 투자는 엄청난 경기 부양 효과를 가져왔다. 따라서 의회는 르메이 사령관의 예산 증액 요청을 언제나 기꺼운 마음으로 받아들였다. (르메이는 자신에 대한 의회 내 지지자들에 대해 "예리하고 양식 있으면서도 순종적"이라고 표현했다.)[36]

CIA와 마찬가지로 SAC 역시 하나의 자족적인 세계가 돼갔다.

르메이는 한 치의 사정도 봐주지 않는 공사감독이었다. 부하들은 물론 자신까지도 가혹하게 몰아붙였다. SAC에서의 업무는 고되고 힘들었으며, 주 80시간 근무도 별 이상한 것이 아니었다. 이처럼 복잡한 조직이 일촉즉발의 경계 태세를 유지하기 위해서는 전쟁을 머나먼 이론적 가능성으로만 생각해서는 안 됐다. 르메이는 SAC에 단 하나의 신념을 심어놓았다. "우리는 지금 전쟁 중"이라는 것이다. 1962년 버지니아 주 랭글리에 새로 세워진 CIA 본부 건물의 현관 위에도 이와 유사한 문구가 새겨져 있다.[37]

지구 최후의 전쟁에 사용될 궁극의 무기를 발사하는 임무라는 생각이 내적 성찰에 도움이 된다고 할 수는 없겠으나 핵폭탄 투하라는 임무가 주는 중압감은 실제로 SAC 구성원들로 하여금 자신들이 대단한 인물이라는 생각을 갖게 해주었다. SAC의 승무원들과 CIA의 비밀요원들은 동전의 양면과 같았다. 이들은 우주 한복판에 살고 있으면서 국가의 가장 중요한 일을 해내고 있다는 확신을 가지고 자신들의 과업에 임했던 것이다.

르메이의 업적은 대중에게 상당히 좋은 평판을 얻었다. SAC가 미국 국민을 아마겟돈에서 보호하고 있다는 르메이의 주장을 대중은 대체로 받아들였다. 《리더스 다이제스트》는 1953년 SAC에서의 삶에 관한 '최초의' '독점' 공개 기사에서 "자유세계는 우리의 훌륭한 원폭 폭격기 승무원들에게 손에 모자를 들고 경의를 표할 것"이라고 선언했다. 작가 프랜시스 V. 드레이크는 계속해서 다음과 같이 썼다.

그들은 하루 24시간, 1년 365일 내내 경계 태세를 늦추지 않으면서 백악관에서 날아올 전광석화와 같은 지시, 즉 침략자들의 공격에 의해 미국이 파괴되기 전에 적에게 보복공격을 감행하라는 지시에 즉각 응할 태세를 유지하고 있다.

드레이크에 따르면 SAC는 "3차 세계대전의 발발을 막을 유일한 힘"이다.[38] 여기에는 《뉴욕타임스》도 동의했다. "SAC 폭격기를 조종하는 SAC 승무원들이야말로 크레믈린에 대한 서방 최고의 억지력"이라는 것이다.[39]

《하퍼스》지는 여기에서 한 발짝 더 나갔다. SAC의 폭격기 승무원들은 "미국의 국제 공약에 따른 부담을 개인적으로 지고 있다. 이들은 냉전에 대해 대체로 무관심한 평화로운 사회에 살고 있으면서, 매일매일 목숨을 건 모의전쟁을 하며 싸우고 또 싸운다"는 것이다. 비록 과도한 업무에 보수는 보잘것없지만 SAC 승무원들은 "엘리트에 속한다는 자존심"과 "최악의 경우 단 한방으로 도시 전체를 절멸시켜야 하는 무시무시한 책임을 떠맡았다는 데에서" 만족감을 느낀다.

이 임무를 수행하기 위해서는 인간적인 것, 따라서 실수의 가능성이 있는 것은 그 어떤 것이든 없애야만 한다. 혹독한 훈련을 통해 제거해야만 한다. 전략공군사령부는 조직적인 훈련을 통해 인간적인 실수, 의심, 연약함이 제거된 완벽한 인간을 만들어내는 것을 추구한다.[40]

《유에스 뉴스 앤 월드 리포트》도 맞장구를 쳤다. SAC는 "서방을 지키는 요새"이며 "크레믈린의 핵정복 야욕으로부터 세계를 지킬 유일한 힘"이라는 것이다. "2,000대 이상의 폭격기와 전 세계에 배치된 23만 가까운 병력", 그리고 전체 숫자는 극비 사항이지만 언제나 핵폭탄을 실은 채 공중을 비행하거나 대기 중인 폭격기들을 언급하면서 "SAC의 목표는 평화"라며 독자들을 안심시켰다.[41]

르메이는 앤드루 잭슨이나 율리시즈 S. 그랜트 장군 등의 전통을 잇는 조야하면서도 직설적인, 일종의 민중 영웅이 됐다. 언론은 SAC에 대해 써대는 만큼이나 그 사령관에 대해서도 신나게 떠들어댔다. 신문이나 잡지 기사들에는 두툼한 시가를 입에 물거나 두 손가락 사이에 끼운 채 정면을 쏘아보는 르메이의 사진이 반드시 실렸다. 《타임》에게 르메이는 "공군의 최고 야전사령부에서 절대 없어서는 안 될 인물"이었다.[42] 《라이프》는 그에게 "서방세계에서 가장 강인한 경찰"이란 별명을 붙여주었다. 더 나아가 이 잡지는 2차 세계대전 기간 동안 르메이가 일본 도시들에 공습을 명령했을 때 "수많은 힘없고 무고한 남성과 여성, 그리고 아이들까지도 불에 타 목숨을 잃을 것을" 알고 있었지만 공습을 밀어붙였다면서 다음과 같이 썼다.

그 사실이 르메이를 막지는 못했다. 그는 철저한 직업군인이었다. 그에게 전쟁이란 간단한 양자택일로 요약된다. 죽일 것인가, 죽임을 당할 것인가. 그는 자신의 손 안에 있는 저 가공할 만한 힘을 쏟아내는 데 단 한순간도 망설이지 않을 것이다. 실제로 그는 여기에 내포된 도덕적 문제들에 대해서는 전혀 고려하지 않을 것이다. 르메이는 무서운 사람이다. 러시아인들이 존경할 만한, 그런 사람이다.[43]

하지만 덜레스가 이끈 CIA가 그러했듯이 SAC의 황금기에도 중요한 사실이 간과된 채 지나갔다.

언론과 의회가 보기에 미국의 공군 병기창이 (적의 공격에 대응할 만큼) 충분히 강력한가에 대한 최종적인 심판관은 대통령이나 국방부 장관이 아니라 SAC 사령관이었다. 르메이가 미 군사력이 적절한가에 대해 털끝만큼의 의문이라도 표시할 경우 워싱턴에서는 패닉에 가까운 소동이 벌어지게 마련이다.

1956년 5월 르메이가 상원의 한 소위원회에 출석해 소련의 항공기 생산이 미국을 추월하고 있다고 증언했다. 한마디로 공산주의자들이 미국보다도 더 좋은 항공기를 더 많이 생산하고 있다는 것이었다. 르메이는 소련과 맞붙을 경우 아직은 미국이 우위를 점하겠지만 "미국도 매우 심각한 타격을 면하기는" 어려울 것이라고 말했다. 반응은 즉각적이었다. 상원의원들은 분노를 표하면서 즉각적인 조사를 요구했다. 《라이프》가 '공군력에서 2등이란 절대충분치 않다'란 호전적 제목을 붙인 기사로 끼어들었다. 이 기사의 옆에는 미국과 소련의 군용 항공기를 비교하는 사진들이 실렸다. 사진 설명에는 "대부분의 전투용 항공기에서 미국은 소련에 뒤진다"라든가 "1958년이 되면 미소 간의 격차는 더욱 벌어질 것"이라고 쓰여 있다. 하지만 문제는 당시 수량이나 성능 면에서 소련의 항공기 생산 능력이 미국에 한참 뒤져 있었다는 것이다.[44] 르메이도 분명 이 사실을 알고 있었을 것이다. 그럼에도 르메이는 이러한 소동을 만들어냈고, 그 결과는 SAC에 유리하게 작용했다.

그러나 중요한 것은 르메이가 성공한 진정한 이유가 정치적 의제를 설정하는 그의 능력이 탁월해서가 아니라 전쟁 계획에 관해 완벽한 통제권을 가졌기 때문이라는 점이다. 덜레스가 비밀작전에 관한 비밀들을 통제했던 것처럼 르메이는 SAC 사령관으로서 핵전쟁에 관한 비밀들을 세심하게 통제했다. 덜레스가 CIA에서 그랬던 것처럼 르메이는 SAC에서 거의 무제한적인 자율을 누리고 있었던 것이다. 바로 여기에 르메이의 개인적 권력의 원천이 숨어 있었던 것이다.

소련의 침공을 억지하려면 어느 정도의 공격력이 필요한가, 또는 억지가 실패해서 핵전쟁이 발발할 경우 전쟁을 이기기 위해서는 소련에 어느 정도의 타격을 가해야 하는가를 계산하는 것은 대통령, 국방부 장관, 합참의장이 아니라 르메이였다. 핵전쟁에 관한 르메이의 접근법은 승리를 위해서는 어떤 일이든 한다는 것이었다. 2차 세계대전 당시 르메이는 "적들이 항복할 때까지 폭격하고 불태워라. 그것이 우리의 이론이며, 역사는 우리가 옳았다는 것을 증명해주었다"고 썼다.[45] 핵무기가 탄생하고 나서 이 이론은 더욱 정교해졌다. 공격 지점 한 곳에 궤멸적 피해를 입힐 정도의 치명적 타격을 가한다는 것이었다.

SAC 본부는 네브라스카 주 오마하에 있었다. 워싱턴의 감시에서 멀리 떨어져 있는 이곳에서 그 치명적 타격을 가하기 위한 훈련은 문자 그대로 쉴 새 없이 이어졌다. (소련에 대한) 전쟁 계획이 끊임없이 갱신되면서 공격 목표 리스트는 갈수록 늘어만 갔다. 이에 따라 무기, 기지. 항공기, 지원물자 등이 추가로 필요하게 되었고 그 규모는 어마어마한 것이었다.

SAC 전쟁 계획의 초기 버전은 소련의 수십 개 도시에 핵폭탄을 투하하는 정도였다. 그러나 르메이가 지휘봉을 잡으면서 모든 것이 바뀌었다. 계획 수립 과정이 더 엄격해졌으며 우리의 직관과는 반대로 공격 목표는 눈덩이처럼 불어나기 시작했다. 르메이가 SAC 사령관에서 퇴역하기 직전인 1957년의 전쟁 계획에서는 소련 내 공격 목표가 3,200개 이상으로 늘어났으며, '확증 파괴'를 보장하기 위해 각 공격 목표당 여러 발의 핵폭탄을 투하하는 것으로 돼 있었다. 수백만의 인명 피해가 나리라는 것은 말할 필요도 없을 것이다. SAC가 사실상 자신의 전쟁 계획 수립 권한을 빼앗아간 것을 잘 알고 있었던 아이젠하워 대통령은 다음과 같이 불평했다. "그들은 전 세계의 인지 가능한 모든 공격 목표를 파괴하기에 충분한 군사력과 그 전력의 세 배에 해당되는 예비 군사력까지 확보하겠다는 말도 안 되는 목표를 추구하고 있다."

그러나 그러한 불평이 상황을 역전시키지는 못했다. 르메이의 후임자들도 똑같은 과정을 되풀이한 것이다. 1963년의 전쟁 계획은 공산권 전체에 대해 8,400개의 공격 목표를 설정했다. 1970년이 되면 그 숫자는 1만 개를 초과한다.[46] 여러 측면에서 이것이야말로 르메이의 가장 구체적인 업적이라 할 수 있다. 공격 능력이 향상됐기 때문에 공격 목표가 늘어난 것인지, 아니면 공격 목표가 늘어남에 따라 공격 능력이 증대된 것인지 구분할 수가 없게 됐다. 이 둘은 함께 늘어갔다. 다만 다음 한 가지만은 이론의 여지가 없을 만큼 분명했다. SAC가 세운 전쟁 계획은 미 재무부의 돈을 무제한 꺼내 쓸 수 있는 백지수표와도 같은 것이었으며, 육군과 해군은 공군이 쓸어가고 남긴 예산의 부스러기를 놓고 싸움을 벌여야 하는 신세가 됐다.

덜레스와 마찬가지로 르메이는 조국을 사랑했으며 애국을 위해 상당한 희생을 했다. 그러나 역시 덜레스와 마찬가지로 조국의 안위를 걱정하는 르메이의 충정은 자신이 이끄는 조직의 안위에 대한 충정과 알게 모르게 뒤섞여버렸다. 자신이 주도한 핵무기에 대한 열광, 그리고 이에 따른 SAC(그리고 자신)의 위상 강화가 미국에 불리한 결과―특히 다른 나라들이 자신만의 핵무기를 확보하거나 개발하려 하는 등의―를 초래할 수도 있을 가능성에 대해 르메이는 완전히 무지했다. 핵무기의 생산, 시험, 사용이 정치적, 전략적, 생태적으로 부정적인 결과를 초래할 수 있다는 점을 고려한다는 것은 그의 능력 밖의 일이었다(또는 그럴 용의가 없었다). 단기적인 이해관계가 장기적인 배려를 깔아뭉갠 것이다. 이에 따라 핵무기에 과도하게 의존하는 전략적 패러다임이 초래할 진짜 비용은 은폐되고 말았다.

헨리 애덤스의 관찰에 따르면 "인간은 언제나 이해관계에 따라 자신의 도덕률을 결정한다".[47] 이 공리는 앨런 덜레스는 물론이고 커티스 르메이에게 똑같이 적용된다. 그의 이해관계(그리고 SAC의 이해관계)가 (핵무기에 의한) 절멸의 전쟁을 수행하는 데 걸림돌이 되는 모든 도덕적 고려를 제거하도록 만들었다. 이를 위해 르메이는 덜레스와 마찬가지로 목적이 수단을 정당화한다고 선언했다. 일단 전쟁이 시작되면 가능한 한 빨리 전쟁을 끝내는 것이 최대 목표가 돼야 한다는 것이 르메이의 생각이었다. 전략폭격의 강력한 옹호자로서 그는 신속한 전쟁 종결을 위한 최선의 길은 적이 전쟁 수행 의지나 능력을 상실할 때까지 최대한 강력한 타격을 가하는 것이라고 주장했다. 이런 관점에서 본다면 전투요원과 비전투요원을 구분하는 것은 아무 의미가 없다. 그러한 차이를 두려는 "작가, 성직자, 석학…… 자칭 철학자…… 그리고 비트족들"—르메이는 이들 모두를 싸잡아 백치라 부르며 무시했다—의 감수성에 굴복하는 것은 그저 싸움을 장기화시킬 뿐이다.[48] 이것은 르메이가 보기에 군인의 본분을 저버리는 것이다.

르메이와 덜레스는 다른 측면에서도 서로 닮았다. 각자 소련과의 대결을 피하고 싶다는 소망을 피력했음에도 실제로는 대결의 가능성을 높이는 행동방식을 조장한 것이다. 덜레스가 비밀작전을 통해 소련을 혼란스럽게 만든 것처럼 르메이는 SAC를 이용해 소련이 미국의 핵공격에 얼마나 취약한가를 소련 지도부에게 끊임없이 상기시켰다. SAC의 첩보 비행기가 소련 영공을 정기적으로 비행했고, SAC 폭격기들은 블라디보스토크와 같은 소련 연해 도시들의 상공을 비행했다.[49]

SAC의 명목상 임무는 적의 공격을 억지하는 것이었다. SAC의 공식 모토는 "우리의 임무는 평화"였다. 그러나 억지란 무엇인가에 대한 르메이의 생각에는 노골적인 협박이라는 요소가 포함돼 있었다. CIA의 본령이 리스크를 떠안는 모든 것—한계를 초월하며, 더 대담하고 더 기발할수록 좋다—이라면 SAC는 완벽한 확실성을 추구한다. 필요하다면 언제 어디에서라도 분노에 찬 핵공격을 반드시 퍼부을 것이라는 확실함을 위해 모든 노력을 다한다. 실수를 즐겼던—철의 장막과 죽의 장막 너머로 요원들을 침투시키려던 CIA의 시도는 여러 번 실패했으며 숱한 인명 피해를 초래했다—덜레스와는 달리 르메이는 자유로운 사고나 엉성한 생각, 판단 착오 등을 절대 용납하지 않았다. 덜레스가 과감함을 중시했다면 르메이는 순종을 요구했다. SAC는 깨알처럼 자세하게 작성해놓은 행동수칙에 대한 절대적 준수를 요구했다.

르메이의 목표는 의문의 여지가 없으며 압도적인 SAC의 우위를 과시함으로써 평화를 확보하는 것이었다. 핵전략상의 용어로 말한다면 압도적인 선제 타격 능력을 배양하는 것이었다. 나중에 르메이는 다음과 같이 회고했다. "핵심적인 것은 이 전력이 단순히 보복을 위해서 만들어진 것이 아니라는 점이다. (……) 이 전력은 다른 이들에게 보이기 위해, 그들이 이것을 보고 나서 누구도 감히 미국에 도전할 생각을 하지 못하게 하기 위해서 만들어졌다. 그것이 우리의 주요 목표였다."[50] 덜레스는 가시적 결과를 얻기 위해 은밀한 수단을 동원했다. 르메이는 미국의 적들에게 미국과 대적하는 것은 꿈도 못 꿀 일이라는 점을 설득시키려 했다. 그 방법은 항상 모든 이들에게 미국이 갖고 있는 가공할 만한 파괴력을 과시하는 것이었다.

현실적 견지에서 "누구도 감히 미국에 도전하지 못하도록" 절대적 보증을 확보한다는 것은 불가능한 일이다. 오늘은 이런 정도의 핵무기 탑재 중량, 사거리, 또는 정확도면 충분할 것 같아도 내일이 되면 불충분해지기 마련이다. 하지만 조직의 입장에서 보자면 불가능한 임무야말로 가장 완벽한 임무다.

르메이와 그의 후임자들은 미국이 예방전쟁을 감행할 의사가 없다는 점을 알고 있으므로―또는 최소한 그렇게 믿고 있다고 말했으므로―이들은 자신들의 끊임없는 핵우위 추구가 안정의 원천이라고 생각했다. 소련이 미국의 의도와 능력을 다르게 해석할 수 있다는 점은 그들이 진지하게 고려해볼 문제가 전혀 아니었다. 그럼에도 협박이 실패한다면―만일 소련이 SAC의 도발에 대해 오판을 하거나 겁에 질리거나 또는 잘못된 정책 조언에 의해 미국에 선제 핵공격을 한다면―그것도 그들에게는 별 문제가 아니었다. 소련과 대결을 한다 해도, 최소한 1950년대에는 그 결과에 대해 르메이는 절대적 확신을 갖고 있었던 것이다. 그는 자신의 회고록에서 이렇게 떠벌렸다. "러시아 놈들을 단 한 놈도 안 남기고 모조리 쓸어버릴 기회가 분명히 있었다."[51]

새로운 안보국가의 음과 양

SAC는 파국적 전쟁의 발발을 막기 위해 이제까지 볼 수 없었던 대규모의 파괴력을 과시하며 위협했다. 르메이는 틈만 나면 그 위협을 실천할 용의가 있음을 과시했다. 중앙정보국은 자유와 민주주의, 자유주의적 가치들을 지키기 위해 오늘날의 기준으로 보면 국가 테러에 해당되는 일들을 자행했다. 앨런 덜레스는 틈만 나면 아무리 더러운 술수라 하더라도 CIA의 명예로운 요원들이 했다면 용인될 수 있다고 강변했다.

1950년대 미국 국민은 이러한 아이러니에 대해 성찰할 시간이 없었다. 끝없이 이어지는 국가안보 위기의 와중에서 그들이 할 수 있었던 것은 국가안보의 책임을 떠맡은 기관들이 제시한 이미지를 액면 그대로 받아들이는 것뿐이었다. '저들이 잘 알아서 하겠지' 하고 맡겨둔 채 별다른 질문을 하지 않는 것이 당시의 풍조였다. CIA와 SAC는 이러한 경향으로 가장 큰 혜택을 입은 집단이다. 이런 측면에서 냉전 초기 준전쟁의 상징적인 전사라 할 수 있는 덜레스와 르메이는 시대정신을 정확하게 포착했고 나아가 이를 자신들의 이익으로 능숙하게 전환시켰다.

1950년대 미국인들이 느끼는 불안감과 초조함의 원천은 여러 분야에서 비롯된 것이었다. 문화와 종교, 직장과 가정에서 현대성이라는 식초가 한때 편안함과 친근감으로 다가왔던 많은 것들을 녹여버리고 있었다. 바로 이러한 때 준전쟁의 전사들은 공산주의가 모든 문제의 근원이라고 지목했고, 국내에서 직면하는 불확실성보다는 외부의 위협에 대응하는 것이 최우선 과제라는 점을 국민에게 설득시켰다. 즉 '저기 바깥에' 있는 위험을 제거하는 것이 지금 여기에서 닥친 문제들을 해결하는 가장 확실한 길이라는 것이다. 국가안보보다 더 중요한 것은 없다는 점을 미국 국민에게 설득시킨 것이야말로 이들의 대단한 업적이었다.

명목상으로 이 두 사람과 이들이 이끄는 조직은 서로 경쟁자였다. 예를 들어 르메이는 소련에 대한 첩보 업무는 모두 SAC가 관장해야 한다며 당시 CIA가 운영했던 U-2 첩보기를 SAC 소관으로 넘길 것을 강력하게 요구했지만 결국 실패하고 말았다. 그러나 더 깊이 들여다보면 CIA와 SAC는 서로가 서로를 돕는 관계였다. 한 기관의 존재와 활동이 다른 기관의 존재와 활동을 정당화해주고 있었던 것이다.

냉전이 형성되던 초창기, CIA와 SAC는 세계적 규모의 행동주의에 대한 맹신을 국가의 제1원칙으로 승격시켜 워싱턴 컨센서스의 기초를 닦았다. 덜레스의 CIA는 음지에서 3차 세계대전을 수행했고, 르메이의 SAC는 노골적인 핵전력의 과시를 통해 전쟁을 수행했다.

덜레스의 오랜 심복이었던 테드 샤클리는 비밀전쟁이란 "더 많은 희생과 비용을 치러야 하는 대안 대신 미리 간단하게 해치우는 것"이라며 CIA의 임무를 요약했다. 샤클리가 보기에 CIA는 SAC로부터 세계를 구한 것이다. CIA가 어둠의 세계에서 끊임없는 첩보와 비밀 활동을 통해 러시아를 쩔쩔 매게 하고 수세로 몰아넣음으로써 "고립무원의 처지에 빠진 미국이 세계 대부분을 지배하는 소련에 대항해 마지막 절망적 몸부림으로 핵무기를 동원해 소련과 핵 대결을 해야 하는" 가능성을 회피할 수 있게 해주었다는 것이다.[52]

반면 르메이는 CIA의 작전 실패가 불러올 부정적 영향에서 미국을 보호한 것은 SAC라고 주장할 수 있다. 실제로 CIA가 시도한 비밀작전 중 상당수가 실패했거나 예기치 않은 결과를 초래했는데, 이에 대해 보복을 하려는 측도 즉각 출격 태세에 있는 SAC의 막강한 핵전력 앞에서는 뒤로 물러설 수밖에 없었다는 것이다. 다른 말로 하면 소련 때문에 CIA와 SAC가 존재하긴 했지만 다른 한편으로는 소련만큼, 어쩌면 소련 이상으로 서로가 서로에게 존재 이유를 제공해주었다는 것이다. 그리고 이 두 기관은 우리 시대에 지울 수 없는 흔적을 남겼다.

　아이젠하워 행정부 말기가 되면 워싱턴 룰의 모든 요소들이 확고하게 자리 잡게 된다. CIA와 SAC가 확립해놓은 원칙과 관행들—새로운 안보국가의 음과 양—은 이제 신성불가침이 됐다. 이제 남은 것은 다른 안보기구들이 CIA와 SAC에 순응하는 것뿐이었다. 그런데 여타 안보기구 중 유독 뒤떨어진 기관이 하나 있었다. 바로 미 육군이었다.

　전시와 평화 상태의 명확한 구분에 익숙해져 있던 미 육군의 장교들은 준전쟁이라는 새로운 상황에 적응하기 위해 어려움을 겪고 있었다. 게다가 육군 병력이 민간인 출신 징집병들로 채워진 것도 문제를 더욱 어렵게 했다. 단기 복무 병사들에 의존해 장기 투쟁을 치르는 것은 쉬운 일이 아니었다. 한마디로 1950년대의 미 육군은 승패가 불분명하고, 끝이 없는 준전시 상태에는 적절하지 않았다.

　1960년대 초의 미 육군은 한쪽에서는 CIA, 다른 한쪽에서는 SAC에 치여 국가안보기구 식구 중에서 가장 사랑 받지 못하는 의

붓자식 취급을 받고 있었다. 그러나 그 직후 육군을 매력 있는 존재로 만들어줄 새로운 논리가 등장했다. 워싱턴 컨센서스 내의 빈틈을 확보할 새로운 기회를 낚아챈 육군은 기꺼이 그 기회를 활용했고, 그 결과는 육군이나 미국 모두에게 재앙이었다.

2

★ ★ ★

냉전 용사들의
환상

★ ★ ★

케네디, 워싱턴 룰을 더 강화하다

1960년 11월 8일 대통령에 당선된 지 24시간도 채 지나지 않아 존 F. 케네디는 앨런 덜레스를 계속 CIA 국장에 유임시킬 것이라고 발표했다. 1961년 1월 20일 케네디가 백악관에 입성할 당시, 커티스 르메이는 미 공군의 2인자인 참모차장을 맡고 있었다. 얼마 지나지 않아 당시 공군 참모총장이 퇴역하게 되자 케네디는 르메이를 후임 참모총장에 임명했다.

이런 인사를 통해 케네디는 당시 미국 사회를 풍미했던 국가 안보 패러다임, 그리고 이 패러다임에 정통성을 부여한 초당적 합의를 계속 지켜나갈 것임을 분명히 했다. 이 젊은 대통령에게 소련을 상대할 정도의 경륜과 배짱이 있는지 의심하는 사람들에게 덜레스와 르메이(그리고 FBI의 J. 에드거 후버 국장까지) 등 고참들을 계속 기용함으로써 적절한 응답을 한 것이다. 신임 행정부가 뉴프런티어를 캐치프레이즈로 내세우면서 활력과 참신한 사고를 약속했지만, 냉전의 최전선에 있던 인물들은 여전히 자기 자리를 유지한 셈이다.

그러나 연속성을 강조한 이 인사 뒤에서는 '유연반응flexible response'이라는 문구를 두고 치열한 막후 투쟁이 벌어지고 있었다. 트루먼과 아이젠하워 행정부 시절에 만들어진 국가안보 정책은 승자와 패자를 만들어냈다. 대표적인 패자는 육군이었다. 대량보복의 전성기이자 비밀작전의 황금기였던 이 시기에 육군이 설 자리는 없었다.

'인계철선tripwire'—서독, 그리고 정전협정 이후의 남한에서 분명히 드러난 것처럼 적이 쳐들어올 경우 핵전쟁을 초래할 것이라고 경고하기 위해 해당 국가에 주둔하는 미 지상군—역할 이외에 육군이 할 것은 거의 없었다. 육군의 소외 현상은 국방부 예산 배정에서 가장 극명하게 드러났다. 1959년의 방위예산 중 육군 몫은 23%에 불과했다. 해군에 배정된 예산은 28%였으며 공군은 46%로 국방예산의 거의 절반을 쓸어갔다. 1950년대의 육군 지도자들, 특히 이제는 잊힌 인물인 맥스웰 테일러Maxwell Taylor 장군은 이러한 육군의 소외를 도저히 참을 수 없었다.[1]

테일러 장군의 발명품인 유연반응은 미 안보전략의 실천과정에서 육군의 몫을 더 늘려야겠다는 단호한 결의에서 나온 것이었다. 관료사회에서는 덜 가진 자들이 자신의 몫을 늘리기 위해 싸움을 벌이기 마련인데, 이들은 언제나 자신들의 좁은 이해관계에 우주적 중요성을 부여하곤 했다. 테일러가 보기에 아이젠하워 행정부는 육군을 쥐꼬리만큼만 지원함으로써 미국의 안보를 위태롭게 하고 있었다. 테일러에 따르면 최소한의 적절한 안보 태세란 단지 핵전쟁을 수행하고 비밀작전을 전개하는 것만으로는 불충분하며,

그 사이의 모든 것—"다른 모든 것"이란 대부분 육군의 관할 범위
에 속하는 것들이었다—을 해낼 준비가 돼 있어야 했다.

1955년부터 1959년까지 육군 참모총장으로 재직하면서 테일
러는 육군의 위상과 예산을 높이기 위해 노력했으나 합참이나 백
악관으로부터 별 지지를 받지 못했다. 불만에 가득 찬 테일러는 군
에서 예편한 즉시 자신의 기존 주장을 소책자에 담아 펴냈다. 1960
년 봄에 나온 이 책은 상당한 반향을 일으켰다. 그의 책《불확실한
트럼펫The Uncertain Trumpet》은 아이젠하워 시기 정책들에 대한 신랄
한 비판인 동시에 개혁을 위한 청사진으로서 7주일간이나《뉴욕타
임스》베스트셀러 목록에 올랐으며 특히 민주당원에게 큰 인기를
누렸다. 혁혁한 무공을 세웠으며 매우 엄청난 대중적 인기를 누린
5성 장군 아이젠하워를 대통령으로 내세운 공화당 정부에 대해 역
시 혁혁한 무공을 세웠으며 대단히 명민한 인물로 알려진 4성 장
군이 공개적으로 공격했다는 점이 민주당의 입맛에 딱 맞았던 것
이다.

테일러의 메시지는 단도직입적이라는 것을 빼고는 별로 대단
한 것이 아니었다. 테일러는 "점증하는 정치적 긴장 속에 조국의
군사력은 갈수록 약화되고 있다"는 우려 때문에 공개적으로 이 문
제를 거론하게 됐다면서 핵무기에 의존해 전쟁을 피하려는 것은
"중대한 실수"라고 지적했다.

아이젠하워의 대량보복전략은 "전면적 핵전쟁, 또는 타협과
퇴각이라는 두 가지 선택지만을 제공할 뿐으로, 이제 막다른 골목
에 다다랐기 때문에" 폐기해야 한다는 것이었다. 제대로 된 안보

전략이라면 "가능한 모든 범위의 도발에 대응할 수 있는" 수단을
제공해야만 한다. 미국으로 하여금 "언제 어디서든 특정 상황에 대
해 적절한 무기와 군사력으로 대응할 수 있게 해주는" 새롭고 다
양한 힘의 조합, 이것이 유연반응의 본질이다. 미 군사 능력의 다
양화는 특히 육군에 대한 수요를 늘릴 수밖에 없게 될 터였다. 테
일러가 굳이 명시적으로 언급하지 않더라도 육·해·공군 간의 상
호관계를 아는 사람이면 너무도 잘 알 수 있는 사항이었다.[2]

이러한 테일러의 비판은 아이젠하워의 후임자를 뽑는 대통령
선거 덕택에 불만에 가득 찬 한 예비역 장군의 불평에서 바야흐로
때를 맞은 대단한 아이디어로 변모했다. 선거운동에 나선 케네디
상원의원은 테일러 책의 구절들을 읊어대면서 아이젠하워 시기의
안보 정책은 인색하고, 케케묵었으며, 근거 없는 자신감에 빠져 있
고, 완전히 부적절하다고 공격했다. 그의 비판은 혹독했다. 미 재향
군인회를 상대로 한 선거 연설에서 그는 다음과 같이 말했다.

아무리 떠들어도, 과장된 주장, 또는 소리 높여 허풍을 떨어도
엄혹한 사실 하나는 결코 은폐할 수 없습니다. 화려한 수사, 기
분 좋은 말, 헷갈리는 수치 뒤에는 숨길 수 없는 사실이 하나 있
습니다. 미국의 군사력은 소련에 비해 상대적으로 계속 약화되
고 있으며, 전 세계 모든 곳에서 공산주의가 전진하고 있다는 사
실 말입니다.[3]

케네디는 만일 자신이 당선된다면 이러한 '쇠락'을 역전시킬

것이며 "군사력의 모든 분야에서 미국을 세계 최강으로 만들겠다"
고 공약했다. 이 약속이 의미하는 것은 무엇보다도 미국의 재래
식 군사력에 "더 많은 기능과 신속성"을 부여함으로써 "재래식 군
사력을 확대하고 현대화하겠다"는 것이었다. 그렇다고 해서 케네
디가 핵무기에 반대하는 것은 아니었다. 그보다는 모든 병과에 모
든 것을 해줄 것을 약속했다. 전략 핵무기 확대도 그중 하나였다.
테일러와 마찬가지로 케네디도 핵무기에 의존하지 않으면서 강력
한 개입 능력을 키우는 것이 중요하다고 주장한 것이다. 그래야 미
군이 "잔불 수준의 전쟁에서 적을 제압함으로써 큰 전쟁을 방지할
수 있다"는 것이다.[4]

  케네디가 당선되자 테일러는 자신을 그토록 걱정하게 만들었
던 불확실성이 완전히 사라질 것이라고 기대했다. 신임 대통령은
취임 연설에서 "트럼펫이 우리를 다시 불러내고 있습니다"라며 불
퇴전의 각오로 그 소환에 응할 것임을 분명히 했다. 테일러가 만들
어냈고 케네디가 사용한 유연반응이라는 구절은 이후 케네디 행정
부의 국방 개혁을 지칭하는 공식 용어가 됐다.

  그런데 케네디의 국방 개혁은 당초 테일러를 나서게 했던 좁
은 범위의 목표를 훨씬 뛰어넘었다. 그것은 육군의 위상을 회복하
는 정도에서 머물지 않았다. 대통령과 그 측근들은 군사력을 더 쓸
모 있게 활용할 수 있는 새롭고도 창조적인 방법을 개발하고자 했
다. 미국의 세계적 리더십을 강화하는 데 큰 관심을 가졌던 이들은
정책 결정자들이 활용할 수 있는 군사적 옵션을 가능한 한 확대하
고자 했다. 아이젠하워가 실제 사태를 예방하기 위해 파국적 핵전

쟁의 전망에 의존했다면 케네디 행정부의 '행동파 지식인'들은 3차 세계대전을 막으려면 미군을 전진 배치해야 한다고 확신했다. 미국은 비핵전쟁을 수행할 각오가 돼 있음을 보여주어야 한다는 것이다. 실제 전투를 해보지 않은 사람들이 전쟁에 대해 근거 없는 확신을 갖고 있는 것처럼, 이들은 전쟁을 자신의 계획대로 요리할 수 있다는 확신을 갖고 있었다. 다시 한 번 제한전쟁limited War(한정된 정치 목적에 합치되도록, 전쟁 지역·전쟁 수단·사용 무기·병력·전쟁의 규모 등에 어떠한 제한을 가하면서 수행하는 무력전-옮긴이)에 대한 열성이 무제한적인 군비 지출의 문을 열어놓았다.

유연반응을 하려면 돈이 많이 들 것이라는 점은 전혀 우려 사항이 아니었다. 이로써 아이젠하워가 그토록 제한을 두려 했던 방위비 지출의 상한선이 무너지고 말았다. 케네디 취임 첫 해 미국의 국방비는 15%가 늘어났다.[5] 대통령 선거전의 주요 이슈였던, 그러나 실제로는 있지도 않았던 (소련과의) '미사일 갭'을 메우기 위해 케네디 행정부는 지상 발사 대륙간탄도미사일의 생산 속도를 월 30기에서 60기로 늘렸다. 각기 16기의 핵미사일을 장착할 수 있는 폴라리스 핵잠수함의 생산도 당초 29척에서 41척으로 확대했다. 이처럼 다급한 군비 증강의 결과는 기존의 '미사일 갭'—(미국 국민은 소련에 뒤졌다고 생각했지만) 실제로는 미국이 우위인—을 미국에 더욱 유리하게 벌려놓은 것이다. 이런 점에서 케네디는 한편으로 크레믈린을 긴장시키면서, 미 공군과 해군에게는 불평할 여지를 거의 주지 않았다.

그러나 유연반응의 최대 수혜자는 테일러가 의도했던 대로 육

군이었다. 1961년에서 1962년 사이 육군의 병력이 20만 7,000명
이나 늘어나면서 육군 예산도 엄청나게 치솟았다. 실전 배치 사단
도 11개에서 16개로 늘어났다. 케네디는 북대서양조약기구NATO에
대한 미국의 공약을 강화하는 차원에서 서독에 미 지상군 병력을
추가 배치했다. 나아가 그는 육군 특수전 병력을 두 배 이상 늘렸
으며, 반란진압작전counterinsurgency을 위한 전술과 기법 개발에도 지
대한 관심을 보였다. 케네디는 반란진압작전이야말로 제3세계를
집어삼킬 듯한 기세로 위협하고 있는 공산주의의 물결을 격퇴할
수 있는 열쇠라고 믿었다.[6] 출격 태세, 기동성, 신속 배치 등이 새로
운 슬로건이 되었다. 케네디 행정부에서 육군은 더 이상 핵전쟁의
인계철선이라는 수동적 역할이 아니라 적을 직접 제압하는 능동적
역할을 맡게 됐다. 중요한 것은 사태가 통제 불능의 전면전으로 확
대되는 것을 최대한 피하면서 제한된 규모의 군사력으로 특정한
제한적 목표를 달성하는 것이다.

　　케네디의 대통령 취임 직전 발간된《라이프》의 한 사설이 이
당시의 시대정신을 잘 보여준다. 이 사설은 "공산권과 자유세계
간의 긴 대치선을" 따라 미국과 동맹국들은 수많은 장소에서 "적
의 도발에 대처해야 할 필요"에 직면해 있다고 주장했다.《라이프》
는 서서히 현실화될 가능성을 보이고 있는 이런 도발을 '잔불 전
쟁brush-fire wars'이라고 지칭하면서 현재 미국의 군사력은 이에 대
처할 충분한 능력을 갖추지 못하고 있다고 진단했다. 국지적 도발
을 제압하기 위한 잔불 전쟁을 수행할 때 가장 중요한 것은 잔불이
대형 산불로 번지는 것을 막으면서 잔불을 끄는 것이다. 다시 말

해 "'확전'의 위험을 최소화하는 맞춤형 대응이 최선의 방책"인 것이다. 이 잡지가 유연반응의 의미를 배운 것은 당시 무명의 하버드대 교수였던 헨리 키신저Henry Kissinger로부터였다. 그는 "자유세계의 안보를 지키기 위해" 미국은 "소련의 '어떤 수준의 무력 도발'도 제압할 수 있는 다양한 수준의 군사력을" 보유해야 한다고 주장했다. 《라이프》의 논설진들도 전적으로 동의했다. 그리고 이는 미국이 "지금보다도 훨씬 많은 지상군 병력을" 보유해야 한다는 걸 의미했다. 나아가 이제 막 워싱턴의 권력을 잡으려는 새 행정부의 견해와 정확히 일치하는 것이었다.[7]

이에 따라 테일러가 육군의 '바빌론의 유수'라고 불렸던 시대가 드디어 종말을 고했다.[8] 이제 더 이상 미국은 힘의 투사 수단으로서 SAC와 CIA에만 의존하지 않아도 되었다. 그때까지 미국이 선택할 수 있는 대안은 전면적 핵공격 아니면 비밀스럽고 '더러운 공작' 두 가지뿐이었다. 이제 재래식 전쟁, 그리고 비정규적 반란 진압작전이 새로운 대안으로 추가됐다.

포드자동차 사장이었다가 케네디에 의해 국방부 장관에 발탁된 로버트 맥나마라Robert McNamara는 그 취지에 대해 "비핵전쟁을 수행할 군사 능력을 강화하고 현대화함으로써 정책 결정자들의 선택 범위를 확대하기 위한 것"이라고 설명했다.[9] 케네디 행정부에서 '선택지option'는 가장 많이 쓰이는 용어 중 하나였다. 유연반응이란 결국 선택지를 늘리기 위한 것이었다.

케네디의 측근들은 유연반응을 과거와의 극적인 결별이라고 주장했다. 그러나 실상은 결코 그게 아니었다. 유연반응은 1950년대 국가안보 패러다임을 전복시키기는커녕, 이전에는 이 합의에서 배제됐던 부문까지도 포함시킴으로써 사실상 이를 더 강화했다.

아이젠하워 행정부에서 국방예산은 단 한 번도 풍족한 적이 없었다. 그런데 유연반응은 더 많은 예산을 더 공평하게 배분할 것을 약속했다. 이에 따라 이제 국가안보 기구의 모든 조직들이 나름의 역할을 갖게 됐다. 이런 의미에서 케네디 행정부의 진정한 업적은 워싱턴 룰에 대한 마지막 내부 저항을 제거했다는 점이었다. 불평불만으로 시끄러웠던 육군마저도 대열에 합류한 것이다. 케네디 행정부는 미 군사력의 세계적 주둔, 힘의 투사, 그리고—곧 드러나게 될—개입주의라는 워싱턴 룰을 더욱 새롭게, 더욱 풍부하게 강화한 것이다.

누가 통제권을 갖는가

유연반응은 미국의 일반 국민에게는 보이지 않지만 워싱턴 내부에서는 분명히 보이는 '누가 통제권을 갖는가?'라는 핵심 문제를 제기했다. 케네디 행정부의 국방 개혁이 가져온 새로운 선택지들의 집행 권한을 과연 누가 가질 것인가? 케네디와 그 측근들에게 이 질문에 대한 답은 너무도 명백했다. 이들은 국가안보 문제에 대한 백악관의 통제권을 회복하는 것이 목표였다. 그들이 보기에 백악관의 통제권은 아이젠하워 시기에 심각하게 손상됐다. 대통령의 우위를 회복한다는 것은 필연적으로 CIA와 SAC의 무릎을 꿇리는 것을 의미했다.

어떤 의미에서 이러한 노력은 케네디 행정부 이전부터 시작됐다. 1960년 12월 아이젠하워 대통령이 핵전쟁 계획에 대한 SAC의 독점을 깨기 위해 첫 시도를 시작한 것이다. 퇴임 직전 아이젠하워 대통령은 펜타곤에 대해 새롭고도 종합적인 핵전쟁 계획을 수립할 것을 지시했고, 이러한 SAC의 보고를 당초 형태대로 반영한 것이 아니라 백악관의 핵전쟁 수행지침에 포함시켰다.[10] 이렇게 해서 탄생한 단일합동작전계획SIOP은 내용이 반복됐다는 점에서 실질적이라기보다는 상징적 변화라 할 수 있었다. 미국의 핵무기고를 누가 관장할 것인가와 관련된 투쟁은 이제 시작일 뿐이었다. 그리고 이 투쟁은 이제 국방장관 맥나마라와 커티스 르메이와의 대결로 나타났다. 맥나마라는 지나칠 정도로 똑똑한 사람이었으며 "수량화란 추론에 정확성을 더해주는 일종의 언어"라는 그 자신의 말처럼 수량화를 통해 문제를 해결하는 능력이 탁월했다. 반면 르메이는 자신의 동물적인 감각으로 상황에 대처하려 했으며, 이제는 군사 분야에 대한 자신의 지식이 예전보다 많이 흐릿해져 어떤 분석도구를 썼든 맥나마라가 배울 수 있는 것보다도 못하다는 사실을 잘 알고 있었다. 1961년 1월, 44세의 나이에 국방부 장관에 취임한 맥나마라는 "국방부는 누구도 제대로 관리할 수 없다는 신화를 받아들일 용의가 조금도 없었다."[11] 이 신화를 깬다는 것은 다른 무엇보다도 우선 커티스 르메이에게 누가 대장인가를 확실히 보여주어 그의 복종을 받아내는 것을 의미했다.

맥나마라와 르메이가 국방부에서 처음 만난 것은 아니었다. 둘 사이의 인연은 2차 세계대전으로 거슬러 올라간다. 두 사람의 관계에는 풍부한 이야깃거리가 있다. 1960년대에 와서 전쟁에 대한 두 사람의 생각이 달라졌을지는 몰라도 한때 둘은 긴밀한 협력 관계를 유지했다. 2차 세계대전 후반기에 육군 항공단의 젊은 참모 장교였던 맥나마라는 르메이 밑에서 일했다. (맥나마라의 말에 따르면) "조직의 일원으로서" 가장 효율적으로 일본 도시들에 최대의 피해를 입힐 수 있는 공습 방법이 무엇인가를 조언했다는 것이다.[12] 맥나마라의 상당한 분석 능력은 수십만 민간인들을 살해하는 데 적지 않은 기여를 했다. 과연 그것이 가혹했지만 필요한 공격이었는지, 아니면 전쟁범죄였는지—맥나마라는 말년에 후자 쪽으로 기울었다—는 여기서 논하지 말자. 중요한 것은 일본의 도시들을 잿더미로 만든 2차 세계대전 당시 미국의 일본 공습 도처에 맥나마라의 지문이 묻어 있다는 것, 그리고 르메이는 이 공습을 소련과의 핵전쟁을 위한 모델로 보았다는 점이다.

이후 두 사람의 대결은 이미 1만 8,000기를 넘어선 핵무기의 구성, 규모, 배치를 둘러싸고 벌어졌다. 1950년대 동안 이러한 문제의 결정권은 사실상 르메이에게 있었다. 그러나 이제 그 결정권은 대통령의 대리인인 국방부 장관이 가져야 한다는 것이 맥나마라의 생각이었다.

핵전력 구성에서 논쟁의 중심은 당시 개발 중이었던 초음속 장거리 폭격기 B-70 발키리의 미래였다. 르메이는 발키리가 있어야만 SAC의 소련 영공 침투 능력을 보장할 수 있다고 믿었다.

B-70 발키리의 실전 배치는 르메이—즉 미 공군—의 최우선 과
제였다.

그러나 맥나마라는 이에 동의하지 않았다. 우선 지상 발사와
잠수함 발사 탄도미사일의 성능이 갈수록 향상되고 있고, 주력 폭
격기인 B-52가 실전 배치된 지 10년도 채 안 됐으며, B-70을 개
발하려면 10년간 200억 달러의 예산이 소요돼야 한다는 것 등이
그 이유였다. 맥나마라는 발키리가 필요하지 않다는 결론과 함께
개발 계획을 폐기했고, 르메이는 격분했다. 공군 장군들은 "(군인도
아닌) 국방부 장관이 군부가 하고자 하는 일에 반대하면서 '군사적
이유'를 들었다는 것"을 도저히 받아들일 수 없었다. 직업 군인들
의 전문적인 조언을 무시한 채 "맥나마라와 그 졸개들이 마치 자
신들이 군사 전문가인 것처럼 행세한다"는 것이었다.[13] 르메이는
미 의회의 의원 친구들에게 전화를 걸어 B-70 개발 계획을 살릴
수 있도록 충분한 자금을 배정해달라고 요청했다. 그러나 맥나마
라는 자금 투입을 거부했고 결국 B-70 개발 계획은 폐기됐다. 이
렇게 해서 맥나마라는 르메이와의 첫 대결에서 승리를 거두었다.[14]

맥나마라와 르메이의 두 번째 대결은 전략 핵무기의 규모를
놓고 벌어졌다. 어느 정도의 핵무기를 가져야 충분한 것인가? 미
국의 핵무기 생산 능력에는 제한이 없었다. 핵무기를 운반할 미
사일의 생산 능력에도 제한이 없었다. 격납고에 은폐된 미니트맨
ICBM(대륙간탄도미사일)의 경우 토머스 파워 SAC 사령관(커티스 르
메이의 후임자)이 1만기를 요구한 데 비해 공군이 공식 요청한 것
은 3,000기였다. 그러나 맥나마라 자신의 분석에 따르면 아이젠

하워 시절에 계획했던 600기도 많은 것이었고 몇 백기면 충분했다. 그러나 대선 과정에서 케네디가 '미사일 갭'—선거운동의 필요에 의해 제기됐으며 외견상 위험해 보이지만 실제로는 존재하지 않는—을 줄이겠다고 공약을 한데다가 자신의 일방적 결정으로 B-70 개발 계획이 폐기됨으로써 의회의 불만이 고조되고 있는 마당이라 맥나마라로서는 냉철한 계산보다는 정치적 고려를 앞세우지 않을 수가 없었다. 결국 맥나마라는 미국의 안보를 위해 필요한 핵무기는 미니트맨 1,200기라고 일방적으로 선언했다. 공군이 원하는 숫자에는 미치지 못하지만 지지자들을 만족시키기에는 충분한 숫자였다.[15] 이렇게 해서 제2라운드는 르메이가 승리했다.

마지막으로 실제 핵전쟁을 어떻게 치를 것인가라는 문제가 있었다. 이 문제에서 맥나마라는 여러 가지 시도를 했으나 스스로 곤경에 빠졌을 뿐 새로운 돌파구를 만들어내지 못했다. 결국 현상유지에 그친 것이다. 단일합동작전계획-61SIOP-61은 르메이의 생각을 반영한 것으로서 그는 핵전쟁이 일어날 경우 소련, 중국, 공산권 대부분에 대한 전면적 핵공격을 선호했다. 맥나마라는 그토록 거대한 규모의 냉혹한 대살육을 도저히 받아들일 수 없었다. 비록 핵전쟁이라 하더라도 대통령과 자신에게 선택, 유연성, 차별의 여지를 남겨두고 싶었다. 그는 여러 개의 선택지를 원했던 것이다. 그의 지휘 하에 있는 병력들이 세계를 한방에 날려버릴 계획을 다듬고 있는 와중에도 그는 미국이 핵전쟁을 수행하면서도 도덕적 고려를 포기하지 않았노라고, 최소한의 양심을 지킬 수 있는 가능성을 모색했다.

맥나마라는 이를 위한 도움을 군부가 아닌 일련의 핵 전략가에게서 받았다. 군부에는 창조적 능력이 없다고 생각됐기 때문이었다. 1960년대가 되면 유명 대학이나 랜드RAND(미국 캘리포니아주 산타모니카에 있는 미국 정부의 싱크탱크. 1948년 공군의 자금 원조로 공군의 미래 전략을 종합적으로 연구하고 있는 단체-옮긴이)와 같은 싱크탱크에 포진하고 있는 유명 정치학자, 경제학자, 수학자 등이 워싱턴 컨센서스의 유력한 해석가로서 나름 입지를 굳히고 있었다. 이들 자칭 정책 지식인들은 온갖 어려운 용어들을 동원해가며 핵전쟁에 대해 심오한 이론을 전개했다. 르메이 같은 인물이 보기에는 적절하지도 필요하지도 않은 짓이었다.

이들은 적을 지나치게 자극하지 않으면서 미 핵전력의 신뢰성을 높인다는 명분 아래 말도 안 되는 희한한 용어들을 현기증이 날 정도로 만들어냈다. 제한적 억지, 단계적 대응, 통제된 대응, 대對병력, 대對도시, 피해 제한, 전면적 1차 공격, 목따기, 2차 공격, 확증 2차 공격, 확증 파괴 등등. 하지만 이런 노력들이 단 한 번도 확정적인 결론에 이른 적은 없었다. 겉으로는 대단한 전략적 통찰인 것처럼 보였지만 SAC의 항공기보다도 일찍 쓸모없는 것으로 전락했다.

이들은 핵전쟁의 모델을 만든다면서 불합리할 정도로 복잡한 시나리오를 고안해냈다. 예를 들어 허만 칸의 '위기 단계 모델'은 첫 단계 '외견상 위기'에서 마지막 '발작, 또는 비정한 전쟁'까지 모두 44단계로 구성돼 있다.[16] 이들이 이처럼 현실적으로 불가능한 시나리오를 고안해낸 이유는 미국과 소련이 핵공격을 주고받는 와중에라도 협상에 임할 수 있는 휴지기를 만들어내겠다는 취지에서였다.

인류의 대부분을 절멸시켜버리겠다는 냉혹한 위협이 아닌, 이보다는 인간적인 바탕 위에 핵전략을 세워보겠다는 희망으로 맥나마라는 이들 핵 전략가들의 어두컴컴한 숲 속으로 들어갔지만, 그 즉시 방향을 잃고 헤매다가 결국 자신이 들어갔던 곳으로 나오고 말았다. 모든 가능성을 타진했지만 결론은 언제나 하나였다. '어떤' 핵위기에서든 상대가 미국의 행동 논리를 이해하고, 동의하며, 따르게 할 방법은 없다는 것이었다.

이미 핵전쟁이 시작된 마당에 세심하게 마련된 '선택지'로 상황을 '통제'한다는 생각 자체가 환상이었다. 상대방의 보복공격 능력을 완벽하게 제거하는 것이 100% 확실한 경우를 제외하면, 핵무기를 보유한 적국에 대한 '어떤' 핵 공격도 (공격당한 측의 보복공격에 의해) 공격한 측에 감당할 수 없는 피해를 안겨준다. 결국 핵전쟁에서 승리하리라는 것이란 헛된 꿈이다. 마지막으로 핵무기의 '어떤' 사용도 도저히 정당화될 수 없는 규모의 파괴를 초래할 것이다. 인간적으로 수행되는 핵전쟁이란 성립할 수 없는 표현인 셈이다.

대량보복은 조야하고 잔인한 것으로, 자기 자신이 그처럼 극단적인 대응을 명령하는 것은 있을 수 없는 일이라고 여겼던 맥나마라는 아이젠하워 식의 접근 방법이 신뢰성을 결여하고 있다고 생각했다. 따라서 대량보복은 억지 전략의 바탕이 되기에는 '쓸모없다'는 것이다.[17] 이에 따라 그는 더 엄격한 분석을 통해 대안을 찾으려 했다. 그의 결론은 다음과 같다. 소련 인구의 4분의 1 내지 3분의 1이 사망하고 소련 산업의 3분의 2가 파괴될 확실한 전망에 직면한다면 미소 간의 핵전쟁을 피할 수 있다는 것이다. 그의 계산에 따르면 400메가톤의 핵무기―히로시마에 투하된 원폭의 2만 6,600배―를 투하한다면 이 정도의 피해를 입힐 수 있다.[18]

그런데 미국의 핵무기 능력은 이미 오래전에 이 정도 수준을 훨씬 넘어섰다. 맥나마라의 지휘 아래 팽창을 거듭해온 미국 핵무기는 이미 수천 메가톤 규모에 이르고 있었다. 자신이 수정한 핵전략과 미국의 핵무기 능력 간의 조화를 위해 (또한 여러 정치적, 관료적 이해관계를 충족시키기 위해) 맥나마라는 미 전략공격력의 3대 요소―장거리 폭격기, 지상발사 ICBM, 잠수함 발사 탄도미사일―가 '제각각, 개별적'으로 위에 말한 수준의 확증 파괴 능력을 갖춰야 한다고 선언했다. 이러한 공격이 소련 인구 전체를 죽일지, 아니면 인구의 3분의 1을 세 번 죽일지는 분명치 않았다. 맥나마라가 확실하게 결정한 것은 핵공격의 신뢰성을 위해서는 일정 정도의 중복은 불가피하다는 것이었다.

이 '전략적 3대 축' 역시 이제는 미 안보 정책의 핵심요소로 확고하게 자리 잡았다. 그 결과 케네디 행정부가 화급한 필요 사안이라고 선언한, 지나치게 크고 다차원적인 핵공격력이 영구화됐다. 이러한 핵공격력이 만들어진 지 거의 50년, 냉전이 종식된 지 20년이 지난 지금까지도 '전략적 3대 축'은 비록 여러 번 수정되고 보완되긴 했지만 아직 건재하다. 이것이야말로 맥나마라가 미국의 핵 정책에 끼친 가장 중요한 업적이라고 할 수 있다.

핵전쟁 계획에 도덕적 고려를 포함시키려 했던 맥나마라의 시도와 더 폭넓은 선택 가능성과 유연성을 확보하려 했던 노력은 이

렇다 할 결과를 내지 못했다. 맥나마라가 아무리 핵전략을 합리화
하려 했어도 본래 불합리한 핵전쟁이 합리화될 수는 없었다. 1950
년대와 마찬가지로 1960년대에도 핵전쟁은 곧 핵무기에 의한 대
학살을 의미할 뿐이었다. 그 대결에서 진정한 승자는 워싱턴 컨센
서스였다. 두 초강대국의 예정된 대결에서 워싱턴 컨센서스는 이
전보다 더 확고해지고 더 강력해졌다.

맥나마라의 전략적 재평가 소동이 끝나고 난 뒤의 결과는 르
메이와 같은 고위 군간부나 방위산업체, 그리고 의회 내 협력자들
에게는 전혀 불편할 것이 없었다. 그들은 원하는 것을 거의 얻었
고, 그 결과에 아주 만족했다. 소련 입장에서는 이 모든 소동이 무
엇을 의미하는지 궁금했을 것이다. 미 전략의 명칭이 바뀔 수는 있
겠지만, 한 역사가가 적절하게 지적했듯이 "(케네디 행정부의) 확증
파괴란 (아이젠하워 행정부의) 대량보복의 다른 이름에 불과할 뿐"이
었다.[19]

냉전 용사들의 치욕

한편 대통령 취임 초 시도했던 비밀작전(쿠바 피그만 침공)이 완벽한
실패로 돌아가면서 케네디는 중대한 교훈 하나를 배웠다. 국가안
보와 관련된 중대한 정책을 백악관이 아닌 다른 기관에 맡기는 것
은 대단히 위험하다는 것이었다.

후임 대통령에게 잘못된 정책을 물려준 것은 아이젠하워가 처음도, 마지막도 아니었다. 케네디가 물려받은 것은 자파타 작전 Operation Zapata이란 이름의 카스트로 제거 계획이었다. CIA가 계획하고 아이젠하워가 승인한 이 작전의 목표는 CIA가 이란과 과테말라에서 기록한 승리를 쿠바에서 재현하는 것이었다. 쿠바에서 미국으로 망명한 1,400명의 소규모 병력을 쿠바에 상륙시켜 대중 봉기를 유도함으로써, 모사데그와 아르벤즈를 축출한 것처럼 쿠바 지도자 피델 카스트로를 제거하겠다는 것이었다.

그 결과가 참혹한 실패였다는 것은 너무나 잘 알려진 사실이기에 여기서 다시 말할 필요는 없겠다. 다만 계획의 성공 가능성을 확신하지 못했던 케네디가 한동안 망설이다가 측근을 시켜 재검토를 한 다음, 계획 일부를 어설프게 손본 후 마지못해 승인했다는 것만 지적해두자. 케네디는 침공에 대한 최종 승인을 내리면서 당초 계획 이상의 추가 지원은 없을 것이라고 못 박았다. 침공 이후, CIA가 훈련시킨 쿠바 망명객 출신 병력이 감당할 수 없을 정도의 곤경에 처한다 해도 절대로 미군 병력을 투입하지 않겠다는 것이었다.[20]

작전 개시일인 1961년 4월 17일, 선발대가 피그만에 상륙하기도 전에 이미 사태는 어그러지고 있었다. 대재앙의 조짐이 분명해지자 CIA는 최후의 수단으로 (딘 러스크 국무부 장관을 통해) 케네디 대통령에게 미군의 직접 군사 개입을 간곡히 요청했으나 대통령은 이를 거부했다. 작전이 실패로 돌아간 직후 행정부의 불만 세력들은 언론에 정보를 흘려 작전 실패의 책임은 백악관에 있다고 몰아붙였다. 유약한 케네디가 미군의 직접 군사 개입을 거부하는 바람에 일을 그르쳤다는 것이다.

피그만 사태의 진정한 중요성은 작전이 실패로 돌아갔다는데 있는 것이 아니라 실패 이후 대응이 어떠했느냐에 있다. 자신의 첫 번째 대외 정책 실패에 대한 케네디의 대응은 대통령 자신이 예견할 수 있는 범위를 훨씬 넘어서는 결과―거의 모두가 부정적인―를 초래했다. 그런 의미에서 피그만 사태가 케네디 대통령의 공직 수행에 끼친 영향은 1964년 통킹만 사건이 린든 존슨에게, 1979년 테헤란 주재 미국 대사관의 인질사태가 지미 카터에게 끼친 영향에 비견될 수 있다. 나아가 하나의 전환점으로서 피그만 사태는 9·11사태와 비교할 수 있다. 국가적으로 가장 중요한 문제들에 대한 성찰의 계기가 돼야 함에도 실제로는 잘못된, 조건반사적인 대응을 했다는 점에서 그러하다. 존슨과 카터, 그리고 아들 부시와 마찬가지로 케네디는 미국의 안보 정책을 재검토하고 재정립할 수 있는 귀중한 기회를 날려버렸고, 이후 미국의 진로에 파멸적 결과를 초래했다.

대통령에 취임한 지 100일도 안 되는 시점에서 케네디는 지난 수십 년간 미국이 당한 가장 치욕적인 대외 정책 실패의 책임을 고스란히 혼자 뒤집어써야 할 처지가 됐다. 다시는 이런 일이 벌어지게 해서는 안 된다고 그는 단단히 결심을 했다.

워싱턴에서 국가 정책상의 큰 실패나 대형 스캔들이 터지게 되면 당연히 국민에게 그 원인과 대책을 설명해야만 한다. 하지만 의회 위원회나 최고위급 인사들로 구성된 위원회의 조사는 대부분 진실을 파헤치거나 감춰진 원인을 찾아내기보다는 정치적 파장을 줄이는 데 더 힘을 기울이게 마련이다.

피그만 사태의 후속 조치로 케네디는 실패의 원인을 조사할 내부위원회를 구성하면서 그 책임자로 맥스웰 테일러를 발탁했다. '쿠바조사그룹Cuba Study Group'의 의장으로서 테일러는 대통령이 원하는 조사 결과를 내놓았다. 쿠바조사그룹은 테일러 외에 해군 작전본부장인 알리 버크 제독, (피그만 침공을 계획하고 준비했으며 감독한) CIA의 앨런 덜레스 국장, 그리고 로버트 케네디 법무부 장관 등으로 이루어져 있었다. 이들 모두는 서로 다른 이유에서이긴 하지만, 조사가 어떤 결과를 초래하든 진실을 알아내려 하기보다는 작전 실패에 따른 정치적 피해를 최소화하는 데 더 큰 관심이 있었다. 테일러를 비롯한 조사위원들이 거의 전적으로 전술적이며 작전 수행상의 문제에만 초점을 맞출 뿐, 대외 정책의 기본에 대해서는 아예 눈길조차 주지 않은 것은 어쩌면 당연한 일이었다. 그것은 마치 교량 붕괴의 원인을 조사하면서 기본 설계의 구조적 결함 여부에 대한 검토를 하지 않는 것과 같은 꼴이었다.

어쨌든 테일러는 자신이 해야 할 일을 제대로 알고 있었다. 그것은 피그만 사태를 "카리브해 지역에서 미국의 위상을 강화하기 위한 목적으로…… 미국이 주도한 준군사, 게릴라, 그리고 반란진압작전의 한 사례"로 평가하는 것이었다.[21] 가장 중요한 것은 이 임무를 성공적으로 수행하는 것이었다. 따라서 테일러 그룹은 자파타 작전 실패의 '가장 근접한 원인'의 핵심은 '실탄 부족'이라고 결론 내렸다. 쿠바 망명군의 공군력―낡아빠진 항공기들로 이루어

졌으며 주로 CIA 용역 직원들이 조종했다—이 형편없었다는 점
도 우려 사항으로 지적됐다. 마지막으로 행정부의 각 기관이 "이
런 종류의 군사작전에 대처할 조직적 준비가 미흡했다"는 점도 지
적됐다. 대통령의 지휘가 더 효과적이 될 수 있도록 행정부의 조직
계통을 재정비하는 것이 급선무로 떠올랐다.[22]

그러나 정확히 어느 정도 쿠바가 미국의 국익을 위협하고 있
는가, 이에 따라 카스트로를 제거해야 할 필요성은 어느 정도인가,
또한 비밀작전이 카스트로 제거라는 목표를 달성하기 위한 적절한
방법인가 등의 문제에 대해서 조사그룹은 의문조차 제기하지 않았
다. 테일러를 비롯한 조사위원들은 조사 결과를 대통령에게 보고
하면서 다음과 같이 지적했을 뿐이다. "조사위원들은 카스트로를
이웃에 둔 채 장기간 공존할 수 없다는 일반 국민의 정서에 감명
받았다." 이러한 국민 정서의 바탕은 무엇이며, 왜 그러한지에 대
한 설명은 없었다.

조사그룹의 위원들—이들은 실제 조사에는 참여하지 않았
다—은 그저 "공산주의, 반미주의의 효과적인 위험분자로서 카스
트로가 서반구에 계속 존재하는 것은 미국에 실질적 위협이 된다"
는 경고로 충분하다고 생각했다. 이들은 "카스트로 제거를 위한 정
치, 군사, 경제, 선전선동 활동의 새로운 지침"이 필요하다면서 다
시 한 번 쿠바 독재자의 제거를 시도할 것을 촉구했다.[23] 자신의 기
존 견해와 너무도 딱 떨어지게 맞는 이 권고를 케네디는 당연히 환
영했다.

피그만 사태는 오늘날 우리가 '배움의 순간'이라고 말하는 기

회가 될 수도 있었다. 그러나 테일러가 쿠바조사그룹을 이끌어간 방식—말할 필요도 없이 조사 내용은 비밀로 분류돼 일반 국민에게는 공개되지 않았다—에서는 어떤 중요한 교훈도 제시되거나 받아들여지지 않았다. 하지만 자신의 과업을 완수함으로써 테일러는 3중의 성과를 올렸다고 자부할 수 있었다. 첫째, 조사를 전술적 문제에 한정함으로써 기존 안보 컨센서스에 대한 비판을 회피할 수 있었다. 기본적인 문제들, 예컨대 외국 정부를 전복시키기 위해 비밀작전에 의존하는 것이 과연 필요하며 실제로 국익에 부합하는가의 문제는 금기의 영역으로 남게 됐다. 둘째, 작전 실패의 책임을 일부 소수 기관의 결함 때문이라고 한정함으로써 (극소수 측근들과의 협의로 주요 결정을 내리는) 케네디에게 최우선의 비밀작전에 대한 대통령의 감독 권한을 강화할 수 있는 기회를 주었다. CIA 활동에 대한 백악관의 직접 통제는 CIA의 실수 때문에 대통령이 곤경에 처하는 사태를 방지할 수 있을 것이었다.

마지막으로—아마도 첫째와 둘째 성과에 대한 보상으로—테일러는 권력의 자리에 복귀할 수 있게 됐다. 합동참모회의가 자파타 작전의 위험성을 자신에게 충분히 알리지 못했다고—합참이 대통령에 대해 악의가 있었기 때문인지, 또는 게을렀거나 아니면 멍청해서였는지는 분명치 않지만—판단한 케네디는 테일러를 현직으로 불러들였다. 처음에는 백악관 파견 군부 대표라는 자리를 만들어 그를 측근에 두었다가 이내 합참의장에 임명한 것이다.

피그만 작전 실패의 가장 직접적인 결과는 카스트로 제거에 대한 케네디 행정부의 의지를 배가시켰다는 점이다. 펜타곤은 직접적 군사 개입에 의한 카스트로 제거를 선호했지만 백악관은 노골적 제국주의 냄새가 나는 군사 침공에 대해서는 계속 주저했다. 그 대신 쿠바조사그룹은 카스트로 제거를 위한 '새로운 대통령 지침' 제정을 권고했으며 이는 몽구스 작전Operation Mongoose이란 이름으로 그 모습을 드러냈다. 몽구스 작전은 카스트로 제거와 쿠바혁명 전복을 위한 공격적 비밀작전 프로그램이었다. 프로그램의 성공을 보장하기 위해―또한 실패에 따른 곤경을 피하기 위해―케네디는 앨런 덜레스를 비롯해 자파타 작전을 기획했던 CIA 고위 간부들을 해임했다. 그리고 몽구스 작전의 지휘 책임을 가장 믿을 수 있는 측근, 즉 동생 로버트 케네디에게 맡겼다. 당시 법무부 장관이었던 로버트는 이제 일국의 사정기관의 수장이면서 동시에 온갖 더러운 술책의 기획단장이라는 상반되는 임무를 떠맡게 된 것이다.

로버트 케네디는 새로 창설된 반카스트로 그룹, 즉 '특수그룹Special Group'으로 알려진 조직의 수장이 되어 모든 미 정부기구의 카스트로 축출 음모를 총지휘하는 역할을 맡았다. 그는 쿠바 망명객들을 이용해 "첩보, 사보타지, 사회 혼란 등 모든 수단을 동원해 쿠바 섬을 뒤흔들어놓겠다"고 선언하면서 이 사업에 엄청난 에너지를 쏟아 부었다. 직접 군사 개입을 제외한 모든 수단과 방법을 동원할 터였다.

반카스트로 비밀작전이 의도하지 않은 결과를 초래할 가능성에 대해 로버트는 전혀 개의치 않았다. 그는 "내 판단에 따르면 우리는 전혀 잃을 게 없다"[24]며 쿠바 문제의 해결이야말로 "미 행정부의 최우선 과제—다른 모든 것은 부차적 과제일 뿐—이다. 시간, 돈, 노력, 인력 등 어떤 것도 아끼지 말고 전폭 투입하라"고 지시했다.[25]

시간, 돈, 인력 등만 아낌없이 투입된 것이 아니었다. 미국 정부 관리들이라면 당연히 준수를 다짐해온 법적 도덕적 기준들도 카스트로 축출을 위해 아낌없이 포기됐다. 전설적인 스파이 에드워드 랜스데일 중령을 행동대장으로 한 카스트로 축출 음모는 이후 온갖 기기묘묘한 술책들을 쏟아냈다. 카스트로 암살을 위한 마피아와의 유착, 대중봉기를 유도하기 위한 허황된 계획들, 쿠바의 식량 공급이나 전력 생산, 석유 정제, 기타 경제활동을 방해하기 위한 일련의 시도 등 카스트로 제거를 위한 케네디 행정부의 온갖 노력들은 미국의 국가경영 역사에서 가장 불명예스럽고 가장 소득 없는 사례의 하나가 됐다.

시작부터 몽구스 작전은 정책을 가장한 허세이자 허풍이었다. 1962년 1월 랜스데일은 "우리는 이제 전투 상황에 돌입했다. 전권을 위임받아 전투에 임한다"고 선언하면서 "지구상 최강 국가의 모든 인적, 금전적, 물적, 정신적 자원을 동원해 전투에 임하는 만큼"실패란 있을 수 없다고 단언했다.[26] 로버트 케네디의 다그침을 받으면서 랜스데일은 "쿠바인들이 쿠바 내부에서 공산 정권을 무너뜨리고 미국과 평화롭게 공존할 수 있는 새로운 정부를 구성하도록 도와줄" 야심찬 계획을 수립했다.

이렇게 해서 행정부 내 32개 부처와 기관들에 배포된 32개 과제 중에는 "식량 수확의 실패 유도"를 비롯해 있지도 않은 토착 저항세력의 사기 진작을 위한 "노래, 상징물, 슬로건" 제작, 사보타지 공격, 망명자 모집 등이 포함됐다. 랜스데일은 32개의 과제를 제대로 수행하기만 하면 카스트로를 권좌에서 몰아낼 수 있을 것이라고 장담했다. 목표 시한은 1962년 10월이었다.[27]

뒤이은 카스트로 전복 활동에는 코미디에나 나올 법한 우스꽝스러운 것들이 다수 있었다. 쿠바 내 반대세력의 사기 진작을 위한 슬로건(과제 27) 중에는 '구아사노 리브레Guasano Libre'란 구호가 있었다. 별 감흥을 받지 못한 미 국무부 관리가 대충 번역을 했는데 그 뜻은 "만국의 지렁이들이여, 단결하라"였다.[28] 미군 당국은 쿠바 망명객들을 미군에 지원토록 하는(과제 32) 조직적 캠페인을 벌였지만 실제 성과는 단 142명에 불과했다. 당초 지원자는 수백 명에 달했으나 "도덕적, 안보적 이유 때문에" 입영이 거부됐다는 것이다. 이 알쏭달쏭한 이유의 진상은 무엇일까? 로스웰 길패트릭 국방부 부장관의 설명에 따르면 미군 입대를 희망한 쿠바 장정 대다수가 "스스로 인정한 성적 취향이 도저히 미군으로서는 받아들일 수 없었기 때문"이었다.[29]

작전이 시작된 지 수주일 만에 쿠바 내에서 대중봉기를 일으킬 가능성은 희박하다는 것이 분명해졌다. 사보타지, 선전선동, 경제전쟁, 암살 음모 등으로는 카스트로를 제거할 수 없었다. 그럼에도 케네디 행정부는 목표를 변경하지 않았으며 랜스데일의 목표 시한도 포기하지 않았다. 그 대신 몽구스 작전은 변모를 거듭해갔다. 이제 몽구스 작전은 카스트로 제거를 위한 결정적 수단이 아니라 '즉각적 군사 개입'의 빌미를 만들기 위한 중간 단계로 설정됐다. 빌미가 만들어지면 "충분한 군 병력을 투입하여 쿠바를 점령하고, 카스트로 정부를 무너뜨리며, 쿠바 국민을 해방시켜, 쿠바를 평화국가로 만들겠다"[30]는 것이었다. 이에 따라 이미 1962년 3월에 랜스데일은 펜타곤에 대해 "직접 군사 개입"을 정당화시키기 위해 "합참이 적절하다고 생각하는 빌미들을 간단하고 정확하게 서술해 달라"고 요청했다.[31]

수십 년이 지난 현재의 관점에서 본다면, 특히 잇따른 암살로 케네디 형제들이 세속적 성자의 반열에 올랐음에도 케네디 이후 9개의 미 행정부가 카스트로와 공존해왔음을 감안하면 몽구스 작전은 정말로 이해하기 힘든 정책이었다. 1961년 말이 가까워 오면서 케네디 행정부는 정확히 40년 후의 부시 행정부가 사담 후세인을 제거하지 못해 안달했던 것처럼 카스트로 제거에 미친 듯한 열정을 보였다는 것, 그리고 그 열정에는 아무런 전략적 논리도 없었다는 것을 지적하는 것으로 충분하겠다.

쿠바혁명을 파괴하겠다는 열정이 지나친 나머지 케네디 행정부는 사실상 국가테러라고 할 수 있는 행동들을 무책임하게 저질렀다. 1960년대 초, 미국이 쿠바에 저지른 행동은 규모 면에서는 작을지 몰라도 실질적 내용 측면에서는 1980년대 이후 이란과 시리아가 대리인을 앞세워 이스라엘에 테러 공격을 자행한 것과 조금도 다를 바가 없었다. 결정적 차이는, 적어도 자신들의 정치적 위상을 제고한다는 측면에서, 하마스와 헤즈볼라가 상당한 성공을 거둔 반면 카스트로를 제거하려는 미국의 노력은 그 어떤 것도 이루지 못했다는 점이다. CIA의 사주를 받아 쿠바에 침투하려던 칠

칠치 못한 수십 명의 쿠바 망명객의 목숨을 희생시킨 것 외에 미국의 카스트로 축출 시도는 아무것도 이루지 못했다. 도덕적 법적 관점에서 몽구스 작전은 도저히 정당화될 수 없는 행위였으며, 실용적 관점에서는 자파타 작전(피그만 침공)보다도 어리석은 것이었다.

어떻게 이를 설명할 수 있을까? 실용적이면서도 똑똑하다고 자부하는 인사들로 채워진 케네디 행정부가 왜 1961년 당시 인구 600만 명이 채 안 되고, 1인당 국민소득은 미국의 5분의 1에 불과하며, 변변한 군사력도 없는 이웃나라의 독재자를 없애겠다며 결국은 막다른 골목에 이르게 됐을까?[32]

물론 국내 정치가 일정 부분 그 이유가 될 수 있다. 피그만 침공을 다루면서 케네디는 유약하고 주저하는 것처럼 보였고, 이에 따라 공화당 반대파는 물론이고 영구 정부permanent government의 일원, 특히 CIA와 군부로부터 집중적인 비판을 받았다. 특히 CIA와 군부는 공산주의에 대한 대중적 공포를 능숙하게 조작해내면서 이를 자신들의 정치적 목표를 달성하는 데 활용했다. 카스트로 제거 작전을 다시 가동시키는 것은 젊은 신임 대통령이 배짱이 없다거나, 따라서 우회하거나 무시해도 된다는 식의 주장을 반박하기 위한 방책이 될 수 있었다. 자신이 배짱 있는 사람이라는 이미지를 과시하는 것은 케네디(이후의 모든 대통령들에게도)에게 대통령 직무 수행의 필수 요소가 됐다.

다른 한편 피그만 침공 실패에 대한 케네디 행정부의 대응은 당시 워싱턴을 지배했던 국가안보라는 개념이 얼마나 위력적인가를 보여주는 극명한 사례이기도 하다. 치욕적 실패를 당했음에도 국가안보라는 개념은 신성불가침의 존재였다. 결국 냉전이 시작된 이후 비밀작전은 미국이 힘의 투사를 위해 사용하기 가장 알맞은 수단으로 확고하게 자리 잡았던 것이다. 비밀작전은 세계적 개입주의에 대한 워싱턴의 식욕을 채우기 위해 즉각 채택해서 활용할 수 있는 수단으로서, 절대적으로 필수적이기는 하지만 현실적으로 사용하기에는 어려움이 많은 핵무기를 보완했다. 앨런 덜레스가 고안한 수단(비밀작전)과 커티스 르메이가 완성한 수단(핵무기)이 함께 비밀, 특권, 권력의 후광을 만들어내며 미국의 대통령들로 하여금 옛 로마 황제에 버금가는 권세를 부리도록 만들어준 것이다.

피그만 침공 실패는 일견 비밀작전의 효율성에 의문을 제기하는 것처럼 보였다. 그러나 대통령의 권위를 강화하기 위해 전력을 다했던 케네디와 그 측근들로서는 이러한 문제제기를 받아들일 수 없었다. 왜냐하면 케네디 행정부가 유연반응이라는 구호 아래 강조했던 것은 힘의 투사를 위한 수단을 줄이는 것이 아니라 확대하는 것이었으며, 그중 어떤 수단을 쓸 것인가는 대통령이 결정한다는 것이었기 때문이다. 몽구스 작전이 당초 정권 전복 프로그램에서 무력 침공을 위한 빌미로 변모해간 것은 힘의 투사를 위한 더 많은 선택지를 만들어낸다는 것이 결국은 어떤 방향으로 나아가게 될 것인지를 시사해준다.

따라서 쿠바혁명이 과연 미국의 국익에 해가 되는지를 재검토하려는 진지한 노력은 없었고, 나아가 단지 미국이 싫어한다는 이유로 외국 정부를 전복시키려는 미국의 성향에 대한 진지한 재검토가 없었던 것도 어쩌면 당연한 일이었다. 이 두 질문을 진지하게 성찰하려면 상상력과 함께 정치적 용기가 필요했는데, 케네디와 그의 심복들인 냉전의 용사들에게는 그런 상상력과 용기가 없었기 때문이다. 비밀작전 실패를 무마할 대응책은 판을 키워서 공개적 방식에 의한 대안을 추진하는─이후 이는 미국 정부의 전형적 방식이 됐다─것이었다.

케네디의 특별고문이었으며 케네디 행정부의 충성스러운 기록자였던 시어도어 소렌슨은 피그만 침공 실패와 관련해 케네디 대통령이 "그토록 작고 일시적인 비용으로" "그토록 많고 중요한 교훈을 배웠다"며 감격했다.[33] 나아가 그 교훈들이 "세계를 구원하는 데 큰 도움이 됐다"고 썼다.[34] 당시 케네디의 특별보좌역으로 활동했으며 민주당의 공식 역사가인 아서 슐레진저도 소렌슨의 평가에 동의했다. "1961년 쿠바에서의 실패(피그만 침공)가 1962년 쿠바(핵미사일 위기)에서의 성공에 기여했음을 누구도 의심하지 않는다"는 것이다.[35] 하지만 그토록 관대한 평가를 내리기 위해 소렌슨과 슐레진저는 피그만 침공 이후 케네디 형제가 카스트로를 제거하기 위해 전심전력을 기울인 부분에 대해서는 아무런 언급도 하지 않았다.

사실 케네디와 측근들이 피그만 침공 실패에서 배운 것은 놀라울 정도로 거의 없었다. 행동이 우선시되던 당시 분위기 속에서 CIA의 활동 템포는 갈수록 빨라졌다. CIA의 역사에 관한 책을 쓴 팀 와이너에 따르면 "아이젠하워 행정부 8년 동안 CIA의 주요한 비밀작전이 170건이었던 반면, 케네디 행정부에서는 3년이 채 되기도 전에 163건의 주요한 비밀작전을 벌였다".[36] 한마디로 케네디 대통령과 동생 로버트에게 중요했던 것은 단 한 가지, 다음번 자파타 작전은 반드시 성공시키는 것이었다.

소렌슨과 슐레진저가 기억하는 케네디는 다른 대통령들과는 전혀 다른 특출한 인물이다. 특히 지루하고 걷기 좋아하는 아이젠하워나 케네디의 직접 승계자이기는 하나 천박한 린든 존슨과는 동렬에 놓일 수 없는 영웅이다. 이들 케네디 전설의 수호자들은 자파타 작전이나 몽구스 작전을 지휘한 케네디의 행태로 미루어 케네디 역시 그 이전이나 이후의 역대 미국 대통령들과 조금도 다를 바 없다는 점을 도저히 받아들일 수 없었다. 같은 단지 안에서 나온 완두콩이라 하더라도 모두 똑같을 필요는 없다는 것이었다.

낭떠러지를 향해

자파타 작전과 몽구스 작전 등 미국 안보에 대한 위해를 막겠다는 취지에서 비롯된 케네디 행정부의 행동방식은 실제로는 있지도 않은 안보 위협을 만들어내는 데 기여했다. 때는 1962년 8월, CIA는 랜스데일 장군에게 소련 지도자들이 "곧 있을 것으로 예상되는 카스트로에 대한 미국의 군사 개입을 저지하기 위해 쿠바에 중거리 미사일 기지를 배치할 가능성이 있다"고 보고했다.[37] 랜스데일은 물론이고 행정부 내 유력한 지위에 있었던 그 누구도 이 선견지명이 담긴 예측에 귀를 기울이지 않았다.

카스트로 제거에 대한 케네디 행정부의 편집증적인 집착은 단한 가지 성과를 이뤄냈다. 그것은 쿠바 미사일 기지였다. 카스트로는 자신의 체제에 대한 미국의 위협을 매우 심각하게 받아들였다. 따라서 자신의 쿠바혁명을 수호하기 위해 이미 쿠바와 '형제 관계'를 맺고 있는 소련에 도움을 요청했다. 카스트로의 집요하고도 간곡한 요청에 대해―소련의 전략적 열세를 우려하는 동시에 서반구에 만들어진 유일한 공산주의 교두보를 유지해야겠다는 결의에 가득 찬―소련 공산당 서기장 니키타 흐루쇼프는 소련 군사 교관과 함께 더 많고 더 성능 좋은 무기를 제공하는 등 관대한 안보 지원과 군사 보호를 제안했다. 1962년 4월 카스트로는 기다렸다는 듯이 이 제안을 받아들였다.[38]

소련은 처음에는 대공 미사일 등 방어 무기들을 제공했다. 그러나 5월이 되자 소련 지도부는 지대지 탄도미사일과 핵탄두 등을 무기 제공 리스트에 올렸다. 곧 이들 무기와 함께 소련 적군 대표단이 비밀리에 쿠바 수도 아바나를 향해 떠났다. 미국이 선호했던 두 가지 힘의 투사 수단, 즉 비밀작전과 전략공격이 이제 정면충돌하는 사태가 벌어지게 된 것이다. 워싱턴이 은밀한 전쟁에 탐닉하게 된 것은 부분적으로는 이 방법을 통해 전면적 핵전쟁 발발의 위험이라는 과도한 부담 없이도 문제를 해결할 수 있다는 믿음 때문이었다. 그러나 이제 비밀작전을 통해 카스트로라는 문젯거리를 해결하려는 케네디의 집념은 세계를 핵전쟁의 문턱에까지 이르도록 만들었다.

미국인들은 습관적으로 쿠바 미사일 위기의 책임을 소련 측에 미룬다. 미국인들의 통상적인 의견은, 천박하고 고함치기를 좋아하며 제 감정을 주체할 줄 모르는 도박꾼인 흐루쇼프가 한마디로 무리했다는 것이다. 나아가 냉정함과 세련됨을 잃지 않은 케네디가 위기를 해결했으며 세계를 3차 세계대전의 참화에서 구해냈다는 것이다. 미국의 행위를 정당화하는 이러한 해석은 우리의 시야를 저 유명한 (위기 당시의) '13일 동안'에 맞출 때에만, 즉 쿠바 미사일 위기 이전과 이후에 일어났던 일을 배제했을 때에만 그럴듯하게 보일 수 있다.

케네디 행정부의 국무부 장관이었던 딘 러스크는 자서전에서 "흐루쇼프는 쿠바에 대한 미사일 배치가 너무도 위협적이고 불안정을 초래하는 것이어서 미국으로서는 절대로 받아들일 수 없음을 알았어야 했다"고 썼다.[39] 그러나 (미국에 의한) 카스트로 제거를 소련이 도저히 받아들일 수 없다는 사실을 케네디가 알고 있었는지에 대해서는 아무 말도 하지 않았다. 실제로 당시 케네디 행정부 내 인사들은 미국의 도발에 대해 소련이 대응하지 않을 것이라고 생각하고 있었다. 예컨대 여러 부처가 합동으로 작성한 '쿠바 작전'이라는 문서는 "소련이 쿠바혁명을 수호하기 위해 군사 개입을 하지 않을 것"이라고 명백히 선언했다. 베를린이나 기타 분쟁 지역에서 긴장도를 높이기는 하겠지만 "미국과의 직접 대결을 초래하는 선까지 나아가지는 않을 것"[40]이 확실하다는 것이다.

한편 몽구스 작전을 "말도 안 될 정도로 비효율적인"—따라서 아무런 의미 있는 결과도 낳지 못할—것으로 무시했던 맥나마라 국방부 장관은 쿠바나 소련이 미국의 카스트로 제거 작전을 심

각하게 받아들일 것이라고는 도저히 믿을 수가 없었다. 실제로 맥
나마라는 쿠바 미사일 위기가 끝나고 오랜 시일이 지난 이후, 1962
년 10월 이전 "미국은 쿠바를 침공할 계획이 없었다"고 회고했다.
추가 질문에 대해 그는 "자 그렇다면, 우리는 그럴 의도가 없었다"
고 발언을 정정했다. 그러나 그의 이러한 발언도 '우리'를 매우 좁
은 범위로 한정시켰을 때에만 진실로 인정될 수 있다.[41] 왜냐하면
맥나마라의 지휘 책임 아래 있는 군부에서는 쿠바 침공의 구체적
계획을 담은 작전계획 314-61을 세워두고 있었기 때문이다. 1962
년 가을쯤이 되면 미국의 고위 군사령관들은 이 계획을 실행에 옮
길 준비가 완전히—그리고 열성적으로—돼 있었다.[42]

　케네디 행정부 관리들은 또한 (쿠바 미사일 위기 이전에) 미국이
터키와 이탈리아의 미군기지에 소련을 겨냥한 핵탄두 탑재 주피터
미사일을 배치한 것이나 뒤이어 소련이 쿠바에 핵미사일을 배치하
기로 한 결정은 서로 마찬가지가 아니냐는 지적을 받아들이지 않
았다. 둘 사이에 인과관계가 있을 수도 있다는 것, 즉 미국의 행동
이 소련의 대응을 유발했을 수도 있다는 점을 케네디 행정부는 고
려조차 하지 않으려 했다. 케네디의 측근들은 터키 등에 대한 주
피터 미사일 배치를 아이젠하워 행정부의 유산으로 여겼고, 따라
서 전혀 심각한 고려 대상이 될 수 없다고 생각했다. 소렌슨에 따
르면 이들 미사일은 "쓸모 있는 사용처를 찾지 못한 전임 행정부가
하는 수 없이 이탈리아와 터키에 배치했던 것"이다. 이 미사일들
은 "낡아빠졌고 아무런 군사적 가치가 없다"고 소렌슨은 썼다.[43] 크
레믈린은 사태를 달리 볼 수도 있다는 것—주피터가 취약하다는

사실 때문에 소련 지도부는 이를 선제공격용 무기로 볼 수도 있다는—은 그들로서는 상상할 수도 없는 것이었다.

케네디와 그의 측근들은 핵공격력에서 소련과의 격차를 더욱 벌려나가는 한편 카스트로 제거를 위해 미친 듯이 활동하면서도, 자신들의 선의를 굳게 믿고 있었다. 자신들은 전쟁을 혐오하고 영구평화를 염원한다고 믿었다. 만일 평화가 이뤄지지 않는다면 그 책임은 반드시 저들에게 있어야 했다. 1960년대 초에는 무책임하고 악의적인 피델 카스트로와 니키타 흐루쇼프에게, 이후로는 이란의 아야톨라 호메이니, 이라크의 사담 후세인, 알카에다의 오사마 빈 라덴에게. 이들 모두는 미국의 의도를 악의적으로 왜곡했든가, 아니면 세계를 살기 좋은 곳으로 만들려는 미국의 선한 비전을 완강하게 거부하고 있다는 것이다.

어떤 사건이 미국의 평화 추구 노력을 방해했을 때, 예를 들어 1962년의 미사일 위기, 1979년 이란 샤(국왕)의 축출, 1990년 사담 후세인의 쿠웨이트 침공, 9·11 테러 공격 같은 사건이 발생했을 때 워싱턴의 권력자들은 언제나 이러한 사건들을 난데없는 것으로, 아무런 역사적 맥락도 없이 발생한 것으로 묘사한다. 미국은 피해자 아니면 죄 없는 방관자이며, 미국이 과거에 저지른 행동들은 지금 문제가 되는 사건들과 아무런 관계가 없다는 듯이. 물론 현재의 지배적인 국가안보 합의에 대한 비판자들—회의적 학자, 또는 정치적 과격파—은 달리 생각할 수도 있겠지만 적어도 권력 내부에서 이 사람들이 설 자리는 없다.

따라서 자파타와 몽구스 작전에서 미사일 위기로 이어지는 점들이 분명히 보이는데도 케네디 행정부는 그것들 사이에는 인과관계는 전혀 없노라고 한사코 부정했다. 이와 마찬가지로 아들 부시의 행정부는 2001년 9·11사태로 이어지는 사건의 연쇄를 무시했다. 1953년 이란 총리 모하메드 모사데그의 축출과 뒤이은 미국과 이란 국왕과의 유착, 1960년대 이후 미국의 이스라엘 존중, 1980년대 미국과 사담 후세인 간의 정략결혼, 같은 기간 소련 점령 아프간에 있는 이슬람 근본주의자들에 대한 미국의 지원, 걸프전 이후 1990년 미군의 걸프지역 주둔 등, 이들 개개의 사건들은 각기 기존 안보 정책의 틀에서 정당화될 수 있는 것처럼 보이지만 전체로서는 폭발적인 역작용을 초래했다. 이러한 정책들과 9·11과의 상관관계를 파악하려면 지난 수십 년간 미국의 안보 전통에 대한 재검토가 필요하지만 미국의 지도자들은 아직 그 재검토를 거부하고 있다.

케네디가 오래도록 추앙받는 것은, (미소 간 핵 대결이 현실화될지도 모르는) 국가 최대의 위기 상황 속에서 비록 아주 잠시이기는 하지만, 위에 말한 안보 전통을 유보했기 때문이다. 일반 대중을 향해 케네디 행정부는 쿠바와 소련이 야기한 위기는 전혀 난데없는 것이며 동시에 정당화될 수 없는 것이라고 주장했고 이후에도 계속 이러한 입장을 주장해왔다.

하지만 사적인 자리에서 케네디는 이전 미국의 행동과 현재 자신이 닥치고 있는 문제가 서로 인과관계가 있음을 인정할 용의가 있었다. 상대방도 (미국에 대해) 불만을 가질 수 있다는 것, 그 불만 중에는 카스트로 제거를 위한 미국의 집요한 공작과 소련의 국경선을 따라 미국의 핵미사일을 배치한 것 등이 있으며 이외에도 더 있을 수 있다는 점을 수긍한 것이다. 또한 서로 입장이 바뀌었다면 카스트로와 흐루쇼프 역시 케네디처럼 행동했을 것이라는 점을 받아들인 것이다. 따라서 미사일 위기의 평화적 해결을 모색하는 것은 케네디가 상대방의 불만을 고려해야 하는 것을 의미했다.

자신의 무절제한 행동으로 촉발된 위기를 벗어나기 위한 행보를 펼치면서 케네디는 경탄할 만한 냉정함과 세련됨을 보였다. 그는 대책 없는 강경파들, 그중에서도 특히 맥스웰 테일러와 커티스 르메이 등의 "이제 우리의 선택은 직접 군사행동밖에 없다"는 거친 투정을 무시했다. 그 대신 케네디는 간접적 행동, 즉 '검역quarantine'이라고 이름 붙인 사실상의 해상 봉쇄를 단행했다. 이 결정에 대해 르메이는 대통령과의 합동참모회의에서 "(히틀러와의) 뮌헨 유화책만큼이나 나쁜 정책"이라고 비아냥거렸다.[44] 하지만 르메이는 진실의 절반밖에 알지 못했다. 케네디는 비밀리에 흐루쇼프에게 만일 소련이 쿠바에 배치된 핵무기를 철수시킨다면 미국도 중대한 양보를 할 것이라고 제안한 것이다. 그 양보에는 쿠바를 침공하지 않을 것이라는 약속, 그리고 이탈리아와 터키에 배치된 미국의 핵미사일을 조용히 철수할 것이라는 약속도 포함돼 있었다. 이러한 접근 방식은 아무리 뜯어보아도 '유화책'이긴 하지만, 적어도 당면한 위기를 해소하는 데는 효험이 있었다.

베트남과 케네디의 죽음

케네디와 그의 측근들은 아마겟돈Armageddon(세계 종말에 벌어질 마지막 전쟁 장소-옮긴이)까지 갈 일보 직전의 경험에서 무엇을 배웠을까? 통상적인 견해는 이들이 많은 것을 배웠다는 것이다. 그리고 그 주요한 증거로 1963년 6월 10일 케네디의 아메리칸 대학 연설을 꼽는다. 이 연설에서 케네디는 "미국은, 약자는 안전하고 강자는 정의로운 평화의 세계를 만드는 데 자신의 역할을 다할 것"을 다짐했다. 그는 미국 국민에게 냉전을 재검토할 것, 세계의 악을 모두 소련 탓으로 돌리는 것을 그만둘 것, 그리고 "다양한 국가들이 안전하게 살 수 있는 세계를 만들기 위해 노력할 것"을 다짐했다. 나아가 미국이 제안한 대기중 핵실험금지조약의 적극 추진을 강조하기 위해 향후 미국은 대기중 핵실험을 일방적으로 중단한다고 발표했다.

> 세계가 모두 알고 있는 것처럼, 미국은 결코 전쟁을 시작하지 않을 것입니다. 우리는 전쟁을 원치 않습니다. 이제 우리는 전쟁을 기대하지도 않습니다. 우리 세대의 미국인들은 이미 충분히—어쩌면 충분한 것 이상으로—전쟁과 증오와 억압을 경험했습니다.

케네디 숭배자들의 해석대로 그의 연설은 미국 정책의 중대한 변화를 선도했다. 아메리칸 대학 연설 이후 미국은 케네디의 말처럼 "전면 파괴의 전략이 아니라 평화의 전략으로" 방향을 바꾼 것이다.[45] 미 정부는 정책의 방향 전환이 커다란 변화를 가져올 것처럼 선전했지만 실제 변화는 미미했다. 미국은 카리브해에서의 전쟁 위험을 벗어난 지 얼마 안 돼 이번에는 동남아 전쟁에 뛰어들 채비를 하고 있었다.

1962년 10월, (쿠바 미사일 배치를 놓고) 미국과 소련이 정면 대치하고 있는 와중에 백악관 비밀회의가 열리고 있을 때 맥스웰 테일러 합참의장은 "만일 우리가 (적들의) 미사일과 폭격기를 파괴하지 못한다면, 앞으로 외부 위협에 대한 우리의 군사적 대응 방식을 완전히 바꿔야 할 것"이라고 예측했다.[46] 그가 예측한 것처럼 쿠바 위기와 관련해 미국이 무릎을 꿇는 것은 미 국가안보 정책의 근간을 포기하는 것과 같은 행동이었다.

하지만 테일러가 걱정할 필요는 없었다. 비록 미국이 쿠바에 배치된 소련의 미사일과 폭격기들을 파괴하지는 못했지만 외부 위협에 대한 미국의 표준 대응, 즉 군사력의 세계적 배치와 힘의 투사, 개입주의라는 3대 원칙은 털끝 하나 건드리지 않고 온전하게 살아남았기 때문이다. 쿠바 미사일 위기가 평화적으로 해결됐다고 해서 유연반응, 또는 대통령이 선택할 수 있는 유연반응의 범위를 넓혀야 한다는 케네디 행정부의 집착을 감소시키는 데는 아무런 영향도 미치지 못했다. 이런 점에서 미 안보 정책의 실상을 정확하게 보여주는 것은 그토록 자주 인용되는 케네디의 아메리칸 대학 연설이 아니라 베트남의 사태 전개라고 할 수 있다.

물론 케네디가 취임했을 당시 이미 베트남은 통제 불능 상태에 있었음을 지적해두어야겠다. 그러나 짧은 재임 기간 동안 케네디는 상황을 더욱 꼬이게 했고 후임자에게 아주 어려운 상황에서 넘겨주었다. 케네디 행정부가 쿠바 위기에서 얻은 교훈이 베트남 상황을 다루는 데 긍정적 역할을 했다는 증거는 어디에도 없다.

베트남 문제가 주제로 떠오를 때마다 케네디 옹호자들은 변함없이 그가 1963년 11월에 암살되지 않았더라면 시행했을 것들에 대해 설명한다. 케네디가 재선됐더라면 그가 베트남에서 손을 뗐을 것이라는 게 이들의 주장이다. 맥나마라는 자서전에서 "케네디 대통령이 살아 있었더라면 베트남에서 철수했을 가능성이 매우 높다고 생각한다"고 썼다.[47]

순교자 대통령을 덜 사랑하는 사람들은 아마도 어니스트 헤밍웨이의 위대한 소설 《태양은 또다시 뜬다》 주인공의 다음과 같은 말을 인용하고 싶을 것이다. 주인공 제이크 반즈와 사랑에 빠진 여인이 1차 세계대전만 없었더라면 우리는 영원히 행복하게 살았을 것이라고 말하자 주인공 제이크는 "그래, 그렇게 생각하는 편이 아름답지 않겠어"라고 대꾸한다.

사실 케네디는 남베트남을 유연반응의 결정적 시금석으로 간주했다. 즉 미국의 반란진압작전과 국가건설기법으로 공산주의가 촉발한 '민족해방전쟁'을 물리칠 수 있다는 걸 보여줄, 또한 미국에는 CIA(비밀작전)와 SAC(핵공격)가 고안한 힘의 투사 수단 외에 또 다른 수단들이 있다는 걸 과시할 절호의 기회로 생각했다.[48]

이러한 것들을 염두에 두고 케네디는 다음과 같이 행동했다.

- 남베트남 주재 미 '군사 고문관'의 숫자를 900명에서 1만 7,000명으로 크게 늘렸다.

- 미 군사요원에 대한 활동 규제를 완화해 미 고문관들이 전투 작전이나 전투 지원 작전에 참여할 수 있게 했다. 예컨대 베트남 농촌에 에이전트 오렌지와 같은 고엽제를 대규모 살포하는 랜치 핸드 작전Operation Ranch Hand 등에 미 군사 고문관들이 관여했다.[49]

- 남베트남군에 대한 군수물자 지원을 두 배 이상으로 늘려 300대의 군용 항공기를 비롯해 장갑차, 야포 등을 공급했다.[50]

- 테일러와 맥나마라 등 케네디 행정부의 고위 관리들이 남베트남은 미국 국익의 핵심에 해당한다고 발언한 것을 전혀 반박하지 않았다.[51]

- 1955년 미국에 의해 남베트남 대통령이 된 고 딘 디엠을 자신의 측근들이 남베트남 장군들과 공모해 축출하려는 음모를 승인했다.[52]

1961년 린든 존슨 부통령은 고 딘 디엠을 '아시아의 윈스턴 처칠'이라고 치켜세웠다. 그러나 2년이 지난 후, 이 남베트남의 독재자는 워싱턴이 보기에 북베트남이 주도하는 공산주의 봉기를 저지하려는 미국의 노력을 방해하는 귀찮은 장애물로 전락했다.

1963년 11월 1일 결행된 쿠데타는 남베트남 주재 미국 대사 헨리 캐봇 로지와 CIA의 직접 개입 속에 성공했다. 쿠데타를 주도한 남베트남 장군들은 디엠을 권좌에서 몰아낸 뒤 살해했다. 처형 장소는 미국이 지원한 장갑차 안이었다. 워싱턴은 고 딘 디엠의 제거로 베트콩과의 전쟁이 활기를 띨 것으로 기대했다. 쿠데타를 주도한 장군들이 좀 더 협력적으로 나올 것으로 예상했던 것이다. 그러나 쿠데타 성공은 정치적 재앙을 초래했다. 쿠데타 이후 사이공 (남베트남의 수도, 오늘날 호치민시)에는 불안정과 기능 마비가 봇물처럼 퍼져나갔다. 3주 후, 베트남 사태가 통제 불능으로 치닫고 있는 와중에 케네디 자신이 암살당했다.

피그만 침공과 맞먹는 대실패였다. 이번에는 전적으로 케네디 행정부의 책임 아래 이런 실패가 빚어졌다. 미국이 또다시 쿠데타에 연루된 것은 케네디와 측근들이 피그만 침공을 직접 경험하고서도 아무런 교훈을 얻지 못했음을 보여준다. 워싱턴에서 결정을 내리기만 하면 머나먼 곳의 사태 전개도 워싱턴의 의도대로 이끌어갈 수 있다는 신념이 여전히 확고하게 자리 잡고 있었다. 디엠이 베트남에서의 미국의 목표를 방해하고 있다고 결론을 내린 이상, 이들은 놀라울 정도로 실패 가능성에 대해서는 고려조차 하지 않은 채 일을 벌인 것이다.

암살된 케네디는 이후 벌어진 모든 일들의 책임에서 벗어났다. 사실 미국의 베트남 개입이 국가적 악몽이 된 마당에 순교당한 대통령은 모든 죄에서 풀어줄 필요가 있었다. 그렇게 함으로써 대통령이 불의에 죽지만 않았더라면 전쟁과 분열, 풍기문란, 폭동, 패배로 점철된 악몽의 10년을 겪지 않았을 것이라는 믿음을 유지할 수 있기 때문이다. 케네디가 살아 있기만 했더라면 그가 대표했던 높은 이상과 비전에 가득 찬 열망들이 현실로 이루어졌을 것이라는 달콤한 환상 말이다.

케네디의 실제 품성에 관한 폭로가 아무리 많이 나와도 대중의 상상 속에 있는 그의 모습은 별 영향을 받지 않는다. 그에 대한 기억을 신성화하는 것의 문제는 그의 바람기, 약물 남용, 고질적 건강 문제의 은폐 등을 무시했다는 데 있는 것이 아니라 마치 그가 이전 행정부와는 전혀 성격이 다른 정책을 추구했다는 잘못된 인상을 심어주는 데 있다. 케네디를 비롯한 카멜롯 기사들의 갑작스러운 퇴장이 미 국가경영 방향을 새로 정립하려는 야심찬 노력의 종말을 의미하는 것이 아니었다는 말이다. 케네디의 과잉 살상 전략 채택, 쿠바혁명 전복 시도, 베트남 개입 심화 등은 모두 전임 대통령이 시작했던 일을 계속한 것에 불과하다. 나아가 린든 존슨이 케네디의 뒤를 이어 백악관에 들어갔을 때, 그 역시 2차 세계대전 후 미 국가경영의 전통을 충실하게 수행했다.

이러한 (미 안보 정책의) 연속성은 테일러와 맥나마라의 거취에서 분명히 드러난다. 케네디 사망 이후 이들은 후임 대통령 밑에서 일했다. 테일러는 1964년 존슨의 지명으로 남베트남 대사로 부임했고, 맥나마라는 1968년까지 국방부 장관직을 유지했다. 테일러와 맥나마라는 자신을 변절자라고 생각하지 않았다. 케네디에 대한 기억을 더럽힌 것도 아니었다. 그들은 자신의 임무를 수행했을 뿐이다. 케네디가 죽었다고 해서 선택지(힘의 투사 수단의 범위)를 확대하려는 노력이 멈춘 것은 아니었다.

베트남전쟁은 왜 일어났나

사망한 지 40여 년이 지났음에도 존 F. 케네디에 대한 좋은 이미지
는 여전히 반짝거리며 대중의 마음속에 살아 있다. 반면 고 딘 디
엠은 대중의 집단적 기억에서 완전히 잊혀졌다. 그러나 미국 정부
의 음모에 의한 디엠의 축출은 미치광이 저격수에 의한 케네디의
암살보다도 훨씬 더 중대한 역사적 전환점이었다.

디엠이 정치 무대에서 사라지자 이미 엉망이었던 남베트남
의 상황은 더욱더 급속하게 악화됐다. 워싱턴의 고위관리들에게
는 자신들이 채택할 수 있는 그 어떠한 행동도 매력적인 해결책으
로 보이지 않았다. 그러나 워싱턴 컨센서스의 고유한 수법들을 맹
목적으로 신봉했고, 나아가 '세계적 리더십' 행사를 위한 다른 대
안들을 생각해낼 수 없었던 이들은 모든 회의를 삼키고 그저 해
오던 대로 밀고나가는 수밖에 없었다. 미국의 모든 행동들은 테일
러와 맥나마라의 주도 하에 상당한 불안과 초조 속에 진행돼갔다.
테일러와 맥나마라 만큼이나 중요한 역할을 한 사람은 맥조지 번
디McGeroge Bundy였다. 하버드 대 학장 출신의 안경을 낀 단정한 신
사였던 그는 케네디 행정부에서 국가안보 담당 특별보좌관으로 일
했으며 존슨 행정부에서도 계속 그 일을 했다.

이들 3인조의 재촉에 떠밀린 린든 존슨은 유연반응전략을 효
과적으로 구사하기만 한다면 미국에게 극도로 불리한 동남아시아
상황도 아무 문제가 될 게 없다는 가정에 자신의 대통령직과 '위대
한 사회'를 만들겠다는 국내 정치 비전의 운명을 맡겼다.

이번에도 정책 결정 속도를 결정한 것은 국내 정치 일정이었다. 1964년 8월 일어난 통킹만 사건—북베트남 전함이 무고한 미해군 함정에 공격을 가했다고 주장된—으로 존슨은 전쟁 확대를 위한 백지수표를 거머쥐었다. 순종적인 의회는 거의 만장일치로 존슨에게 "미군에 대한 어떠한 군사 공격도 격퇴하고 나아가 추가 도발을 예방하기 위해 필요한 모든 조치를 취할" 권한을 부여했다. 하지만 1964년 대통령 선거전에서 자신을 평화와 이성의 후보로 내세웠던 존슨은 전쟁 확대를 미뤘다. 선거전에서 이긴 후에야 그는 베트남 문제에 몰두할 수 있었다. 당시 사이공의 상황은 악화되고 있었으며 더 이상의 지연이 불가능해지면서 사태 전개는 더욱 빨라졌다. 1965년 1월부터 4월 사이 미국은 베트남전쟁에 대한 모든 책임을 떠맡게 됐다.

맥나마라가 얘기했듯이, 이 짧은 기간 동안 존슨 행정부는 오로지 '어떤 군사적 조치를 취할 것인가의 문제'에만 집중했다.[53] 현실적인 군사적 해법은 있을 수 없다거나 비군사적인 대안에 대해서도 진지한 고려를 해볼 필요가 있다는 데 대해서는 거의 주의를 기울이지 않았다.

1965년 1월 6일 남베트남 주재 테일러 대사가 존슨 대통령에게 보낸 장문의 전문電文은 전면적인 유연반응전략으로 치닫는 출발점이었다. 테일러 대사는 사이공 상황에 대해 다음과 같이 보고했다.

이곳에서 우리는 지속적인 정치적 혼란, 무책임, 군 내부의 분열,

지지부진한 안정화 작업, 심화되고 있는 반미감정, 베트콩에 의한 테러 활동의 증가, 남베트남 전역에 만연한 무기력과 사기 저하 등 갈수록 심각하게 악화되고 있는 상황에 직면해 있습니다.

테일러는 워싱턴의 긴급하고도 강력한 대응이 없다면 "새로운 남베트남 정부는 민족해방전선과 하노이 정부에 투항할 가능성이 높다"고 경고했다. 나아가 남베트남에서 고 딘 디엠을 대체할 지도자는 없다면서 "그의 철권통치 아래 억눌려 있는 베트남 정치의 원심력을 제대로 이해하고 있는 사람은 거의 없다"고 말했다.

단순히 병력을 증강하는 것만으로는 단시일 내에, 즉 일주일 또는 한 달 내에 상황을 호전시킬 수 있을 것 같지 않았다. 테일러는 남베트남에서 활동하는 미 군사요원이 2만 3,700명이라는 점을 언급하면서 이제 남베트남에 대한 미군의 자문 역할은 "포화 상태에 이르렀다"고 지적했다. 이제는 뭔가 다른 시도를 해야 할 때가 됐다는 것이다. 테일러는 "이제 판을 키워야 한다"면서 "새로운 시도에 의한 새로운 기회는 미국에 유리한 전환점이 될 수 있다"고 주장했다.

테일러의 견해에 따르면 새로운 전략이란 것이 반드시 미 지상군의 투입을 의미하는 것일 필요는 없었다. 예비역 육군 장군이자 자칭 공습의 효율성에 대한 회의론자였던 테일러는 지상군 투입 대신 북베트남에 대한 '단계적 공습 강화'를 주장했다. 테일러에 따르면 미국의 공군력은 "미국의 우월한 군사력 중에서도 가장 유연한 군사력"이며, 공군력의 능란한 사용만으로도 북베트남 지도자들의 "전쟁 의지에 커다란 압력을 가할 수 있다"는 것이다.

테일러는 "북베트남 지도자들이 실용적인 사람들이라면 자신들은 도저히 막을 수 없는 미국의 점증하는 공습에 의해 지난 10여 년간 공들여 쌓아올린 성과들이 파괴되는 것을 바라보느니 (공습의 위협을 피하기 위해 미국과의) 모종의 협상에 나설 것"이라고 예측했다. 나아가 남베트남 수호에 대한 미국의 확고한 의지를 과시함으로써 "현지 주민들의 사기를 진작시키는 데 결정적 역할을 하는"것은 물론 미국이 베트남전쟁에서 빠져나갈 기회만 찾고 있다는 의심을 불식시킬 수 있을 것이라고 말했다. 결론적으로 "사이공의 현 정치 상황이 만족할 정도로 호전되는 즉시 공습작전을 시작할 빌미를 잡아야 한다"는 것이었다.[54] 사이공 정치 상황의 '호전'이란 남베트남 정부가 안정되고 효율적이라는 외양을 갖추는 것을 의미했다.

우선 남베트남의 정치 상황을 안정시킨 뒤 북베트남에 대해 군사적 압력을 가한다. 이것이 테일러가 추진하는 전략의 순서였다. 그러나 불행하게도 미국이 아무리 가르치고, 꾸짖고, 또는 음모를 꾸민다고 해도 사이공의 정치 상황이 개선될 가능성은 거의 없었다. 테일러 자신이 인정했듯이 "아무리 설득하고 협의한다 하더라도 단기간에 남베트남의 정치 상황이 호전될 가능성은 거의 없었던 것"이다.[55] 그럼에도 북베트남에 대한 공습—남베트남에 대한 베트콩의 공격에 미국이 방어적으로 대응한다는 의미에서 '보복'이라고 천명된—은 이제 미국이 취할 수 있는 유력한 대안으로 떠올랐다.

존슨 대통령 자신은 이러한 전략이 먹혀들 것이라고 생각하지 않았다. 그러자 국가안보 보좌관 맥조지 번디와 국방부 장관 맥나마라가 끼어들어 행동에 나설 것을 촉구하기 시작했다. 이들은 더이상 남베트남과 함께 행동하기를 기다릴 여유가 없다고 재촉했다. 번디 보좌관은 1월 27일 대통령에게 보낸 메모에서 다음과 같이 말했다. "맥나마라와 저는 베트남에 대한 미국의 정책과 우선순위가 바뀌지 않는 한 성공 가능성이 없다는 결론을 내렸습니다." 자신의 후원자이자 보호자인 미국에 대한 남베트남인들의 신뢰가 사라지고 있다는 것이 번디의 주장이었다. 남베트남인들은 "미국이 엄청난 힘을 갖고서도 행동에 나서지 않는 것"을 바라보면서 미국의 수호 의지를 의심하고 있다는 것이었다.

"사이공에 안정적 정부가 들어서기 전에는 어떠한 조치도 하지 않겠다"고 선언함으로써 존슨 행정부는 "티격태격하는 정치꾼들을 돌봐주고 미국이 통제할 수 없는 상황에 수동적으로 대응하는 것에 불과한 정책에 스스로 발목을 묶었"다는 것이다. 나아가 "맥나마라 장관과 본인은 현재의 수동적 정책을 계속 밀고나가는 것은 궁극적 패배, 또 치욕적 상황에서의 탈출로 이어질 뿐인 최악의 선택이라고 믿고 있다"고 말했다.

이제 미국은 그 족쇄를 풀어야 한다. "우리에게는 두 가지 대안이 있습니다"고 번디는 덧붙였다.

첫 번째 대안은 극동지역에서 미국의 군사력을 사용함으로써 공산주의자들로 하여금 정책을 바꾸도록 강제하는 것입니다. 두

번째는 중대한 군사적 위험을 피하면서 그나마 건질 수 있는 것
은 건지기 위해 협상과 함께 우리의 모든 자원들을 배치하는 것
입니다.[56]

번디는 대통령에게 자신과 맥나마라는 첫 번째 대안을 선호한
다고 말했다. 사실 그들에게 다른 대안은 없었다. 미국의 군사력이
북베트남의 행동을 교정하는 데 적절한 수단이 아니라고 인정하는
것은 유연반응이 (핵무기의 사용에 따른) 도덕적 장애를 감소시키는
한편 미 군사력의 효용성을 높여준다는, 다시 말해 그들이 공개적
으로 경멸했던 대량보복전략보다 유연반응전략이 한 수 위라는 주
장을 스스로 부정하는 것이나 다름없기 때문이었다.

그 대신 맥나마라와 번디는 테일러가 제안한 강압적 공습작전
을 시행하는 데 걸림돌이 되는 주요한 장애물 하나, 즉 공습에 앞
서 사이공에 안정된 정부를 세워야 한다는 전제조건을 깔끔하게
제거해버렸다.[57] 이제 남은 것은 미국이 공습에 나설 수 있는 그럴
듯한 빌미를 만들어내는 것뿐이었다. 마침 베트콩이 그 빌미를 제
공해주었다. 1965년 2월 6일 플레이쿠에 있는 미 공군기지 할로웨
이 캠프를 공격해 미국인 8명을 살해하고 수십 명에게 부상을 입
혔으며 미 군용기들을 파괴한 것이다.

이 사건에 대해 번디는 "플레이쿠 사건은 전차와도 같다"고 말
하면서 중요한 것은 전차가 굴러들어올 때 뛰어올라 탈 준비가 돼
있느냐 여부라고 논평했다.[58] 사건 당시 사이공의 테일러 대사를
방문 중이었던 번디는 자신이 원하는 전차에 뛰어올라 탈 준비가

돼 있었다.

24시간 이내에 그는 존슨 대통령에게 전문을 보냈다. "점진적이고 지속적인 보복 정책을" 택하지 않을 경우 남베트남에서의 패배는 "몇 주 또는 몇 달 내는 아니겠지만 내년쯤에는 분명히 불가피"하다는 내용이었다. 나아가 협상으로 해결을 시도하는 것은 어리석은 짓이며 "할부instalment로 항복하는 것"이나 다름없다고 덧붙였다. 또한 "미국의 국제적 위신"뿐만 아니라 "미 영향력의 상당 부분"도 즉각 위험에 처할 것이라고 강조했다.[59] 따라서 주도권을 되찾고 사태를 반전시킬 방법은 너무도 자명하다는 것이었다.

여기에서 한 가지 주목해야 할 것이 있다. 번디를 비롯한 행정부의 주요 인사들이 군사행동에 나서게 된 결정적 요인은 당장의 위기라든가 베트남 자체의 안위가 아니었다는 점이다. 당시 베트남을 방문했던 번디 특사 일행의 공식 보고서가 이 같은 점을 잘 말해준다. 보고서는 "지속적인 보복 전략이 베트남의 상황을 바꿔 놓을 것이라고 단언할 수는 없다"고 인정하면서 그러나 "중요한 것은 이 전략이 실패한다 해도 시도할 가치가 있다"고 주장했다. 북베트남에 대한 공습을 감행함으로써 미국의 의지를 과시해 "미국이 할 수 있는 일을 제대로 하지 않았다는 비난을 잠재울 수 있다"는 것이었다. 북베트남 사람들에게 고통을 안겨주는 것은 "미래에 게릴라전을 시도하는 자들은 값비싼 대가를 치를 것이라는 것을 보여줌으로써" "향후 게릴라전에 대한 미국의 억지 능력을" 향상시킬 것이라는 얘기다. 즉 미국이 북베트남에 대해 공습을 감행하는 것은 자신의 세계적 패권을 과시하고 미국의 전쟁 의지에 대한 어떠한 의심도 불식시키기 위한 것이었다. 어찌 됐건 저 머나먼 동남아시아의 상황 전개가 워싱턴 컨센서스의 지속 여부를 판가름하게 된 것이다.[60]

번디가 올라탄 전차에는 그 혼자만 있는 것이 아니었다. 대단히 많은 동료가 이미 전차에 탑승해 있었다. 번디가 주도했고 테일러와 맥나마라가 힘을 보탠 베트남 확전 전략에 대해 존슨 행정부의 대다수는 찬성했다. 2월 8일 백악관에서 열린 국가안보회의를 주재한 번디는 참석자들의 의견을 물어본 뒤 "아무런 이견 없이 모두가 행동에 나설 것을, 즉 북베트남에 군사력을 사용하는 것에 동의했다"고 말했다. 당시 회의록에 따르면 맥나마라는 번디의 발표에 대해 "우리는 계속 전진해야 하며 결코 멈춰서는 안 된다"고 맞장구쳤다.[61] 얼마 후 존슨 대통령도 전쟁 확대를 받아들였다.

이 경우, 전진한다는 것에 특별한 의미가 있다. 플레이쿠 피습과 같은 사건이 재발하지 않도록 하겠다는 선언과 함께 존슨 행정부는 지속적인 공습을 통해 북베트남의 무릎을 꿇리겠다고 결정했다. 사실상 자위가 확전의 근거 또는 핑계가 된 것이다. 즉 미국(의 군사력)을 방어하겠다는 명분 아래 미 군사력에 채워진 족쇄를 풀어버리고 공세적으로 전환한 것이다.

방어를 핑계로 공세로 전환한 것은 2001년 9·11테러 이후에도 마찬가지였다. 미국에 대한 테러 공격을 근절하겠다는 것이 '세계적 차원의 대테러전쟁GWOT'의 근거 또는 핑계가 되었고, 미 군사력 사용을 제한했던 모든 제약을 풀어버렸으며, 나아가 아프가니스탄과 이라크 침공의 근거가 됐다. 번디와 그의 동료가 플레이쿠 피습을 빌미로 베트남전 확전이라는 전차에 잽싸게 올라탔듯이, 조지 W. 부시와 그 일당들은 9·11테러를 빌미 삼아 자신들의 전쟁 계획을 실행에 옮긴 것이다.

1965년에도 2001년에도 전쟁의 실제 목표는 결코 방어적인 것이 아니었다. 그때나 지금이나 미국이 당한 고통스러운 비극과 관련해 미국 관리들의 가장 큰 관심은 위험에 노출된 미국 시민 또는 군인들의(플레이쿠의 캠프 할로웨이 또는 뉴욕 맨해튼) 보호가 아니라 미국의 세계적 리더십을 집행하기 위해 이제까지 해왔던 접근 방식을 더욱 강화하는 데 쏠려 있었다. 이들은 두 경우 모두에서 그러한 접근 방식이 미국을 더 안전하게 만들기보다는 더욱 위험스럽게 만들 수도 있을 가능성을 완강하게 부정했다. 미국이 어려움에 직면했을 때, 1965년 2월 플레이쿠 피습처럼 비교적 가벼운 것이든 또는 2001년 9·11테러처럼 엄청난 피해였든 간에, 워싱턴의 전형적 대응은 사려 깊은 성찰이 아니라 강력한 힘의 행사였다. 그 이유는 기존 국가안보의 전제들에 대한 의혹이나 불신을 사전에 차단하기 위해서이다.

번디는 사이공에서 워싱턴으로 돌아온 후 "베트남에 대한 미국의 정책은 기본적으로 올바르며 방향을 잘 잡고 있다"면서 존슨 대통령을 안심시켰다. 베트남전 반대론자들은 행정부 고위관리들이 어떤 논의를 하고 있는지 알 수 없을뿐더러 무시하면 그만이라면서 다음과 같이 말했다. "행정부나 언론계의 이른바 개혁가들이 열성적으로 제시하고 있는 해결책이나 비판들 중 쓸 만한 것은 하나도 없으며, 대부분은 틀린 것들입니다."[62]

1965년이나 2001년이나 비판세력 중 백악관 내부 사정을 소상히 알 수 있는 사람은 매우 드물었다. 1965년 플레이쿠 사건 당시 외로운 바판자 역할을 맡은 사람은 마이크 맨스필드Mike Mansfield 상원의원이었다. 그는 몬태나 주 출신으로 당시 여당이었던 민주당의 상원 원내대표를 맡고 있었다. 맨스필드 의원은 매우 존경받는 인물이었는데, 워싱턴에서 존경이란 좋은 평가를 받지만 실권은 별로 없는 인물에 대한 일종의 보상이었다.

하지만 플레이쿠 사건과 이후 미 정부의 대응에 대한 그의 비판은 눈여겨볼 필요가 있다. 2월 8일 존슨 대통령에게 보낸 서한에서 맨스필드는, 베트콩이 캠프 할로웨이에 침투할 수 있었던 것은 미국이 스스로를 방어하는 데 실패했기 때문이라고 용기 있게 말했다. 문제는 미국의 방어 태세가 '허술한' 것이라고 그는 지적했다. 그리고 이러한 실패는 최근 "우리가 기습을 당했던" 비엔 호아의 경우와 유사하다는 것이다. 이 문제에 대한 해결책은 북베트남에 대한 공습이 아니라 기지 주위에 더 많은 병력을 배치해 경계를 강화하는 것이라고 그는 제안했다.[63]

9·11 이후 미국 정부의 대응에 대해서도 같은 논리를 펼 수 있을 것이다. 문구용 칼로 무장한 19명의 이슬람 테러리스트들이 미 본토에 대해 1812년 이래 가장 치명적인 타격을 가할 수 있었던 것은 미국 공항의 보안이 허술했기 때문이었다. 이러한 사태의 재발을 막기 위해서라면 미국은 공항의 보안 강화에 나서야 했다. 그러나 부시 행정부의 고위 관리들은 테러가 발생한 지 24시간도 채 되기 전에 이라크 침공을 외치고 나섰다. 이라크는 9·11 테러와

는 전혀 무관한 나라인데도 말이다.

　1965년에도, 2001년에도 미국인을 위험에서 보호한다는 의미에서의 방어는 일이 터지기 전에는 단 한 번도 그들의 머릿속에 떠오르지 않았다. 그들에게 중요한 것은 오로지 군사력으로 국가를 이끌어가겠다는 생각, 즉 철저하게 군사화된 국가경영의 개념을 지키는 것이었다. 바로 그러한 개념이 권력 중심부와 아주 단단하게 결합돼 있었기 때문이다. 이 개념을 추종했던 사람들, 즉 1965년의 번디, 맥나마라, 테일러와 2001년의 딕 체니, 도널드 럼스펠드, 폴 월포위츠 등은 미 리더십의 왕성한 행사(이 말이 의미하는 바는 군사력과 같은 경성 권력을 적극 행사하다는 것이다)야말로 평화의 핵심 요소라고 주장해왔다. 이렇게 규정된 리더십이 평화가 아니라 전쟁을 초래했다면, 당연히 이 개념의 적합성에 대한 의문이 제기되기 마련이다. 따라서 워싱턴 컨센서스를 유지하기 위해서는, 나아가 워싱턴 컨센서스를 해석하는 능력을 통해 온갖 권력을 누리고 있는 자들의 특권을 유지하기 위해서는 이러한 의문이 제기되지 않도록 억눌러야 한다. 이러한 상황이 의미하는 바는 (미국을 향한) 폭력에 대해 허용될 수 있는 유일한 해결책은 더 많은 폭력뿐이라는 것이다.

　맨스필드의 비판은 바로 그 컨센서스에 대한 도전이었다. 베트남전쟁에 대한 개입 확대는 미국의 안보 문제를 개선시키기보다는 악화시킬 것이다. 그는 대통령에게 이렇게 단언했다. "전 세계에 산재해 있는 42개 국가 또는 국가 간 조직에 대한" 기존 안보 공약을 감안하면 미국은 이미 과잉 확장의 위험에 처해 있다는 것이었다. 비록 자신이 남베트남 문제가 야기한 곤경에 대해 뾰족한 해결책을 제시할 수는 없지만 "분쟁의 확대가…… 해결책이 될 수 없다"는 것만은 너무도 분명하다고 말했다.[64]

맨스필드는 워싱턴 룰에 대한 구체적 대안을 제시하지는 못했지만 암묵적으로 워싱턴 룰이 근거하고 있는 원칙들에 대해 의문을 제기한 것이다. 결국 그는 대통령에게 미군의 세계적 주둔 규모의 감축을 검토해보라고 제안한 것이다. 미국이 세계에 대한 힘의 투사를 위해 군사력에 쏟아 붓는 엄청난 돈에 비해 그 군사력의 효용가치는 제한적일 수 있음을 지적한 셈이다. 나아가 미국의 군사 개입에 대해서는 더욱더 자제력을 발휘해야 한다고 밝혔다.

존슨 대통령은 맨스필드 상원의원의 비판에 대해 번디에게 반박의 임무를 맡겼다. 다음 날인 1965년 2월 9일, 번디는 장문의 서한을 통해 행정부의 입장을 밝혔다. 번디는 단 한 치도 양보하지 않았다. 행정부의 기존 정책을 재검토할 필요는 전혀 없으며, 상황은 제대로 돌아가고 있다는 것이었다. "베트남 국민의 대다수는 공산 통치 하에서 살기를 원치 않습니다." 번디는 이렇게 맨스필드를 안심시켰다. 최근의 전장 상황은 남베트남 병사들이 "강인하고 끈질긴 전사들이며 그들의 사기는 매우 높다"는 점을 보여준다는 것이다. 한편 미군 병사들의 경우, 자신들이 겪은 이런저런 어려움 속에서 '중대한 교훈'을 배우고 있다면서 번디는 다음과 같이 말했다.

미국의 힘이 전 세계에 걸쳐 지나치게 '옅게 퍼져 있다'고는 생

각하지 않습니다. 우리는 지난 사반세기 동안 세계에 대한 안보
공약을 지켜왔으며, 또한 지금처럼 미국이 부유하고 여유 있었
던 적은 역사상 없습니다.

물론 남베트남에서 죽어가는 미군 병사들로 인해 "대통령은
깊은 슬픔에 잠겨" 있지만 그렇다 하더라도 "현재 동남아시아에서
미국이 겪고 있는 희생이 지나치게 큰 것이라고 말할 수는 없습니
다"라고 번디는 덧붙였다. 한마디로 말해서 존슨 행정부가 베트남
에 대해 다른 접근 방식을 고려하거나 미국의 세계적 군사 태세에
대해 재평가를 할 필요가 없다는 얘기였다.[65]

바로 다음 날 맨스필드 상원의원이 응수했다. 대통령에게 보
내는 두 번째 편지에서 맨스필드는 북베트남에 대한 미국의 공습
은 남베트남에서의 폭력의 수위를 강화시킬 뿐이라고 예측했다.
그는 북베트남 지도자들에 대해 "그들은 바보가 아니며, 미국의 공
습에 대해 바보 같은 대응을 하지 않을 것입니다"라고 말했다.

그들은 자신들의 강점으로 우리의 약점을 파고드는 기존 전술을
계속해나갈 것입니다. 우리의 약점이란 베트남 땅 위에서, 미군
부대들이 잘해봐야 무관심하고 실제로는 점점 더 적대적으로 변
해가는 베트남 국민들 사이에 고립돼 있는 상황을 말합니다.

북베트남에 대한 미국의 공습은 상호간의 보복전을 불러와 남
베트남 내 미국 시설에 대한 위험만 가중시킬 뿐이라는 게 맨스필

드의 예상이었다. 미국 시설들의 안전을 담보하기 위해서는 "이들 시설의 외곽을 경비할 미 군사력의 규모가 어마어마하게 보강되어야 한다"는 것이다. 따라서 공습의 강화는 필연적으로 지상전의 격화로 이어질 것이라는 얘기다. 맨스필드는 미국의 공습을 강력 반대하면서 그 대신 "베트남과 인도차이나 전역에 휴전을 이루기 위한 미국의 외교적 노력이 시작돼야 한다"고 제안했다.[66]

이번에도 번디가 대통령을 대신하여 대답했다. 그의 답신에는 분노의 기미가 배어 있었다. "다시 한 번 말씀드립니다. 물론 공산주의자들은 자신들의 결의가 우리보다 단호하다는 것을 과시하기 위해 온갖 짓을 다할 겁니다." 하지만 그렇다고 해서 물러설 이유가 없다는 것이 번디의 대답이었다. 덤빌 테면 덤벼보라는 것이었다. 맨스필드가 제안한 휴전협상 추진에 대해서는 "경찰과 강도에게 동일한 잣대를 적용하는 것"이라며 일언지하에 거부했다. 협상은 생각할 필요조차 없다는 것이었다.[67]

그것으로 논쟁—이 공방을 논쟁이라고 말할 수 있다면—은 끝났다. 같은 날 북베트남에 대한 미국의 공습이 본격적으로 시작됐다. 당초 퀴논에 있는 미군 막사에 대한 베트콩의 공격에 대한 보복이라는 명분으로 시작된 2월 11일 공습은 자연스럽게 포괄적이고도 지속적인 공습으로 확대됐다. 작전명은 '우레소리Operation Rolling Thunder'였다. 존슨 행정부는 미군의 공습을 베트콩의 도발에 대한 보복이라고 주장했지만 그것은 허울뿐인 명분이었다. 워싱턴은 자신의 정책 목표에 따라 북폭의 강도와 속도를 조절했다. 북폭의 목표 중 가장 중요한 것은 북베트남 지도자들로 하여금 남베트남을 미국과 동맹을 맺은 독립국가로 인정하도록 하는 것이었다.

　우레소리 작전의 주창자들의 당초 목적은 북베트남을 파괴하는 것이 아니었다. 물론 당시에도 커티스 르메이 같은 사람은 무지막지한 공습―"북베트남을 석기시대로 돌려보내라"는 식의―을 주장했지만 번디 등은 이를 거부하고 자신들이 보기에 더 차별적이고 단계적인 방식을 선호했다.[68] 공습의 목적은 적을 파괴하는 것이 아니라 적의 행동을 변화시키는 것이라는 게 이들의 생각이었다. 미국의 목표는 유연반응의 취지에 부합하는 "잘 계산되고 통제된 일련의 행동들"을 통해 "북베트남으로 하여금 남베트남에 대한 개입을 중단하도록 설득하는 것"이라는 얘기다.[69]

　그러나 맨스필드가 예측했던 것처럼, 북베트남에 대한 공습은 거의 즉각적으로 남베트남에서의 미 군사력 추가 보강이 필요한 상황을 만들어냈다. 북폭이 시작되고 2주일이 채 안 된 2월 23일 윌리엄 C. 웨스트모어랜드 베트남 주둔 미군 사령관은 다낭의 미군기지를 보호하기 위해 해병 1개 대대가 필요하다고 워싱턴에 요청했다. 다낭 기지는 북폭의 핵심 거점이었다.[70] 나흘 후 존슨 대통령은 1개 대대가 아닌 해병 2개 대대에 헬리콥터 비행중대까지 딸려 베트남 파병을 승인했다.[71] 3월 2일 맥나마라 국방부 장관은 사이공의 테일러 대사에게 전문을 보내 해롤드 K. 존슨 육군 참모총장이 사이공을 방문해 "남베트남에서 미국이 추가로 해야 할 일이 무엇인지를 조사할 것"이라고 통보했다. 이후 워싱턴으로 돌아온 존슨 합참의장의 보고를 받은 맥나마라는 테일러 대사에게 "자금, 장비, 인력 등 어떤 것도 아끼지 말고 아낌없이 투입하라"고 지시

했다.[72]

3월 10일 맥나마라의 핵심 측근인 존 맥노튼 국방부 차관보는 남베트남에서의 우위를 회복하기 위해 "미 지상군의 대규모 투입이 필요하다"는 내용의 정책제안서를 제출했다.[73] 3월 14일 존슨 육군 참모총장은 남베트남과 라오스에 4개 사단 규모의 미 지상군 병력을 배치하자는 제안을 담은 '추가 조치' 보고서를 발표했다.[74] 이틀 후 번디는 대규모 미 지상군 병력의 배치가 "군사적, 정치적 견지에서 곧 필요해질 것"이라고 존슨 대통령에게 보고했다.[75]

3월 18일, 베트남 주재 테일러 대사도 남베트남에 미 육군 1개 전투사단을 파견할 필요가 있다고 밝혔다.[76] 3월 20일, 미 합참은 맥나마라 장관에게 "패배를 모면하기 위해서는 대대적인 미 지상군 배치가 불가피해졌다"고 보고했다.[77] 4월 6일, 국가안보회의에서 존슨 대통령은 남베트남에 대한 미 지원 병력의 대대적인 증원을 승인했고, 이에 따라 1만 8,000~2만 명의 추가 병력 파견이 가능해졌다. 그는 또한 이미 다낭에 배치돼 있는 미 해병에 대해 "더 능동적인 활용을 허용한다"며 이들의 임무 범위를 넓혀주었다.[78] 마침내 4월 14일, 존슨 대통령은 번디, 맥나마라, 합참 간부들과 한 오찬 모임에서 육군 제173 공정여단을 즉각 베트남으로 파견해 비엔호아 인근에서 전투작전에 투입할 것을 결정했다. 드디어 미국의 베트남전쟁이 본격적으로 시작된 것이다.

1965년 1월 6일 테일러 대사가 판을 키울 필요가 있다고 제안한 지 100일이 채 안 된 시점에 미 지상군의 베트남전 참전이 결정된 것이다. 그 후 테일러와 그의 동료는 판을 키우는 것 이상의 일을 해냈다. 사실상 판의 성격을 근본적으로 바꿔버린 것이다. 그들이 그렇게 할 수 있었던 것은 유연반응 전략의 도입으로 워싱턴 룰에 큰 변화가 극명하게 일어났기 때문이었다.

1961년에서 1965년에 이르는 동안 많은 일이 일어났다. 이제더 이상 랭글리의 CIA 본부, 또는 오마하의 SAC 본부가 미국의 안보 정책을 말아먹고 있다고 걱정할 필요가 없게 됐다. 펜타곤의 장관 집무실에 앉아 있는 맥나마라가 르메이 장군을 포함한 군부 전체를 확고하게 장악하고 있었기 때문이었다. 실제로 맥나마라는 북폭의 공습 대상을 그 자신이 일일이 승인할 정도로 우레소리 작전에 대해 완벽한 지휘권을 행사하고 있었다.[79] 또한 백악관의 대통령과 그 보좌관들은 CIA를 포함한 모든 안보 관련 기구들에 대해 확실한 통제권을 확보하고 있었다.

1965년이 되면 더 이상 미국의 힘을 투사하는 데 은밀한 '계략'과 전면적인 핵전쟁, 단 두 가지 중에 하나를 선택해야 할 필요가 없어졌다. 새로운 개념과 능력들이 풍부하게 개발되면서 다양한 선택지 중에서 선택할 수 있게 된 것이다. 예컨대 적에게 미국의 의사를 알리거나 설득을 하기 위한 방법으로 제한적 전략폭격, 기술적으로 향상된 화력과 기동성을 강조한 재래식 전투, 반란진압과 평정 그리고 국가건설의 이론들, 불사조 작전Operation Phoenix으로 알려진 베트콩 간부 비밀 제거 작전과 같은 새롭고도 혁신적인 비밀작전 방식 등이 베트남전쟁에서 사용됐다.

1965년 여름부터 미군 병사들이 남베트남에 물밀듯이 쏟아져들어오기 시작했으며 마침내 남베트남 주둔 미군 병력이 50만 명을 넘어섰다. 이후 수년간 유연반응전략은 가장 어려운 시험대에 올랐다. 그리고 그 시험에서 비참하게 실패하고 말았다.

미국인들이 베트남전쟁이라고 부르는 사태가 왜 일어났는가를 단 하나의 요인만으로 설명할 수는 없다. 베트남 역사와 유럽 식민주의가 남긴 유산에 대한 철저한 무지, 세계의 모든 공산주의는 소련의 꼭두각시에 불과하다는 워싱턴의 맹신, 히틀러에 대한 서방 측의 유화책이 2차 세계대전을 초래했다는 표면적 교훈과 이른바 도미노이론의 영향, 국내 반공주의에 의한 비뚤어진 정치적 영향, 불신과 부정직으로 마비된 민군 관계, 핵심 보좌관들의 무능(테일러)과 교만(번디와 맥나마라 등), 베트남을 '잃은' 대통령이 될 수는 없다는 존슨 대통령의 두려움과 그를 둘러싼 여러 사적인 문제들. 이 모든 것들이 나름의 역할을 했다.

그러나 또 하나 다음과 같은 요인도 있었다. 동남아시아의 촌구석, 대부분의 미국인들은 알지도 못하고 관심도 없는 그곳의 운명에 워싱턴 룰의 존폐가 걸려 있는 것처럼 보였다는 점이다. 1965년이 될 때까지 베트남에서 미국의 의지를 관철시킬 수 없었다는 것은 미국의 세계적 리더십의 근간을 위협하는 일이었다. 워싱턴의 시각에서 봤을 때 미국의 신뢰도가 의문시되기 시작한 것이다. 만일 베트콩과 북베트남의 후원자들이 미국의 의지를 무시하고도 멀쩡하다면 다른 세력들도 비슷한 유혹을 느끼게 될 터였다. 적들은 더욱 대담해질 것이고, 한편으로 그동안 워싱턴의 명령에 고분고분 따르던 우방국들도 앞으로는 덜 순종적이 될 것이 뻔했다. (미군 사력의) 세계적 배치, 힘의 투사, 개입주의라는 성 삼위일체 전략이 더 이상 성공을 보장할 수 없다면 그때부터 이 전략은 당연한 것으로 받아들여지지 않을 것이며 국가안보 전략에 대한 대안적 접근 방식에 국민의 관심이 쏠리게 될 터였다. 기존 전략을 유지함으로써 온갖 특권을 누려왔던 사람들에게 이러한 가능성은 도저히 받아들일 수 없는 것이었다. 따라서 베트남전쟁에 대해 우리는 다음과 같은 설명을 덧붙일 수 있을 것이다. 베트남전쟁은 워싱턴 컨센서스를 유지하기 위해 치러진 전쟁이었다고.

1961년 (케네디 대통령이 취임하면서 미국에서) '가장 잘나고 똑똑한 사람들'이 워싱턴 컨센서스의 소유권을 물려받았다. 이들은 자신들의 통제권을 분명히 밝히기 위해 신속하게 움직였고 통제권을 행사했다. 그러나 사용 가능한 (힘의 투사) 수단에 불만을 느낀 이들은 새롭고 좀 더 유연한 수단을 고안해냈다. 그리고 1965년부터 자신들의 발명품을, 별것 아닌 잔불전쟁이지만 그들이 보기에는 미국의 세계적 리더십의 운명이 걸려 있을 만큼 중요한 베트남에 적용하기 시작했다. 하지만 실망스럽게도 잔불을 끄기 위한 그들의 노력은 정반대의 역효과를 초래했다. 자신들이 만들어낸 작은 전쟁을 끝내기 위한 그들의 시도가 대형 산불로 이어진 것이다. 그들은 제한된 규모로 행사되는 무력의 효율성을 입증하려 했으나 오히려 자신들이 만들어낸 상황에 아무런 통제력도 행사하지 못하는 무능력을 드러내고 말았을 뿐이다.

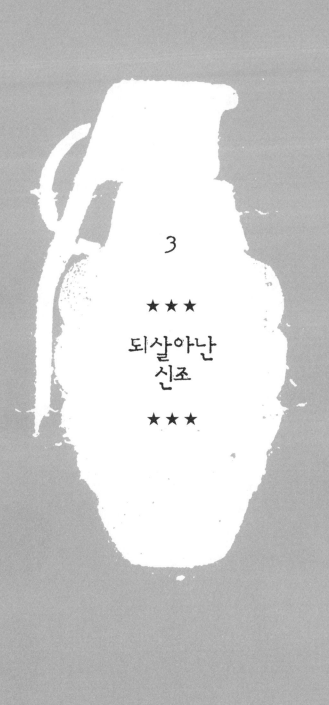

3

★★★

되살아난
신조

★★★

전쟁을 반대하는 사람들

한동안 베트남전쟁은 워싱턴 룰의 신뢰도에 중대한 위협을 가했다. 케네디, 존슨, 그리고 그들의 보좌관이 해석한 대로 미국의 신조와 삼위일체를 준수한 결과는 커다란 재앙을 초래했을 뿐이었다. 워싱턴 자체도 국가안보의 기본 전략에 관한 진지한 토론을 허용할 것처럼 보였다. 잠시 동안 이단자들이 대중의 주목을 받았다.

그러나 그 순간은 금방 지나갔다. 워싱턴 내에서도 잠깐 동안 의문이 고개를 들었으나 즉각 진화되고 말았다. 베트남전쟁은 기념비적인 실패로 끝났지만 그 실패를 낳은 컨센서스만은 살아남았다. 워싱턴 룰은 전혀 상처를 입지 않은 채 모습을 드러냈다. 실제로 마지막 미군 병사가 남베트남을 떠난 지 몇 년 지나지 않아 국가안보에 관한 컨센서스는 완벽하게 회복됐으며 다시 한 번 완벽한 면책 특권을 누렸다. 이제부터 이 기막힌 사태 전개를 설명해보려 한다.

주류의 의견에 순종하지 않는 사람, 즉 비순응주의자들은 언제나 있기 마련이지만 그것이 문제가 되는 경우는 거의 없다. 신학과 같이 경험적인 증거보다는 믿음에 근거하는 활동들과 마찬가지로 미국의 국가경영에서도 이 원칙은 똑같이 적용된다. 하지만 린든 존슨이 갈수록 많은 병사들을 베트남으로 보내면서 그는 자신의 의도와는 상관없이 이단자들이 번성하고 별종들이 주목받는 사회분위기를 만들어냈다.

전쟁은 대규모 항의시위를 촉발했다. 이에 대한 존슨 대통령(또한 그의 후계자 리처드 닉슨)의 첫 대응은 자신도 전쟁을 싫어하며 평화를 원한다고 고백함으로써 이들 비판자들의 비위를 맞추는 것이었다. 이 방법이 먹히지 않자 그다음에는 무시 전략으로 나아갔다. 이것도 먹히지 않자 이번에는 자신의 정책에 반대하는 사람들의 동기에 의문을 제기하고 나아가 반전론자들의 애국심을 의심했다. 그럼에도 정부 외부에서 제기된 불만은 정부 내의 인물에 의해 공명을 일으켰다. 평소라면 워싱턴 룰을 방어하기 위해 나섰을 사람들도 이제는 워싱턴 룰을 믿을 수 없게 됐다고 과감하게 선언했다. 1960년대 중반부터 베트남전쟁은 이런 정부 내 인사들에게 용기를 주어 이제까지 신성불가침처럼 보였던 사안들에 대해 의문을 제기하도록 만들었다. 그것은 마치 가톨릭교회의 추기경이 가톨릭의 근본과 관련해 로마 교황청에 의문을 제기하는 것과 같았다.

대열을 떨치고 나온 유명인사들 중에서 J. 윌리엄 풀브라이트 J.William Fulbright 상원의원과 데이비드 M. 슙 David M.Shoup 장군이 특히 눈에 띈다. 두 사람의 관점은 각자가 제시한 해결책만큼이나 서로 다르지만 미국의 신조에 대한 지속적이고 집요한 비판자라는 공통점이 있다. 미국의 신조를 폐기하려는 이들의 노력이 실패했다고 해서 이들의 용감함이 손상되지는 않는다. 이들의 이의 제기에 관한 기록이 대중의 기억에서 완벽하게 사라진 것은 주류 노선의 수호자들이 현상유지를 위해 얼마나 완벽하게 기록을 제거했는가를 보여줄 뿐이다.

민주당 풀브라이트 상원의원은 아칸소 주 출신의 냉철하고 박식한 인물로서 1959년부터 1974년까지 상원 외교위원회 위원장으로 일했다. 외교위원장으로서 그는 결코 무시할 수 없는 인물이었다. 린든 존슨이 베트남전쟁을 미국의 전쟁으로 만들어나가면나갈수록 풀브라이트 상원의원의 반대 목소리는 더욱 커졌다. 그는 전쟁에 반대했을 뿐만 아니라 미국 베트남 정책의 바탕에 의문을 제기했다. 그는 일련의 상원 청문회와 연설, 저작 등을 통해 자신의 우려를 표명했는데, 그중에서도 1966년에 발간돼 널리 읽힌 《권력의 오만The Arrogance of Power》에 그의 생각이 가장 완벽하고 설득력 있게 제시돼 있다.

풀브라이트가 이 책을 쓴 목적은 세계적 리더십을 행사하기 위한 워싱턴의 기존 접근 방식에 결함이 있다는 사실을 밝히고 그 대안을 제시하기 위해서였다. 풀브라이트는 외교 정책에 관한 모든 문제에서 미국이 선의로 임하고 있다는 점을 당연시했다. 문제는 선의가 한계가 없는 것처럼 보이는 권력과 결합했을 때 발생한다. 그 결과는 현실감각의 결여, 그리고 자기 환상이다. 풀브라이트는 다음과 같이 말한다.

권력은 스스로를 덕이라고 착각하는 경향이 농후하다. 특히 위

대한 국가일수록 자신이 강한 것은 신이 자신을 사랑한 때문이
며, 나아가 다른 국가들을 더 잘살고 행복하고 현명하게 만들어
줄 책임, 다시 말해 자신만의 빛나는 이미지에 따라 세상을 개조
할 특별한 책임을 신이 주셨다고 착각하기가 쉽다. (……) 일단
이런 사명감에 물들게 되면, 그 위대한 국가는 자신에게 신의 역
사를 수행할 의무와 함께 그 수단도 주어졌다고 쉽게 믿는다. 주
님이 우리를 자신의 심부름꾼으로 택하시면서 주님의 뜻을 펴기
위해 필요한 검劍을 주지 않으실 이유가 없다는 것이다.[1]

풀브라이트에 따르면 2차 세계대전 이후 워싱턴이 바로 이 착
각에 빠져 헤어 나오지 못하고 있다. 그리고 이 착각이 초래한 가
장 커다란 결과가 당시 동남아시아에서 진행되고 있는 진짜 불필
요하고 재앙적인 전쟁이라는 것이다. 그리고 베트남전쟁을 수행해
야 한다고 우기는 자들의 어리석음으로 말미암아 미국은 "어디까
지가 자신의 능력에 속하는 일이고 어디부터가 능력 밖인지"를 헤
아리는 능력을 급속히 상실하고 있다는 것이다. 풀브라이트는 전
쟁 설계자들의 동기를 문제 삼을 의도가 전혀 없다는 점을 강조했
다. 존슨 대통령이나 보좌관들이 선한 의도에서 일을 벌였다는 건
너무도 분명하다면서 정작 자신이 문제 삼으려는 것은 미국의 능
력이라고 지적했다. "이 아시아의 작고 우리가 잘 모르는 저개발
국가에 들어가서, 혼란이 일상인 나라에 안정을 이루고, 패배주의
가 만연한 병사들에게 투쟁의지를 심어주며, 민주주의 전통이 없
는 나라에 민주주의를 가르치고, 부패가 생활의 방식인 사회에 정

직한 정부를 세운다는 것이 미국의 능력으로 할 수 있는 일인가?"[2]

풀브라이트가 보기에 워싱턴의 권력자들은 세계를 있는 그대로 보는 능력을 잃어버렸다. 이제 미국의 외교 정책은 '일종의 굿'이 되어 합리적 분석 대신 주문呪文이 성행하고 있다. "악령을 쫓아내기 위해 정기적으로 북소리가 울리고 있"으며, 모든 진지한 비판을 피하기 위한 목적으로 유화책, 고립주의, 그리고 언제나 경계해야 할 불충분한 경계태세 등이 마치 주문처럼 사용되고 있다. 정책 결정자들은 복잡한 분석이나 뉘앙스에 진절머리를 내면서 베트남 같은 곳에서 '십자군의 정신'으로 싸우자는 말로 손쉽게 대응하려 한다. 풀브라이트는 "도대체 신의 심부름꾼이라는 자들이 세계에 이토록 엄청난 폭력을 초래할 수 있는가?"라고 묻는다.

> 그들은 신념으로 무장된 사람들이다. (……) 아무런 의심 없이 특정한 신조를 믿으며, 일말의 양심의 가책도 없이 그 신조를 실천에 옮긴다. 그들은 인간이기를 포기한 자들이며 그 대신 살아 숨쉬는 특정한 신념 또는 이데올로기의 화신이다.[3]

풀브라이트가 보기에 국가경영에 이데올로기가 개입되는 것은 위험천만한 일이다. "그동안 세계는 인류를 재생시키겠다는 고상한 뜻을 가진 사람들의 십자군적 행태에 의해 온갖 풍상을 겪을 만큼 겪었다고 생각한다." "세계의 악을 감시하고, 독재자들을 무찌르며, 인류를 부유하고 행복하고 자유롭게 만들 임무를 지녔다고 스스로 자부하는 사람들은" 그 누구든 "세계에 평화를 가져오기보다는 자신이 도우려는 사람들에게 온갖 불행을, 그리고 스스로에게는 파멸을 초래할 가능성이 더 높다."[4]

미국은 (자신이 세계를) 이끈다는 것이 무엇을 의미하는지 재고해볼 필요가 있다. "어쩌면 우리는 민주주의의 복음을 전파하는 일에 그다지 적합하지 않을 수도 있다"고 풀브라이트는 말했다. "우리식의 특정한 민주주의를 다른 이들에게 이식시키려 애쓰는 대신 우리의 민주주의를 더욱 발전시키는 데 집중하는 편이 아마도 훨씬 이익이 될 것"이라고도 말했다. 이어서 그는 "만일 미국이 세계를 위해 해야 할 일이 있다면 그것은 스스로 민주주의의 모범을 보이는 일"이라고 덧붙였다. "다른 나라의 일에 지나치게 간섭함으로써 미국은 자신의 자산을 낭비하는 것은 물론이고…… 자유로운 사회가 그 자유를 최대한 만끽하고 있는 모범사례를 세계에 제공할 기회를 놓치고 있다"는 것이다.[5]

풀브라이트는 미국이 세계의 모든 일에서 손을 떼야 한다고 주장하는 것은 아니라고 강조했다. 그게 아니라 대외 정책에 지나친 우선순위를 두느라 국내 문제를 소홀히 하고 있는 "과도한 불균형을 시정"하자고 제안했다. 그의 경고는 이어진다. "오랜 기간 대외관계에 과도하게 집착하게 되면 자신의 힘의 원천, 즉 국내 문제에 소홀하게 된다. 외교 문제에 빠져 있는 나라는 자신의 물적 인적 자원을 낭비하기 마련이다." 무분별하게 자원을 동원하는 것은 재앙에 이르는 지름길이다. 풀브라이트는 국내 기반이 악화돼가는 가운데 야심찬 대외 정책을 추진하는 것은 꺼져가고 사라져갈 "별이 마지막 빛을 발하는 것"과 같다고 비유했다. 그는 "정작 국민의 필요는 외면한 채 특정한 원칙 또는 이상을 좇아 세계적 성전에 매진하는 것은 자연스럽지도, 건강하지도 않다"고 결론 내렸다. 장기적으로 보아 "효율적인 대외 정책이란 국내 사회의 건강함에 좌우된다"는 것이다.[6]

다음으로 무력의 문제가 있었다. 풀브라이트가 보기에 성전의 전사들은 너무도 쉽게 군사력에 의존하는 경향이 있었다. 군사행동이 "기막히게 끌리는 방책"이며 무력 해결의 옹호자들은 군사력이야말로 "어려운 문제들에 대한 신속하고도 간편한 해결책"이라고 유혹하지만, 군사력에 의한 해결은 언제나 거짓으로 판명되며 고통스러운 피의 대가를 치르기 마련이라고 그는 지적했다. 베트남전쟁의 경우, 거의 모든 우방국이 도와줄 생각을 하지 않고 있는 가운데 성전의 부담은 거의 전적으로 미국의 젊은이들이 지고 있다고 강조했다. "다른 나라의 젊은이들이 학교에 가고, 직장에 다니며, 가족을 부양하고 있는 가운데 이들 나라 국민은 미국의 젊은이들이 동남아의 정글에서 싸우다가 죽어가는 것을 아무렇지도 않은 듯 그저 바라만 보고 있다." 풀브라이트는 군사력이 우월함의 궁극적 원천이라는 생각을 부정했다. 한 국가가 강력한 군대를 보유하고 있다는 것이 곧 더 우월한 국민, 더 나은 제도, 더 나은 원칙, 한마디로 말해 더 나은 문명을 갖고 있다는 것을 의미하는 것은 아니라는 얘기다. 그에 따르면 개인이나 국가나 "호전적이라는 것은 강함 또는 자기 확신이 아니라 약함 또는 자기 불신의 증거이며, 위대함의 진정한 표지는 거칠음이 아니라 관용이다".[7]

어쩌면 현실주의에 바탕을 둔 관용이 적들을 순수한 악으로만

(1960년대의 공산주의자, 현재의 테러리스트) 보려는 미국인의 경향을 치유할 수 있을 것이다. 결국 공산세계라는 것이 "스탈린 시대 때 생각했던 것처럼 그렇게 일사불란한 조직이 아니라는 것이 드러나지 않았느냐"고 풀브라이트는 지적했다. 엄격한 이데올로기 잣대에 의해 정책을 결정하는 것은 패배를 자초할 뿐이다. 미국은 공산주의와 대결하는 것에 지나치게 집착한 나머지 "오직 이해관계가 있을 뿐인 사안에 원칙을 들이대고, 그저 운이 나빠 일어난 불행을 (공산주의자들의) 음모 때문이라고 몰아붙이는 버릇이 생겼다". 이제 미국은 동유럽 사회주의 국가들을 크레믈린의 꼭두각시로 볼 것이 아니라 나름 자율성을 지닌 독립적 개체로 대접해야 한다.

풀브라이트는 민족주의가 소련 제국을 하나로 묶었던 결속력을 녹여 해체하고 있다고 보았다. "공산국가들은 세계 정복을 위해 단결하기는커녕, 서로 매우 다른 외교 정책과 크게 차이 나는 국익 개념에 의해 깊이 분열돼 있다." 바로 이 다양성 속에 창조적 외교의 기회가 숨어 있다는 것이다. 풀브라이트는 미국이 "사회혁명의 우군"이 돼주기를, "미국 사회를 인류 행복의 모범 사례로 만들기를", "적대적 세계를 화해시키는 데 단지 상호주의에만 갇혀 있지 않기를" 원했다.[8]

무엇보다 풀브라이트가 주문한 것은 겸손함이었다. 미국 정치인들이 습관적으로 외치는 거창한 구호에도 불구하고 세계를 바로세우고 인류의 적을 물리치는 따위의 일은 미국은 물론이고 다른 어떤 나라도 해낼 수 없는 일이다. 우리가 희망할 수 있는 최대치는 "조금 더 문명화된 세상을 위해, 조금 더 만족스럽고 조금 더

평화로운 세상을 위해" 아주 작은 진척을 이루어나가면서 역사의
복잡성에 대처해가는 것이다. 그것이 바로 성공이라고 할 수 있다.
풀브라이트는 결론적으로 "인간은 형이상학에 대해 사고할 수 있
으나 이를 실천할 능력은 없다고 생각한다. 형이상학의 실천은 신
의 몫이다"라고 밝혔다.[9]

　　데이비드 숍은 풀브라이트와 마찬가지로 중간계층의 자식이
었다. 인디애나 주에서 태어나 자랐고, 중앙무대에 진출했지만 동
부 출신 엘리트들에 대해서는 경계심을 풀지 않았다. 하지만 둘의
공통점은 여기에서 끝난다. 로즈Rhodes 장학생으로 영국 옥스퍼드
대학에서 공부를 한 세련된 풀브라이트와는 다르게 숍은 ROTC로
자기 학비를 벌면서 (인디애나 주의) 드포 대학을 다녔다. ROTC에
서 군 생활에 매력을 느낀 숍은 대학을 졸업하자마자 해병대에 자
원해 소위로 임관했다.

　　해병대는 곧 그의 삶이 됐다. 생각보다는 행동이 앞서고, 거칠
며 심지어 무례하기까지 한 그는 탁월한 해병이 됐다. 2차 세계대
전 때인 1943년, 타라와 전투에서 대대병력을 지휘하면서 보인 용
맹함으로 명예훈장을 받았다. 당시 부상 중이었던 그는 "쉴 새 없
이 쏟아지는 적의 무시무시한 포화"에도 불구하고 "수없는 장애와
엄청난 희생을 무릅쓰고 믿을 수 없을 정도로 강력하고 미친 듯이
진지를 방어하는 일본군에게 일련의 강력한 타격을 가했다"는 것
이 훈장 수여의 이유였다. 군 생활의 절정은 1959년 해병대 사령
관에 임명된 것이었다. 당시 아이젠하워 대통령은 그의 군 선배 몇
명을 제치고 소장이던 그를 해병대 사령관에 발탁했다. 숍은 해병

대 사령관으로 4년간 재직하다 1963년 전역했다.[10]

해병대 사령관으로서 슙은 군사력을 혁신적으로 사용하겠다는 케네디 행정부의 시도를 우려했다. 그의 본능적 직감에 따르면 전쟁이란 정말로 필요한 때가 아니면 피하는 것이 옳았다. 슙이 보기에 남베트남의 생존은 전쟁이 필요한 경우에 해당되지 않았다. 정말로 전쟁을 해야 한다면 크게 왕창 붙자는 게 슙의 소신이었다. (케네디 행정부 관리들이 떠드는) 반란진압작전이라든가 국가건설 따위의 말을 그는 이해할 수 없었다. 그러나 현직 장군으로서, 그리고 합참의 일원으로서 그는 미국이 베트남전쟁 직접 개입으로 빠져드는 것에 저항하지 않았다. 말하자면 속내를 감춘 비둘기파였던 것이다.

군을 떠난 후에야 그는 자신 속에 감춰져 있던 스메들리 버틀러(1888~1940년, 1920~30년대 미 해병대 사령관으로 남미와 중국 등지에서 미국 기업의 이익을 위해 반란진압작전 등의 임무를 수행했다. 1934년 미 의회에서 월가의 부자들이 자신을 앞세워 쿠데타를 일으키려 한다고 폭로한 후 《전쟁은 사기다》라는 책을 펴냈다-옮긴이)를 발견했다. 슙과 마찬가지로 명예훈장을 받았고 불평불만이 많은 해병대 장군이었던 버틀러는 전역 후 "전쟁은 사기다"라고 선언함으로써 유명해졌으며, 1차 세계대전 이후 2차 세계대전 이전에 이르는 기간 동안 미국의 대외정책은 월가의 부자들을 배불리기 위한 것이라고 비판했다. 버틀러의 비판은 대중주의적 관점에서 비롯된 것이었다. 베트남전쟁에 대해 본능적으로 반대했던 슙도 그와 비슷한 비판 형식을 취했다.

이 예비역 해병 장군은 1966년 5월 14일 로스앤젤레스의 대

학생들에게 행한 강연에서 미국은 인류 구제의 운명을 타고 났다
는 기존의 역사관을 거짓이라고 통렬하게 비판하면서 자신의 포퓰
리스트적 기질을 유감없이 드러냈다. 숍은 미국의 과거는 정치인
들의 거짓말로 점철됐다고 운을 뗀 뒤 현재는 거짓말이 더 늘어났
다면서 이 거짓말들은 미국 시민을 "박물관의 중고 밀랍인형만큼
이나 골 빈 사람으로 만들고 있다"고 공박했다. 다음과 같은 그의
발언은 이날 그의 연설이 어땠는가를 잘 보여준다.

> 미국 국민은 투표를 통해 다수가 원하는 것을 얻을 수 있다고 배
> 워왔습니다. 아시다시피 윌슨 대통령이 당선된 것은 그의 선거
> 구호가 "전쟁(1차 세계대전) 참가 반대"였기 때문이 아닙니까. 그
> 런데 어떤 일이 벌어졌죠. 윌슨이 대통령에 취임한 지 며칠 만에
> 미국은 1차 세계대전에 참전한 것 아닙니까.
> 지금 벌어지고 있는 일에(베트남전쟁) 대해서는 더 이상 말할 필
> 요가 없겠죠. 어째서 이런 일이 벌어져 어떻게 흘러왔는지 직접
> 봤으니까 말이에요.

존슨 행정부는 잘못된 전제 하에 국민에게 전쟁을 강요했다는
것이었다.

> 여러분은 매일매일 신문을 통해, TV와 라디오를 통해, 그리고
> 정치인들의 설교를 통해 다음과 같은 말을 지겹도록 듣습니다.
> 우리가 원치 않는 붉은 이념이 이 땅에 발을 붙이지 못하게 하기

위해서 우리는 군대를 보내 싸우게 해야 한다. 설사 그들이 다치 거나 죽는다 해도, 또는 아녀자를 비롯한 적들이 죽거나 다치는 한이 있어도 전쟁은 계속돼야만 한다고.

숍은 태평양 너머 8,000마일이나 떨어져 있는 베트남에서 일 어나는 일들이 미국의 안보에 위협이 된다는 게 말이 되느냐고 조 롱했다. "나는 베트남이 아니라 동남아시아 전체라 하더라도 미국 인 단 한 사람의 목숨이나 안녕과 맞바꿀 만큼 중요하다고 생각하 지 않습니다."

물론 동남아 지역에 살고 있는 주민들도 적절한 대접을 받아 야 한다. 그 적절한 대접 중에서 가장 중요한 것은 자신들의 운명 을 스스로 결정할 기회를 갖는 것이다. 절반의 기회만 주어지더라 도 이들은 자신들의 일을 완벽하게 처리해낼 것이라고 숍은 확신 했다. "억눌리고 착취당한 사람들로 가득 찬 이들 나라에서 미국이 그 더럽고 피 묻은 손을 떼기만 하면, 이들은 자신들의 해결책을 만들어낼 수 있다"는 것이다. 물론 정의롭고 공정한 사회질서를 만 들어내려면 혁명적 전복이 필요한 것은 사실이지만, 미국이 나서 서 미국이 만든 청사진을 "그들의 목구멍에 구겨 넣으려 하기"보다 는 그들 스스로 혁명을 수행하고 그 결과를 감당하도록 허용하라 는 것이다.

공산주의 문제에 대해서 숍은 풀브라이트보다도 훨씬 노골적 으로 정부의 태도를 비판했다. 냉전의 기원에 관한 숍의 아래와 같 은 설명은 놀라울 정도로 수정주의적 관점을 취하고 있다. 1945년 이후 "러시아에겐 핵무기가 없었습니다. 반면 우리는 핵폭탄과 미사일로 러시아를 포위하고 있었죠. (……) 이러한 상황에서 [크레믈린의 독재자들은] 아주 쉽게 국민들로 하여금 무기를 얻기 위해 빵을 포기하도록 만들 수 있었습니다. 러시아 국민은 기쁜 마음으로 희생하고 땀을 흘려 자신들의 조국을 멸망의 위기에서 구해낼 무기를 만들어냈습니다."[11]

물론 숍은 당시 소련의 핵위협이 실제이며 무시무시하다는 점을 인정했다. 그러나 그것이 반드시 군사적 방법에 의해서만 해결할 수 있는 문제는 아니라는 것이 그의 입장이었다. 그가 보기에 소련의 이데올로기적 위협은 대부분 과장된 것이었다. "과도하게 선전된 공산주의의 침투라는 것에 너무 겁먹을 필요가 없습니다." 숍은 대학생 청중들에게 이렇게 말했다. "사람들이 제대로 알기만 한다면 공산주의 사상이라고 하는 것은 그 자신의 탯줄에 의해 목 졸려 죽을 테니까요."

베트남전쟁에 반대한 고위 장성은 숍뿐만이 아니었다. 매튜 리지웨이 장군이나 제임스 가빈 장군 등 미국 정책에 대한 비중 있는 비판자이자 육군의 명망 있는 장군들도 우려를 표명했다. 그러나 숍의 비판은 이들에 비해 훨씬 거셌고 노골적이었다. 정부에 비판적인 예비역 장군을 찾는 기자들에게 숍은 반드시 만나야 할 인물이었고, 그는 언제나 정부를 대놓고 공격할 용의가 있었다. 예를 들어 1967년에 한 인터뷰에서 그는 이른바 도미노이론의 신봉자들을 다음과 같이 공격했다. "이들은 언제나 공산주의자들이 진주만의 방파제를 넘어, (허드슨강 서안의) 팰리세이데스 절벽을 넘어,

로스앤젤레스의 해안가를 몰래 넘어 미국을 침공할 것이라며 사람들을 겁주고 있지만, 모두 완전히 새빨간 거짓말입니다."[12] 풀브라이트와는 달리, 그는 최소한 전쟁 설계자들의 의도만은 선한 것이었다는 점도 인정하지 않으려 했다. 숍은 이들을 악의에 가득 찬 악당으로 묘사했다.

1967년, 그리고 1968년 베트남전쟁의 극적인 전환점이 됐던 구정 공세Tet Offensive 직후에 숍은 풀브라이트가 주관하는 상원 외교위원회 청문회에서 증언을 했다. 1968년 청문회에서 민주당 테네시 주 상원의원이었던 앨버트 고어(클린턴 행정부에서 부통령을 역임한 앨 고어의 아버지-옮긴이)가 당시 미국 사회에서 중심적 질문으로 떠올랐던 것을 물었다. "우리가 이긴다면 무엇을 얻을 수 있는가?" 이에 앞서 풀브라이트 외교위원장은 "이번 전쟁은 (미국은) 결코 (공산주의자들의) 침략을 용인하지 않을 것임을, 베트남은 물론이고 세계 어디서든 그러할 것임을 보여주기 위한 것"이라고 언급했다. 미국이 베트남에서 성공을 거둔다면 세계 다른 곳에서 일어날 유사한 도전을 미연에 방지할 수 있다는 게 미국 정부의 논리였다. 풀브라이트는 이어서 "우리가 이 전쟁을 이긴다면 당초 방침대로 밀고 나가고, 우리의 의지를 꺾지만 않는다면 그때부터는 공산주의자들이 얌전해져서 더 이상 침략은 없을 것이라는 게 정부 측 주장이 아닌가요?"라고 물었다.

숍의 대답은 미국이 군사적으로 우위를 점한다 하더라도—사실 이는 불가능해 보이지만—이를 통해 이룰 수 있는 것은 아무것도 없다는 것이었다. 그는 고어 상원의원에게 "우리가 얻을 수 있는 것은 아무리 그럴듯하게 포장한다 하더라도, 우리가 들인 비용의 천분의 일도 되지 않을 것이라고 생각합니다"라고 대답했다. 숍은 이어 설사 미국이 베트남에서 승리한다고 해도 "앞으로 수개월 내에 라오스나 캄보디아, 태국, 버마, 또는 한국 등에서 유사한 상황이 재발되지 않으리라는 보장이나 근거가 어디 있단 말입니까?"라고 반문했다. 베트남전쟁은 (미국 측의) 무제한적인 의무와 무제한적인 자원 투입에 의해 벌어지는 제한전쟁이었다. 그리고 이러한 전제는 상호 충돌한다는 게 숍의 논리였다. 언젠가 미국은 "이건 우리가 감당하기에 너무 벅찬데"라고 말하게 될 것이고, 그때가 되면 원하든 원하지 않든 미국은 "더 이상 못 하겠어"라고 손을 들 수밖에 없다고 그는 주장했다. 베트남전쟁의 승패와 관계없이 "미국이 벌이는 전쟁에는 끝이 없을 것"이라는 얘기다. 미국이 베트남에서 끝까지 버텨야 한다는 논리는 결국 영구전쟁으로 이어질 수밖에 없다는 것이다.[13]

베트남전쟁이 계속될수록 숍의 입장은 더욱 급진적이 돼갔다. 1969년 4월 잡지《애틀랜틱》에 '미국의 새로운 군사주의'라는 에세이를 발표할 때쯤 그는 골수 좌파를 뺨칠 정도가 됐다. 아마 피델 카스트로도 그의 에세이에 전폭 동조할 것처럼 보였다.

숍은 이제 미국이 "군사주의적이며 침략 국가"가 됐다고 주장한다. 미국이 "베트남이라는 군사적, 정치적 늪"에 빠진 궁극적 원인은 바로 여기에 있다. 이 새로운 군사주의의 기원을 설명하면서 숍은 다음과 같은 것들을 원인으로 지목했다. "호전적이며 맹목적인 애국주의"에 젖어 있는 퇴역군인 단체들, 틈만 나면 전쟁 특수

로 자신의 배를 불리려는 탐욕스러운 방위산업체들, 조작된 이미
지에 의해 전쟁을 잘못 이해하고 있는 대중, 짭짤한 후원금을 받으
면서 "국방부에 참신한 군사주의적 논리를 제공하는" 싱크탱크들,
그리고 가장 나쁘기로는 새로운 전쟁무기를 실험해보고, 젊은 장
교들을 테스트해보며, 자신들의 승진 기회를 잡으려는 장군들. 이
들 그룹들에게 '공산주의의 침략'이라는 말은 더 많은 자원과 더
강력한 행동을 요구할 때 필요한 만병통치약이었다. 슙은 "미국의
군사주의는 활짝 만개했다. 그리고 베트남의 실패로 군사주의는
영광스러운 꽃이 아니라 독으로 가득 찬 잡초라는 사실이 드러날
때까지 왕성한 자가수분을 통해 계속 번창해갈 것"이라고 결론을
내렸다.[14]

훌륭한 해병이 그렇듯이 슙은 거침없이 비판을 가했다. 풀브
라이트가 (대중을) 가르치고 (정부에) 영향을 미치려 했다면 슙의 목
적은 그와 달리 꾸짖고 비난하는 것이었다. 풀브라이트가 냉정했
다면 슙은 백열등처럼 뜨거웠다. 하지만 이 분노에 찬 예비역 장군
은 분명 미국 사회에 풍파를 몰고 왔다. 풀브라이트와 함께 슙은
미국적 신조와 (군사주의의) 성 삼위일체가 신성불가침이 아니란 점
을 분명히 드러냈다. 워싱턴 룰에 대한 대안은 분명히 있었던 것이
다. 물론 워싱턴의 기득권 세력들이 그 대안을 진지하게 고려할 것
인지는 전혀 다른 문제였다.

명예로운 평화

미국의 군사주의에 대한 숍 장군의 끝없는 비난이 언론 지면을 장식하고 있을 즈음, 리처드 M. 닉슨Richard M.Nixon이 린든 존슨의 뒤를 이어 대통령에 취임했다. '명예로운 평화'를 이루겠다는 닉슨의 약속에 따라 추진된 베트남전쟁에서 발을 빼는 것에는 발을 담글 때만큼이나 오랜 시간과 막대한 비용이 소모됐다.

　신임 대통령 닉슨은 유연반응을 주창했던 케네디 행정부 인사들과는 달리 도덕적 문제에는 별로 신경을 쓰지 않았다. 그는 거친 행동양식을 선호했다. 그가 전쟁을 끝냈을 때—아니 정확하게는 미국의 직접 개입을 종식시켰을 때—SAC의 B-52 폭격기가 북베트남에 쏟아 부은 폭탄의 양과 강도는 30여 년 전 B-29 폭격기가 일본의 도시들에 투하한 것과 맞먹을 정도였다.

　1972년 12월 18일부터 12월 29일까지 하노이와 하이퐁에 2만 톤 이상의 고강도 폭탄을 투하한 라인배커2 작전Operation Linebacker2은 잠시 커티스 르메이 식의 집중폭격 시대로 회귀한 것은 아닌가 하고 느껴질 정도였다. 그러나 이 '크리스마스 폭격'은 르메이 식 전술의 영원한 종언을 알리는 신호였다. 집중폭격 시대의 개막이 아니라 그 종막에 대한 송별곡이었던 셈이다. 정확히 누구를 죽일지, 또 무엇을 파괴할지에 대한 아무런 고려 없이 그토록 거대한 규모로 무지막지한 파괴력을 동원한 것은 그때가 마지막이었다.

　베트남전쟁이 끝날 때쯤, 한때는 그토록 존경받았던 르메이도 이제는 애물단지가 돼 대중에게 조롱과 미움을 받았다. 존슨이 대통령이 된 때부터 닉슨에게 그 직을 물려줄 때까지 미국 문화에는 거대한 변화의 쓰나미가 몰아닥쳤다. 이 문화 변동의 영향을 받은 많은 것 중 하나가 국가안보에 관한 합의였다. 일반 시민들, 특히 군 인력의 핵심 자원인 젊은이들은 미국이 세계적 지배력을 행사해야 한다는 워싱턴의 주장에 더 이상 자동적으로 동의하지 않았다. 1960년대 국내외에서 일어난 사건들에 의해 급진화한 젊은이들에게 미국적 가치가 보편적 가치이며, 미국은 이 가치들을 세계에 확산시킬 특권이 있다는 생각은 한마디로 웃기는 것이었다.

또한 많은 미국인들이 성 삼위일체(미 군사력의 세계적 배치, 힘의 투사, 개입주의)에 대한 믿음을 잃어버렸다. 베트남전쟁을 겪으면서 이 삼위일체에 바탕을 둔 정책들이 먹혔다거나 정당한 것이라고 믿을 수 없게 된 것이다. 이들 비판자들이 보기에 한때 미국의 전쟁 방식을 규정했던 르메이 식 접근방법은 이제 너무도 혐오스러운 나머지 상상조차 할 수 없는 방식이 돼버린 것이다.

시대정신의 변화를 뒤늦게 알려주는 전형적 지표인 할리우드 영화가 이러한 대중의 전쟁에 대한 태도 변화를 잘 보여준다. 냉전 초기에 만들어진 〈전략공군사령부Strategic Air Command〉(1955년, 앤서니 만 감독, 제임스 스튜어트 주연)나 〈독수리들의 집결Gathering of Eagles〉(1963년 델버트 만 감독, 록 허드슨 주연) 같은 영화에서 SAC와 르메이는 거의 숭배에 가까운 존경을 받았다. 핵전쟁을 수행하기 위해 항상 대기하고 있는 남성들은(집에서 자녀들을 키우고 있는 여성들에게) 한없이 무거운 책임을 지고 있지만 절대로 인간성을 잃지 않는 헌신적인 군인으로 묘사된다.

그러나 1964년 〈닥터 스트레인지러브Dr.Strangelove〉가 나올 때쯤에는 문화의 기류가 완전히 뒤집어지고 만다. 스탠리 큐브릭이 감독하고 피터 셀러스, 조지 C. 스콧, 스털링 헤이든, 슬림 피킨스 등이 주연한 이 영화에서 SAC는 교만한 겸손(벅 터지슨 장군), 유사 종교적 광신주의(잭 D. 리퍼 준장), 아무 생각 없는 맹종(T.J. 킹 콩 중장), 그리고 나치즘(닥터 스트레인지러브 자신)의 혼합물로 그려진다. 이들 냉전의 전사들 중 누구도 현실을 제대로 파악하고 있는 사람은 없다.

〈전략공군사령부〉와 〈독수리들의 집결〉은 진지한 감독이 만든 진지한 영화였지만 수십 년이 지난 후에는 과장된 영화로 분류된다. 반면 〈닥터 스트레인지러브〉는 대단히 코믹한 영화임에도 핵전쟁의 불합리성, 핵무기가 평화와 안보의 핵심이라고 주장하는 이들의 광기를 진지하게 비판한 영화로 명성을 누리고 있다.

1940년대 말에서 1950년대까지 한 줌의 평화주의자들을 제외하고 대부분의 미국인들은 핵무기를 정당하며, 사용할 수 있고, 심지어 필수적인 무기로 간주했다. 트루먼 행정부에서 아이젠하워 행정부에 이르는 기간 동안 미국의 주류사회에서 핵무기는 '좋은 것'으로 분류됐다. 그러나 핵무기를 책임감 있는 관리들에게 맡겨놓는다면 전쟁을 유발하기보다는 막을 수 있다는 대중의 생각은 1960년대를 넘기지 못했다. 조금씩 인종적 편견과 반유대주의와 함께 핵무기는 '나쁜 것'으로 분류됐다. 핵무기 사용은 도저히 상상할 수 없는 것이 되었고, 핵무기의 존재 자체가 인간성에 반하는 것이었다. 이렇게 생각하지 않는 사람은 스스로를 석기시대 인간이라고 자인하는 것이나 다름없었다.

1968년이 되면 르메이의 운명도 같은 길을 걷는다. 그해 대선에서 흑백분리주의자이자 앨러배마 주지사인 조지 월리스의 러닝메이트로 아메리카독립당의 부통령 후보로 나선 이 노장군은 핵폭탄 몇 개만 제대로 터뜨리면 베트남전쟁의 전세를 뒤집을 수 있다고 주장함으로써 만천하의 웃음거리가 됐다.

국민 영웅에서 위험한 어릿광대로 급속하게 추락한 전 SAC 사령관의 말로는 베트남전쟁 시기 삼위일체 옹호자들이 초래한 재앙이 어떠했던가를 잘 말해준다. 그러나 1960년대를 거치면서 평판이 추락한 권력기관은 SAC만이 아니었다.

베트남전쟁이 끝나갈 무렵, CIA가 미국 시민들을 불법 사찰했다는 언론보도가 이어진데다 이 기관의 부정, 무능 사례가 잇따라 알려지면서 CIA에 대한 대중의 분노는 극에 달했다. 특히 공화당이 백악관을 장악하고 있다는 점에서 제왕적 대통령의 위험성에 대한 민주당 의원들의 경각심이 대단히 높아졌다.[15] 이와 관련해 CIA의 수석 역사가는 "의회에서는 (CIA 등의) 정보 활동을 무조건 지원해야 한다는 초당적 합의가 더 이상 유지되지 않았다"고 기록했다. 갑자기 상원과 하원의 의회 지도자들은 과거 CIA의 활동 내역을 시시콜콜히 알고 싶어 했고, 미래의 정보 활동에 대해서는 더 많은 발언권을 가지려 했다. 그 결과 "창립 이래 처음으로 CIA 고위관리들은 정보기관들의 권력남용을 파헤치고 이들을 개혁하려는 적대적 의회를 상대하게 됐다".[16] 또한 CIA는 일종의 문화적 변모를 겪게 된다. 이제 이 기관은 당시의 용어를 빌리자면 '미친 코끼리'가 된 것이다.

　그런데 1970년대에 이르러 커티스 르메이와 앨런 덜레스의 유산이 그저 퇴색한 정도라면 베트남전쟁을 거친 이후의 미 육군의 상태는 그야말로 엉망진창이었다. 기강은 완전히 무너졌고, 마약 중독이 병사들에게 광범위하게 퍼졌으며, 군 내부는 인종에 따라 심각하게 분열돼 있었다. 유연반응의 창시자들은 육군이 한편으론 전면적 핵전쟁, 다른 한편으론 비밀공작이라는 양 극단 사이의 간격을 메워주길 원했다. 사실 맥스웰 테일러는 자신이 속했던 육군이 그러한 능력을 갖고 있다고 떠벌렸다. 하지만 미 육군이 베트남에서 시도했던 온갖 방법들—반란진압작전, 마을 평정, 국가건설, 남베트남 주둔 미군 사령관 윌리엄 웨스트모어랜드가 고안한 '수색과 섬멸 작전'에 이르기까지—은 모두 한결같이 실패했다. 이제 미국 군부에게는 '무능'이라는 딱지가 붙은 것이다.

　더욱 고약한 것은 육군의 능력을 재생시키기 위해 가장 필수적인 자원, 즉 병사들이 이제는 희소한 자원이 돼버렸다는 점이다. 이전까지는 힘의 투사 수단 중 육군이 가장 매력적으로 보였다. 부분적으로 육군의 군사력 증원이 비교적 손쉬웠기 때문이다. 월별 징병 인원을 늘리면 육군의 규모는 곧바로 커졌다. 주로 징병에 의존하면서 1939년 19만 명이었던 미 육군의 규모는 1944년 800만 명으로 급팽창했고, 1950년 60만 명 미만에서 1952년에는 160만 명으로, 1965년 96만 3,000명에서 1968년에는 150만 명으로 크게 늘어났다.[17] 징집은 가장 값싸게 병력을 충원하는 방식이었다.

1965년 미 지상군이 남베트남에 배치되면서 병사 1인당 지급된 급료는 월 87.9달러에 불과했다.[18]

그러나 미국의 징병제는 베트남전쟁의 압력을 견뎌내지 못하고 결국 붕괴됐다. 미국 국민은 자신들에게 군 복무를 명령할 연방정부의 권리를 박탈한 것이다. 닉슨 대통령은 국민의 평결을 받아들였고 결국 징병제를 종식시켰다. 그는 징병제 폐지가 반전 감정을 누그러뜨릴 것으로 예상했으며—그의 예상은 곧 정확한 것으로 드러났다—이에 따라 '명예로운 평화'라는 명분 아래 전쟁을 계속 수행할 수 있을 것이라고 생각했다.

결국 1973년부터 미군은 '모두 지원병으로' 채워지게 됐다. 이제 미국의 힘의 투사는 부분적으로 병사로서 적합한 자격을 갖춘 젊은이를 얼마나 많이 군으로 유인해내는가 하는 펜타곤의 능력에 좌우되게 됐다. 당시 국민의 반군부 정서를 감안하면, 이 과제 하나만으로도 워싱턴의 정책 결정자들이 좀 더 자제력을 발휘해야 할 것으로 생각됐다. 그러나 시민의 군대에서 직업군인의 군대로 전환하는 것이 정반대의 결과를 낳을 수 있다는 것—정책 결정자들이 국민의 의사와는 무관하게 군대를 좌지우지하는 재량권을 갖게 되는 것—은 누구도 예상치 못한 것이었다.

베트남전쟁은 국가안보의 3대 요소 중 다른 두 가지에도 부정적인 영향을 미쳤다. 동남아시아에서 미군의 치욕적인 철수는 세계 다른 지역에 미군이 계속 주둔할 필요가 있느냐에 대한 논쟁으로 이어졌다. 예컨대 맨스필드 상원의원은 미군의 유럽 주둔에 대해 의문을 제기했다. 그는 "본 의원은 이제야말로 유럽 국가들에게 자신들의 방위를 위한 군사적 재정적 책임의 기본을 스스로 떠맡으라고 말할 때가 왔다고 생각합니다"라고 주장했다.[19] 그로부터 수년간 맨스필드 의원은 이러한 주장을 계속했다. 그는 미국을 공산주의의 위협에서 방어하기 위해서는 미 군사력을 전 세계에 반영구적으로 전진 배치해야 한다는 워싱턴 컨센서스의 핵심을 공격했다.[20]

3대 요소 중 가장 강력한 도전을 받은 것은 세 번째 요소, 즉 세계적 개입주의 경향이었다. 베트남 개입을 통해 미국인들은 억압받는 국민을 해방시키거나, 미국에 적대적인 정부를 전복시키는 일, 쉽게 말해 멀리 떨어져 있는 나라의 내정에 간섭하는 것에 진절머리를 내게 되었다. 또한 이러한 '베트남 신드롬'에 대한 대응으로 미 의회는 군 최고통수권자, 즉 대통령의 전쟁 관련 권한에 제한을 가하기 시작했다. 1973년 닉슨 대통령의 거부권 행사에도 불구하고 미 의회를 통과한 '전쟁수권결의'에 따르면 앞으로 미국 대통령은 미국이 직접 공격을 받았거나, 선전포고를 당했거나, 또는 "법에 명시된 절차에 따라"(전쟁 수행의) 권한을 위임받았을 때에만 "미국의 군사력을 적대적 상황 또는 적대적 상황으로의 개입이 분명히 예상되는 상황에 투입할 수 있다"고 규정하고 있다.[21] 이제 더는 대통령이 먼저 일을 저질러놓고 의회의 사후 승인을 얻거나 또는 백악관이 이미 만들어놓은 전쟁 정책에 의회가 하는 수 없이 고무도장이나 찍는 역할을 하는 일은 없을 것이다. 이것이 전쟁수권결의 발의자들이 이루고자 했던 최소한의 목표였다.

곧이어 1974년에는 예정된 비밀공작을 사전에 대통령이 의회에 통지하도록 요구하는 휴즈-라이언법Hughes-Ryan Act이 통과됐다. 그리고 다음 해에는 1940년대부터 모든 비밀공작을 재검토하는 유명한 의회 청문회가 열렸다. 하나는 오티스 파이크 하원의원(민주당, 뉴욕 주)이 주재한 하원 청문회, 다른 하나는 프랭크 처치 상원의원(민주당, 아이다호 주)이 주재한 상원 청문회였다. 이들 청문회 결과 1978년 '대외정보법Foreign Intelligence Surveillance Act'이 제정됐는데, 이 법은 국내 정보 수집을 제한하는 한편 민감한 정보 수집 활동에 대한 의회의 철저한 감독을 의무화했다. 베트남전쟁을 거치면서 공개적이든 비밀로 감춘 것이든 대외 개입에 대한 장벽이 한층 높아진 것이다. 누구든 이 장벽을 뛰어넘으려는 대통령은 그에 상응하는 정치적 리스크를 감수해야만 했다.

베트남을 망각하다

한마디로 베트남전쟁의 실패는 워싱턴 룰을 누더기로 만든 것처럼 보였다. 그럼에도 사이공이 함락된 지 5년이 채 안 돼 워싱턴 룰이 원상복구된 것은 주목할 만하다. 또 그로부터 10년 안에 미국의 신조와 성 삼위일체가 완벽하게 복구된 것은 놀라운 일이라 할 만하다. 이제 되돌아보건대 베트남의 유산과 관련해 놀라운 것은 얼마나 많은 것이 변했느냐가 아니라 얼마나 변한 것이 없느냐에 있다. 그토록 치열하게 기억됐던 전쟁이 그토록 철저하게 아무 의미도 남기지 못한 경우는 별로 없다.

민간인이든 군부 인사든 미국 엘리트들의 베트남전쟁 패배에 대한 반응은 제1차 세계대전(1914~1918년) 후 독일 엘리트들—역시 민간인이든 군부 인사든—의 반응과 유사했다. 이들의 최우선 과제는 희생양을 찾아내는 것이었다. 두 나라 모두 배신이론이 판을 쳤다. 독일에서는 유대인과 좌익 인사가, 미국에서는 진보주의자들liberals과 학자들, 그리고 편견에 가득 찬 언론이 배신의 주역으로 찍혔다. 그다음 과제는 전쟁이 내린 평결을 뒤집기 위해 온갖 노력을 다하는 것이었다. 두 나라에서 이 과업은 상당한 성공을 거두었다. 적어도 단기적으로는.

독일과 미국 모두에서 역사적 전환점이 될 것으로 예상됐던 뼈아픈 패배는 결과적으로 아무것도 아닌 것으로 드러났다. 1918년 전쟁이 끝나고 15년 뒤, 독일은 이전보다 더 큰 야망을 품은 채 원래대로 돌아갔다. 독일 병사에 대한 국민의 신뢰도 회복됐다. 사이공이 함락되고 15년 뒤 미국도 이와 비슷했다. 1990년이 되자 워싱턴은 세계적 리더십을 다시 한 번 외쳤다. 실제로 냉전이 끝나면서 세계적 리더십에 대한 워싱턴의 주장은 한층 더 팽창됐다. 모든 도전자들을 물리친 듯이 보이는 미국은 이제 '유일 초강대국'이라는 지위를 거머쥐었다. 나아가 미국은 지구 전체를 미국의 병영으로 만드는 것에 새삼 매력을 느꼈고, 군사 개입을 대외 정책의 주요 수단으로 애용하기 시작했다.

이러한 반전을 어떻게 설명해야 할까? 그 원인의 상당 부분은 전쟁 실패의 교훈을 찾아내고 재해석하는 일을 담당했던 사람들에게 돌려야 할 것이다. 1918년 전쟁이 끝나자 독일에서는 기본적으로 고위 장교 그룹이 그 과업을 맡았으며, 이들은 (한동안) 나치당의 야망과 맞물리는 결론을 공유했다. 미국에서도 실패의 교훈을 찾는 임무는 고위 장교 그룹이 떠맡았으며, 이들 역시 외교 정책 기득권 집단의 선호와 (한동안) 양립할 수 있는 결론을 도출해냈다.

그러나 궁극적으로 고위 장교 그룹의 견해—독일이나 미국 군인들의 기본 목표는 군대의 자율성과 특권을 회복하는 것이었다—가 민간 엘리트의 견해보다 더 중요할 수는 없었다.[22]

엘리트들은 다른 무엇보다도 다음 과제에 가장 큰 비중을 두었다. 즉 이미 전장에서 결정된 결론을 뒤집는 것이었다. 1920년대의 독일이 그랬고, 1970년대 후반에서 1980년대의 미국이 그랬다.

이러한 엘리트들의 견해가 드러난 전형적 경우를 살펴보자. 《베트남의 유산: 전쟁, 미국 사회, 미국 대외 정책의 미래》는 1976년 권위 있는 대외관계협의회Council on Foreign Relations가 주도해 만든 책이다. 이 책의 편집을 주도한 앤서니 레이크의 표현을 빌자면 "다양한 배경과 관점을 지닌" 24명의 관측통들의 견해를 담고 있다. (키신저가 주도한 캄보디아 공습에 대한 항의로) 닉슨 행정부의 국가 안보회의 참모직을 사임해 워싱턴에서 독립적이고 정직한 인물로 통하는 레이크는 다양한 인물들이 써낸 이 글들은 "스타일이나 내용, 표현양식에서 다양성을 보여주고 있다"고 덧붙였다.[23]

그러나 실상 이들 필자들에 대한 더 정확한 평가는 '한통속'이며 이들이 내린 결론은 '천편일률'이라고 해야 옳을 것이다. 레이크가 규합한 필자들의 면면을 보면 모두 백인에 전원 남성이며, 단

2명—영국 학자와 프랑스 언론인—을 제외하고는 모두 미국인이다. 필자들 중에는 유명 정치인(휴버트 험프리 상원의원과 존 타워 상원의원), 전 현직 고위 관리(리처드 홀부룩, 폴 원키), 저명한 학자(어니스트 메이, 에드워드 쉴즈), 유명 언론인(레슬리 겔브, 어빙 크리스톨), 그리고 다양한 싱크탱크의 대표들이 포함돼 있었다. 이들 모두는 대단히 존경할 만하고 대단히 믿을 만한 사람들로, 설사 이견이 있다 하더라도 허용 가능한 선에서만 이견을 제출하는 한마디로 예측 가능한 인물들이었다. 이들은 분란을 일으킨다 하더라도 정중하게 신사적으로 할 사람들이었다.

곧 레이크가 주도한 이 프로젝트는 참가자들의 명단에서 이미 결론이 정해진 것이나 다름없었다. 워싱턴에서 대체로 그래왔던 것처럼—피그만 사태에 대한 맥스웰 테일러의 조사에서 아부그라이브 고문, 학대 사건(아부그라이브에는 이라크 최대의 정치범 수용소가 있는데, 미군이 점령한 이후 처참한 인권 유린이 벌어진 바 있다-옮긴이)에 대한 조사에 이르기까지—이른바 철저한 조사라는 것은 사실상 원치 않는 결과를 사전에 차단하기 위해 세심하게 연출된 연극에 불과할 뿐이었다.

이 책의 필자 중 그 누구도 베트남 국민의 시각에서 전쟁을 평가할 능력을 갖추지 못했으며, 심지어 그런 시도가 해볼 만한 가치가 있다고 생각한 사람도 없었다. 베트남에서 전투원으로 복무한 사람도 없었다. 이 프로젝트를 위해 차출된 단 한 명의 군인은 누구나 예측할 수 있듯이 맥스웰 테일러였다. 베트남전쟁이 미국 사회에 근원적 균열을 초래했음에도 이 전쟁에 대한 반기득권 세력,

또는 반문화권의 시각을 보여주는 사람은 없었다. 사회주의자, 맑스주의자, 평화주의자, 세계정부주의자, 신농업주의자, 자유지상주의자 등 조금이라도 급진주의적 성향을 보이는 사람의 목소리는 전혀 찾아볼 수 없었다. 풀브라이트 상원의원이나 숍 장군 같은 사람이 들어설 자리는 없었던 것이다. 1960년대는 '신좌파New Left'를 낳았고 대학가에서 신좌파는 대유행이었다. 그렇지만 신좌파 인사 중 그 누구도 이 필자 그룹에 끼지 못했다. 나아가 부정확하게도 고립주의로 알려진 반개입주의의 옹호자도 참여하지 못했다. 레이크는 달랑 한 명의 반대파를 포함시켰다. 좌파 성향의 싱크탱크인 정책연구소Institute for Policy Studies의 리처드 버넷으로, 그는 사회정의와 인권이 미국 정책의 바탕이 돼야 한다고 주장했다.

레이크가 선정한 필자들 중 베트남전쟁이 진행되는 동안 감옥에 가거나 지하로 숨거나 해외로 망명한 사람은 없었다. 그 대신 이들은 백악관과 펜타곤에 있거나 의회로 진출했다. 초보 수준이나마 반전 집회에 열심히 참여한 한 명의 필자가 있긴 했다. 그러나 1969년 베트남유예위원회Vietnam Moratorium Committee를 창립한 샘 브라운이 쓴 글의 제목은 '반전운동의 패배'였다. 브라운은 글의 서두에서 베트남전쟁 반대 세력은 "미국 사회의 본질이나 미국의 세계에 대한 접근 방식에 아무런 지속적 영향을 끼치지 못했다"고 과감하게 선언함으로써 추가 논의의 필요성을 원천봉쇄했다. 그 말은 미국 정책에 대한 민초들의 반대는 그저 부수적 현상일 뿐, 실질적으로 중요하지 않다는 의미였다.[24]

레이크가 주도한 연구에 참가한 사람들에게 중요했던 것은 정확히 무엇이 잘못됐기에 베트남전쟁에서 패배했는가를 밝혀내는 것이었다. 그 실수를 밝혀내기만 하면 베트남전쟁에 관한 논쟁은 확실히 잠재울 수 있을 터였다. 레이크는 서문에서 헨리 키신저를 인용하면서 그의 견해에 동의한다고 말했다. 키신저는 "전혀 다른 외양을 띠었지만 동일한 본질적 결함을 지닌 또 다른 재앙을 피하려면" 그 교훈을 밝혀내는 것이 필수적이라고 주장했다.[25]

그 결함을 밝혀내는 데 레이크의 필자들이 모두 동일한 결론을 내린 것은 아니었다. 그러나 그들은 모두 동일한 분석 틀을 사용했다. 베트남을 정상에서 이탈한 이례적인 것으로 취급한 것이다. 이들에게 가장 큰 문제는 베트남에서의 실패가 야기한 합의, 통제, 정통성의 상실이었다. 쉴즈 시카고 대학 교수는 전쟁을 둘러싼 모든 논쟁이 포퓰리즘과 함께 "참여민주주의, 보헤미안주의, 기업인과 정치가에 대한 적대감, 추문 폭로라는 사상"[26]을 촉발시켰다고 썼다. 평범한 국민이 시건방져졌고 그동안 권위를 행사해왔던 각종 기관들의 권위를 잠식했다는 것이다.

오늘날 네오콘의 창시자로 알려진 어빙 크리스톨은 대외 정책에 관한 컨센서스가 1940년대에 본래 이 컨센서스를 이끌어낸 "교육받고 이상주의적인 '코스모폴리탄'"은 물론이고, 애초부터 이 컨센서스에는 아무런 관심도 보이지 않던 "미국의 대다수 '지방 시민'" 등 양쪽에게 "강력한 도전"을 받고 있다고 평가했다.[27] 이어 크리스톨은 코스모폴리탄은 자신들의 배짱을 회복해야 하고, 지역민들은 본래 자기 자리로 되돌아가야 한다고 덧붙였다.

이러한 합의, 통제, 정통성의 잠식은 무책임한 행동, 보통은

'고립주의'의 변종으로 묘사될 위험성이 높았다. 그러한 잠식을 예방해야 국가안보 정책을 본래의 궤도에 올려놓을 수 있을 터였다. 존슨 행정부에서 부통령을 역임했고 이제는 상원의원으로 돌아온 험프리는 베트남전쟁 이후 너무도 많은 미국 국민이 "과거의 우리 잘못에 대해 스스로를 자책하고, 제대로 평가받지 못하는 것에 대해 자기연민에 빠진 것"을 개탄했다.[28] 미국이 베트남에서 과도하게 대응했을지는 몰라도 이제는 신발 끈을 조여매고 새로운 시작을 할 필요가 있다는 것이다. 전략국제문제연구소CSIS의 데이비드 앱샤이어는 "대외 정책에 관한 새롭고 건전한 합의를 이룰 수 있는 진실한 대화"를 촉구했다.[29] 혼란에 빠지고 분노해 있는 미국인들을 안심시키기 위해 워싱턴의 엘리트들은 확신과 자신감을 불어넣어줄 수 있는 초당적 합의를 이끌어내야 한다는 것이다.

한편 레이크는 미국이 1차 세계대전과 2차 세계대전 사이에 그랬던 것처럼 "옹졸한 대외 정책"으로 돌아갈 가능성에 대해 경고했다. 그는 "일종의 베트남 아날로지"가 "뮌헨 아날로지"를 수정 또는 대체할 것을(1938년 히틀러의 체코 침공에 대해 영국과 프랑스는 강경 대응 대신 뮌헨협정이라는 유화책으로 사태를 무마하려 했다. 그러나 그 결과는 평화가 아니라 나치에 의한 2차 세계대전 발발과 유럽 대륙 석권이었다. 이후 미국은 소련과 같은 전체주의 세력의 발호를 막기 위해서는 오직 강경 대응만이 있을 뿐이라며 '뮌헨을 상기하라'는 구호를 애용했다. 이를 뮌헨 아날로지라 한다. 반면 베트남 민족의 투쟁은 소련의 지령에 의한 세계 적화 음모의 일환이 아니며 약소민족의 민족해방투쟁이므로 미국이 개입할 필요가 없었다는 논리를 베트남 아날로지라고 할 수 있다–옮긴이), 즉 "이제까지처럼 적극적인 개입으로 전쟁의 싹을 사전에 제거함으로써 대외 전쟁을 방지하는 것이 아니라 전쟁의 발발은 방치한 채 단지 그 전쟁에 참여하지 않는 쪽을 택하게 될 가능성"을 우려했다.[30]

2차 세계대전 이후 베트남전쟁 이전까지 미국의 국가안보 정책이 대외 전쟁의 가능성을 미연에 방지하는 것이었을까? 워싱턴 룰의 진정한 신봉자, 즉 미국의 세계적 군림은 선한 의도에서 비롯됐으며, 필수적이고, 다른 어떤 것으로도 대체할 수 없는 것임을 믿는 사람만이 그렇게 생각할 것이다. 그러니 레이크의 성실성을 의심할 아무런 이유가 없다.

베트남전쟁 이후, 1960년대의 가장 시끄럽고 골치 아픈 혁명가들 대부분이 대학가에 둥지를 틀었고, 결국은 "종신 교수직을 따낸 과격파tenured radicals"가 됐다. 이들 골수 좌파들이 미국의 대학을 장악하면서 미국 고등교육의 질을 심각하게 손상시켰다. 적어도 꼴통 보수들은 오늘날까지도 이렇게 생각하고 있다.

논의의 편의를 위해 이 믿음이 맞다고 치자. 내가 말하고자 하는 바는 이것과 반대되는 과정이 국가안보 영역에 있었다는 것이다. 실질적인, 그러나 결코 과격한 것은 아닌 변화의 낌새를 알아챈―뮌헨 아날로지를 수정하거나 대체하는 것이 바스티유 감옥 습격과 같은 혁명적 상황이 결코 아님에도―워싱턴 룰의 수호자들은 워싱턴 룰에 대한 합의와 이에 의한 통제와 정통성을 복원하기 위해 총궐기했다. 이들은 조금이라도 이단의 냄새가 나는 의견들은 은밀히, 그러나 아주 철저하게 배제했다. 이들은 베트남전쟁에 대한 가장 가혹한 비판들을 무시했다. 그것은 베트남전쟁은 미국의 정책 또는 미국 사회에서 결정적으로 결여된 것을 보여준다는 것이었다. 마틴 루서 킹 목사의 말을 빌자면 베트남은 "미국의 영혼에 깊숙이 자리 잡은 고질적인 징후일 뿐"이라는 것이다.[31]

미국의 대외 정책을 담당한 고위 관리들은 전쟁의 중요성을 강조하기 위해 세심하게 고안된 설명을 제시했는데, 이는 궁극적으로 미국이 얼마나 하찮은 이유로 전쟁을 하는가를 보여줄 뿐이었다. 결론은 분명했다. 미국 정책의 바탕이 되는 핵심 전제들을 재검토하거나 재평가하는 것은 결단코 불필요하다는 것이었다. 베트남에서 일이 잘못된 것은 특정한 판단 착오나 계산 착오 때문이었지 미국식 생활방식의 뿌리 깊은 체계적 오류라든가 미국적 국가경영 방식, 또는 미 군사 정책을 이끌어온 성 삼위일체 때문은 아니라는 것이다. 이것이 그들의 입장이었다.

레이크가 편집한 《베트남의 유산》은 (미국의 대외 정책을 재검토해야 한다는 의견을) 부정하는 결과물이었고, 눈부신 성공을 거두었다. 워싱턴 룰의 수호자들은 대학 캠퍼스의 골수 좌파들은 꿈도 못 꿀 정도의 지배력을 장악했으며 오늘날까지도 이를 유지하고 있다.[32] 실제로 전형적인 미국 대학의 교수 휴게실에서는 온갖 차원의 의견들이 자유롭게 오가지만, 미국의 안보 정책이 논의되고 형성되는 곳에서는 지극히 제한된 견해들만이 허용되었다.

결국 놀랄 만큼 짧은 기간에 베트남은 일회성 사건으로 규정되고 말았다. 워싱턴이 신봉했던 통념들은 1960년대에 잠깐 도전을 받았으나 아무런 상처를 입지 않은 채 건재했다. 미국의 세계적 리더십이란 개념은 굳건했다. 심지어 베트남 반전세력과의 연대로 크게 상처 입었고 아마도 이 때문에 유사한 사태가 일어날까봐 노심초사했던 민주당마저도 한때 잠시 탐닉했던 "미군 병사여, 집으로 돌아오라"라는 생각과 즉각 결별했다.

1980년이 되면 미국의 정책 결정에서 베트남은 전혀 고려 대상이 아니게 됐다. 민주당과 공화당은 암묵적 합의를 통해 언제 그런 일이 있었냐는 듯 짐짓 모른 체했다. 전 주지사 로널드 레이건Ronald Reagan이 현직 대통령 지미 카터에게 도전했던 그해 공화당 전당대회에서 채택된 43쪽짜리 당 강령에는 베트남전쟁에 대한 언급이 단 한 줄도 없었다. 반면 기존의 국가안보 합의를 준수할 것임을 다짐했다. "전 세계 모든 곳에서 자유에 대한 사랑을 북돋우고 강화하며 자유, 민주주의, 정의가 융성할 수 있는 안보 환경을 조성하기 위해"(이것은 미국의 소명이다) 미국은 "미국 국민이 요구하는 군사적 우위를 유지해야만 한다"는 것이었다. 공화당은 카터 당시 대통령의 치적을 깎아내리면서 베트남 사태에 아랑곳하지 않고 미국의 세계적 우위를 유지하겠다고 다짐했다.[33]

민주당의 당 강령이 카터 대통령의 치적에 대해 공화당과는 다른 평가를 내린 것은 너무도 당연한 일이었다. 그러나 국가안보 정책에 관한 한 민주당과 공화당은 조금의 차이도 보이지 않았다. 민주당 당 강령에서 베트남전쟁은 "아시아에서 있었던 비극적 전쟁"이라는 애매한 표현으로 단 한 번 등장한다. 민주당은 고엽제인 에이전트 오렌지가 어떤 영향을 미치는지 연구하겠다는 것과 "동남아시아에서 조국을 위해 목숨을 바친 병사들을 위한 기념공원을 수도 워싱턴에 건립하는 사업을" 지원하겠다고 약속했으나 베트남전쟁이라는 비극이 왜 일어났으며 그 결과는 무엇이었고 미국에게 주는 의미는 무엇인지를 성찰할 생각은 추호도 없었다. 국가안보 정책과 관련해 일만 저질러놓고 뺑소니치는 무책임한 정당이라는 비난을 피하고 싶었던 민주당은 자신들의 안보 정책이 공화당과 별 차이가 없다는 것을 알리고 싶어 했다. 이에 따라 미국의 목표는 "자유의 등대가 되는 것"이며, 미국의 힘과 이상을 동원해 "세계를 더 안전하고 더 인간적 삶이 보장되는 곳으로 만드는 것"이라고 천명했다.

민주당 당 강령의 작성자들은 '힘'이란 군사력을 말한다는 것을 분명히 했다. 이들은 "미국의 군사력은 세계 최강이며 누구에게도 추월당하지 않을 것"이라고 선언했다. 그러나 추월당하지 않는 것만으로는 부족했다. 민주당은 "미국의 군사안보를 강화하기 위해" 국방비를 증액할 것이라고 다짐했는데, 이는 이미 카터 대통령 때부터 실천해오던 것이었다.

두 당의 강령을 소개하는 것은 이 문서들이 중대한 정책 내용을 담고 있어서가 아니다. 당 강령 작성이란 일종의 정치적 허장성세라고 할 수 있다. 그러나 4년에 한 번씩 거창한 열망과 그럴듯한 미사여구를 담아 발표되는 이 문서에는 정치 지배층이 해석한 당시의 국가 분위기를 잘 보여준다. 1980년이 되면 양대 정당 모두 이제 베트남전쟁은 잊었으며 미국이 해야 할 일은 강력한 군사력을 바탕으로 세계에 미국의 리더십을 힘차게 선언하는 것이라고 결론을 내렸다고 할 수 있다.

현직 대통령 카터에 도전하는 레이건 후보는 동남아에서 벌어진 미국의 불운에 대해 미국은 "명예로운 대의"를 추구했다면서 "너무도 오랫동안 우리는 베트남 신드롬에 시달려왔다"고 덧붙였다.[34] 그해 11월 레이건이 대통령에 당선된 것은 베트남 수정주의의 승리를 최종 확인하는 것이었다. 사이공이 함락된 지 불과 5년 만에 반전, 또는 반개입주의 견해들은 다시 한 번 미국 정치의 변방으로 밀려나고 말았다.

이후의 역사에서 드러난 것처럼, 앤서니 레이크는 미국이 해외 전쟁을 방관할 위험성에 대해 조바심 낼 필요가 없었다. 1980년대 내내 베이루트, 그레나다, 리비아, 중남미, 걸프만 해역 등 "전쟁을 미연에 방지하기 위해" 미 군사력을 출동시킬 기회는 너무도 많았던 것이다. 베트남이 미국의 개입주의에 일정한 제동을 걸었을지는 몰라도 그 제동은 놀라울 정도로 빠른 시일 안에 풀리고 말았다.

미국의 개입주의를 정당화하기 위한 역사적 선례를 찾아 헤매던 레이건과 그 후계자들은 베트남을 무시하는 대신 뮌헨을 즐겨 거론했다. 레이건은 1983년에 한 연설에서 "1930년대 네빌 체임벌린 영국 총리는 애매모호한 정책이 곧 평화라고 착각하는 바람에 2차 세계대전을 초래했다. 역사는 우리에게 강하고 단호할 때에만 평화를 지킬 수 있다는 것을 보여준다"고 언급했다. 조지 H. W. 부시도 마찬가지였다. 1990년 사담 후세인의 쿠웨이트 침공에 대한 응징에 나서면서 그는 "반세기 전, 세계는 무도한 침략자를 저지할 기회를 가졌으나 이를 놓쳤다. 이제 나는 여러분에게 약속한다. 다시는 그러한 잘못을 저지르지 않겠다는 것을"이라고 말했다.[35] 수

개월 내에 1차 걸프전에서 가볍게 후세인을 물리친—적어도 당시
에는 그렇게 보였다—부시는 "이제 우리는 베트남 신드롬을 극복
했다"고 자랑스럽게 선언했다. 부시 후임인 빌 클린턴은 전임자보
다도 더 군사적 행동주의의 경향을 보이면서 이러한 판단을 재확
인했다.[36] 클린턴 역시 군사력 사용을 정당화하기 위한 방편으로
뮌헨의 교훈을 이용했다.[37] 이제 다시 한 번 과잉 대응이 아니라 유
화책은 어떤 비용을 치르더라도 피해야 할 죄악이 됐다.

레이건, 부시, 클린턴, 그리고 모든 대외 정책 담당자들에게 베
트남전쟁에서 취해야 할 가장 중요한 결론은 그곳에서 겪은 미국
의 경험은 예외적이라는 것이었다. 그렇다고 해서 이 전쟁이 더 넓
은 틀에서 미국 정책의 성과를 평가하거나 향후 코스를 바꾼다는
측면에서 전혀 중요한 교훈을 제시하지 않았다는 말은 아니다. 우
선순위의 측면에서 과거에 대한 성찰이 미래를 위한 계획에게 밀
려났다는 뜻이다.

헨리 키신저 자신이 이 결과를 예견할 수 있게 했고, 그 같은
결과가 나오도록 조장했다. 그는 일반 국민들이 보는 앞에서는 베
트남전쟁에서 얻을 수 있는 모든 교훈을 다 찾아내겠다는 듯이 행
동했다. 그러나 정작 정책 결정자들이 모여 있는 곳에서는 미국의
실패가 남긴 잔해들을 아무리 뒤져봐도 가치 있는 것은 전혀 없다
는 태도를 취했다. 이미 1975년 국무부 장관으로 재직할 당시 제
럴드 포드 대통령에게 보낸 비망록에서 키신저는 "베트남전쟁이
그토록 오랫동안 지속됐고, 그토록 자세히 보도되고 논란이 됐음
에도 다른 경우에 활용할 만한 중요한 교훈이 거의 없다는 것은 놀

랄 만한 일"이라고 말했다. 이어서 키신저는 다음과 같이 말했다.

> 베트남은 지리적, 인종적, 정치적, 군사적, 외교적 측면에서 대단
> 히 예외적 상황을 대변합니다. 우리는 이러한 사실에 감사해야
> 하며, 한때 우리가 '뮌헨의 교훈'을 적용하려 애쓴 것처럼 '베트
> 남의 교훈'을 찾으려 애쓰기보다는 현실을 있는 그대로 받아들
> 여야 합니다. (……) 전쟁은 대부분 보편적 영향을 미치지만 그렇
> 다고 해서 거기에서 보편적 진리가 나오는 것은 아닙니다.[38]

베트남이 미국의 정책 결정에 어느 정도 중요성을 갖느냐와
관련해, 키신저의 이 같은 입장은 결과적으로 대단한 선견지명인
것으로 드러났다. 10년 안에 워싱턴은 베트남을 완전히 잊어버렸
다. 1980년대와 그 이후 미국의 정책 결정자들이 신주단지처럼 모
셨던 정책의 원칙들은 애당초 미국을 베트남전쟁에 개입하도록 만
든 그것과 거의 차이가 없었다.

올브라이트의 등장과 퇴장

베트남에서의 재앙이 미국의 안보 정책에 일시적 도전이 되었다고
한다면, 냉전의 종식이나 소련의 해체는 아무런 영향도 미치지 못
했다. 사실 미국을 세계무대로 불러내 전례 없이 무거운 짐을 지게

만든 것은 1930년대 이후 등장한 전체주의 체제의 위협이었다. 그런데 전체주의 체제의 퇴장 이후에도 미국이 져야 할 부담은 전혀 줄지 않았다. 1930년대에 시작된 비상사태는 끝이 났으나 세계적 리더십을 발휘해야 한다는 의무는 사라지지 않은 것이다.

프랭클린 루스벨트 이후 모든 미국 대통령은 전체주의에 대한 미국의 저항이 성공적으로 끝나면 세계 평화가 찾아올 것이라고 주장했다. 오늘 열심히 싸운 보답으로 내일은 덜 열심히 싸워도 된다는 식이었다.

그러나 1989년 베를린장벽이 붕괴되고 1991년 로널드 레이건이 말한 '악의 제국Evil Empire'이 해체됐음에도 워싱턴에서는 방심하면 위험하다는 경고만이 계속 흘러나왔다. 이른바 식자층에 따르면 평화는 아직도 요원하다는 것이었다. 실제로 워싱턴 룰의 옹호자들은 냉전 종식 이후 미국은 새로운, 이전보다 더 강력한 도전에 직면했다고 주장했다. 갈수록 복잡해지고, 변화의 속도가 가속되는 세계에서 위험은 도처에 있었다. 빨갱이들의 위협은 사라졌지만, 인류가 나아갈 길을 비추기 위해서는 그 어느 때보다도 미국이 필요했다.

그것은 대단한 모순이었다. 한편으로 승리주의자들은 냉전의 종식은 대단히 중요한 성취라며 승리를 자축했다. 다른 한편 승리를 자축하던 이들은 아직은 미국이 승리의 기쁨에 취해 쉴 때가 아니라고 경고했다. 약속의 땅은 아직 저 멀리 있는 것이다. 지금이야말로 그 어느 때보다도 미국 국민으로 하여금 전쟁을 피할 수 있는 최선의 방책은 전쟁에 끼어들지 않는 것이라는 생각을 하지 못하도록 할 때였다.

이러한 점을 가장 잘 보여주는 것이 매들린 올브라이트 Madeleine Albright의 증언이다. 냉전이 끝난 이후 테러와의 전쟁에 이르는 짧은 기간 동안 올브라이트는 전성시대를 누렸다. 유엔 주재 미국 대사에 이어 1997년 미국 최초의 여성 국무부 장관으로 일하면서 그녀는 공직에서 성 평등을 증진하는 데 크게 기여했다. 그렇기는 하지만 그녀가 미국 외교에 실질적으로 기여한 바는 별로 없다. 예컨대 그녀는 조지 C. 마셜과는 달리 자신의 재임 기간을 뛰어넘어 영속적 영향을 미치는 주요한 정책을(마셜 플랜과 같은) 주도한 적이 없다. 또는 키신저처럼 강대국 간의 힘의 질서를 재편하지도 못했다. 오늘날 미국의 정책에 영감을 불어넣거나 최소한 영향을 미치는 올브라이트 독트린이나 올브라이트 플랜, 또는 올브라이트 원칙 같은 것도 없다.

그럼에도 미국 국가경영의 역사를 연구하는 역사가들은 올브라이트를 중요하게 다룰 것임이 분명하다. 그 이유는 그녀의 행동보다는 그녀의 발언 때문이다. 올브라이트는 공직에 머무는 동안 새롭게 정비된 워싱턴 컨센서스의 탁월한 선전꾼이자 옹호자로서 대단히 많은 발언을 토해냈다. 그녀는 능란한 달변가도 대단한 카리스마를 지닌 것도 아니었지만, 수사학적 포장에는 상당한 재능을 보였다. 올브라이트는 냉전 종식 이후의 상황에 대처하기 위해 왜 미국의 세계적 리더십이 필요한지를 그녀가 함께 일했던 외교 세계의 어떤 남성보다도 효과적으로 묘사하고 정당화했으며 축하했다.

이러한 주장을 펼치면서 그녀는 자신의 남성 동료나 경쟁자들이 대체로 공감하는 결론을 이끌어냈다. 그녀의 강점은 이들 동료나 경쟁자들이 흉내 낼 수 없을 정도의 명료함, 대담성, 투명함으로 자신의 생각을 풀어냈다는 점이다. 그녀는 또한 자신이 말한 바를 진정으로 믿었다.

올브라이트의 여러 발언 중 다음 네 가지가 탈냉전 이후 워싱턴 룰에 일어난 변용의 핵심을 잘 보여주는 것이라 할 수 있다.

첫째, 올브라이트는 현대 역사를 바라보는 자신만의 개요를 다음과 같이 제시했다. "내 사고방식은 뮌헨에서 왔다. 우리 세대의 대부분은 베트남이다."[39] 올브라이트는 마치 자신은 여타 동료들과는 다른 견해를 가지고 있는 것처럼 으스댔다. 하지만 사실은 (냉전에서 승리한 후) 워싱턴이 승리의 기쁨에 깊이 취해 있을 즈음에 나온 올브라이트의 이 발언은 그녀는 물론 그녀의 동료들이 갖고 있던 견해를 가장 간명하게 표현한 것이었다. (미국의 정책 결정자들에게) 1938년을 상기하는 것은 지상명령이었다. 1965년을 숙고하는 것은 비생산적일 뿐만 아니라 어디에서도 환영받지 못할 일이었다.

역사를 양자택일 문제로 축소시킴으로써—뮌헨인가 베트남인가, 하나를 택하라—올브라이트는 다른 사건들을 정책 결정을 위한 준거점으로 만들 가능성을 원천봉쇄했다. 이것 또한 워싱턴 외교 정책 그룹의 입맛에 딱 들어맞는 것이었다. 1차 세계대전이나 히로시마 원폭 투하와 같은 대재앙은 물론이고 (이란 총리) 모사데그 축출이나 피그만 사건 등에 정책 결정의 준거점으로서 뮌헨과 같은 정도의 중요성을 부여할 경우 미국 리더십의 효율성이나 도덕적 정당성 등에 골치 아픈 문제만을 야기할 뿐이라는 점에서 올브라이트를 비롯한 워싱턴 컨센서스의 수호자들은 고려조차 하려 하지 않았다. 이들에게는 될 수 있는 한 사태를 단순화시키는 편이 좋았다. 선이냐 악이냐. 용기인가 비겁함인가, 저항인가 유화인가, 자유 아니면 노예, 생존 아니면 대학살이었다.

둘째, 올브라이트는 뮌헨을 둘러싼 거대한 역사 드라마에(1930년대 이후 전체주의와의 대결을 말함-옮긴이) 참가한 뒤 도달한 미국의 위상에 관해 말했다. 이 경우 직접적인 맥락은 사막의 폭풍 작전 Operation Desert Storm 이후 1990년대 내내 간간이 벌어졌던 사담 후세인과의 대결과 관련된 것이었다. 올브라이트는 이라크에 대한 공습 재개 가능성과 관련해 "만일 우리가 군사력을 사용해야 한다면 그것은 우리가 미국이기 때문이다. 우리는 필수불가결한 국가이다. 우리는 세계에 우뚝 서 있다. 우리는 누구보다도 멀리…… 미래를 내다본다"고 말했다.[40]

허장성세의 말투─특히 제국주의 냄새를 풍기는 '우리'라는 단어의 거슬리는 사용─를 듣고 있노라면 일단 웬 허풍이냐고 부정하고 싶어진다. 그러나 이 말을 단순히 비웃는 것은 올브라이트의 주장의 중요성을 간과하는 셈이 된다. 올브라이트의 이 발언이 아주 진지한 마음에서 비롯됐다는 것은 분명하다. 나아가 그녀의 발언은 워싱턴의 외교 정책 엘리트들이 광범위하게 공유하고 있는 정서를 대변하고 있다는 것 또한 분명하다.

미국의 리더십이 필수불가결하다는 것, 미국만이 역사의 목표를 파악하고 있다는 것, 이에 따라 미국은 일방적으로 행동할 권한을 가지고 있다는 것. 이것들은 적어도 워싱턴의 엘리트들에게는 도저히 부정할 수 없는 진리다. 보수파든 진보파든, 공화당이든 민주당이든, (아버지) 부시 대통령이든 클린턴 대통령이든, 우파 성향 《내셔널 리뷰》의 편집자든 좌파 성향 《뉴 리퍼블릭》의 논설진이든, 나아가 합참 간부든 월가의 거물이든 워싱턴을 이루고 있는 모든 기득권 세력들은 올브라이트의 믿음, 즉 미국은 특별한 나라이며, (다른 나라가) 대체할 수 없고, 범상한(또는 악한) 나라들이 알아낼 수 없는 것을 꿰뚫어볼 수 있는 능력을 가졌다는 생각을 확고하게 믿고 있다.

언제 방아쇠를 당길 것인지, 또는 얼마나 강력한 대포를 사용할 것인지 등에 관해서는 이견이 있을 수 있겠지만, 근본 전제에 관해서는 광범위한 합의가 형성돼 있다. 이러한 합의를 애매모호하지 않은 단어로 확실하게 묘사하고 재확인한 것이 올브라이트의 공로라 할 수 있다.

올브라이트의 세 번째 발언은 여기에서 한 걸음 더 나아가 군사력의 적절한 역할에 관해 설명한다. 이 발언은 발칸반도에 대한 군사 개입을 논의하면서 나온 것이다. 극단적 민족주의자이자 세르비아의 독재자인 슬로보단 밀로세비치가 발칸반도 전체를 집어삼킬 듯이 팽창하고 있을 때였다. 밀로세비치를 아돌프 히틀러의 재림으로 생각했던 올브라이트는 군사력을 동원해서라도 그를 저지하고 싶어 했다. 반면 당시 콜린 파월이 이끌었던 합참은 신중한 대응을 주문했다. 올브라이트는 이에 아랑곳하지 않고 군에 대해 행동을 요구했다. 파월은 자신의 자서전에서 올브라이트의 저 유명한 불평을 전했다. "귀관이 그토록 자랑하는 그 잘난 군대를 우리가 쓸 수 없다면 무슨 소용이란 말이오?"[41]

다시 한 번 그녀의 말투가 무례하긴 하지만, 올브라이트는 당시 워싱턴에서 상당한 호응을 받고 있었던 견해를 대변했을 뿐이었다. 일종의 뒤집어진 베트남 신드롬이 워싱턴의 마음을 단번에 사로잡은 것이다. 즉 대담하게 생각하고, 위험 부담을 무릅쓰며, 좋은 일을 위해 미국의 군사력을 활용하고, 승리는 떼놓은 당상이라는 확신으로 행동하라는 풍조가 널리 퍼진 것이었다. 이는 적어도 미국에 한해서는 폭력 사용에 관한 제한을 완화하겠다는 의미였다. 하긴 미국이 고상한 목표를 위해 군사력을 사용하겠다는데 이를 막을 자가 어디 있겠는가? 올브라이트가 파월에 대해 압박을 가했던 1993년에는 그 대답이 자명한 것처럼 보였다(올브라이트는 클린턴이 대통령으로 당선된 뒤 1993년에 UN 대사로 임명되어 4년간 재직했다. UN 대사로 있으면서 군사적 활동에서 미국의 역할을 특히 강조했다-옮긴이). 누구도 막을 수 없다는 것이었다.

마지막 네 번째 발언은 다음과 같다. 1996년 한 텔레비전 인터뷰에서 언론인이 올브라이트에게 물었다. 1990년 사담 후세인 체제에 가해진 유엔 제재의 결과, 특히 그 제재가 미국의 주장으로 6년간 계속된 결과 이라크 어린이 50만 명이 목숨을 잃었다는 보도에 대해 어떻게 생각하느냐는 것이었다. 그녀는 보도의 진위에 대해서는 이의 제기를 하지 않은 채 다음과 같은 발언으로 그 사실을 암묵적으로 인정했다. "어려운 선택이었죠. 그러나 나는, 아니 우리는 그런 정도의 희생을 치를 만한 가치가 있다고 생각합니다."[42]

올브라이트의 반응은 새삼 워싱턴 내에서 널리 지지받고 있으며 여전히 워싱턴 컨센서스의 핵심을 이루는 전망을 대변한다. 미국의 목표는 당연히 선한 의도에서 비롯됐다는 것이다. (올브라이트는 다른 기회에 "나는 단 한 번도 미국이 제국주의, 식민주의, 또는 개입주의 국가라고 생각해본 적이 없다"고 말했다.)[43] 미국은 고상한 목표를 추구하고 있으며, 따라서 미국이 필요하다고 생각하는 모든 수단을 동원할 권리가 있다는 것이었다. 만일 미국이 강제한 제재 때문에 50만 이라크 어린이들이 목숨을 잃었다면, 적어도 이들은 가치 있는 대의를 위해 목숨을 바쳤다는 얘기다. 올브라이트의 입장에서 이는 냉소주의도 위선도 아니다. 자신만이 옳다는 확고한 생각 속에 내장된 신념이다.

이는 또한 인생이 예술을 흉내 낸 사례의 하나라 할 수 있다. 올브라이트의 판단은 영국 작가 그레이엄 그린의 유명한 소설《조용한 미국인The Quiet American》(1955)에 나오는 가상의 CIA 공작원 올든 파일의 태도를 연상시킨다. 미국의 인도차이나 개입이 시작된 1950년대 초, 파일은 사이공에서 비밀공작을 시도하지만 일이 어그러지면서 무고한 베트남 사람들이 죽거나 부상을 당한다. 자신이 주도한 공작의 실패에 대해 파일은 "그래, 그 사람들은 민주주의를 위해 죽은 거야"라며 자신을 위로한다. 그들이 죽은 것은 "참 안된 일이지" 하고 나서 그는 "하지만 언제나 작전이 성공하란 법은 없잖아. 어쨌거나 그들은 올바른 명분을 위해 죽었으니까"라고 말한다. 파일의 양심은 아무 거리낌이 없다. 매들린 올브라이트 역시 마찬가지다.

2001년 1월 19일 국무장관 퇴임식에서 올브라이트는 자신의 재임 기간 중 일어났던 일들을 2차 세계대전 직후 트루먼 대통령 밑에서 국무부를 이끌었던 딘 애치슨의 전후 외교에 관한 유명한 자서전《생성의 현장에서Present at the Creation》의 사건들과 비교했다.

"여러분과 나는 함께한 시대에서 새로운 시대로 넘어가는 전환의 현장에present at the transition 있었습니다"라고 그녀는 단언했다. 그녀는 국무부 동료들과 함께 "향후 수세대 동안 안보와 번영, 그리고 자유를 보장하기 위한 기구와 제도들을 새로 만들거나 적응시키는 책임"을 짊어졌다. 이러한 작업들은 후임 장관들에 의해 계속될 것이다. "미국의 시스템에서 정당이나 인물은 바뀔지 몰라도 우리 공화국을 인도하는 원칙만은 변하지 않을 것입니다"라고 그녀는 말했다.[44]

그녀의 발언은 진실의 일단을 담고 있다. 외견상 중대한 세계적 전환의 와중에서 올브라이트는 미국의 기존 국가경영 원리에 대한 진지한 재검토를 차단함으로써 이들을 보존하는 데 성공했다. 그리고 이제 차기 행정부에게 그 국가경영 원리들을 새롭게 변화한 세계에 적용할 책임을 넘겨주었다.

직후의 사태 전개에서 드러난 것처럼 새로운 행정부의 핵심 멤버들은 올브라이트의 이러한 전망을 공유하고 있었다. 올브라이트나 부시 행정부 측이 즉각 인정할 수 있는 정도보다 훨씬 더 많이. 조지 W. 부시와 그의 핵심 측근들은 올브라이트와 마찬가지로 뮌헨의 교훈이 베트남과 관련된 어떠한 교훈보다도 우선돼야 한다고 믿었다. 악당은 당연히 응징해야 한다. 그들은 미국만이 미래를 바로보고 역사의 목적을 판별해낼(후에 알고 보니 그것은 독재자, 악 자체를 제거하는 것이었다) 능력을 갖고 있다는 올브라이트의 신념에 동조했다. 무력의 사용과 관련해 부시 행정부는 너무나 많은 제약에 갑갑함을 느꼈고, 올브라이트보다 훨씬 더 열성적으로 군사력을 사용하려 했다. 그것뿐만이 아니었다. 올브라이트와 마찬가지로 부시 대통령과 그 측근들은 목적이 수단을 정당화한다는 도덕률을 신봉하고 있었다. 미국의 행동으로 인해 아무리 불행한 사태가 벌어진다 해도 선한 의도에서 비롯된 일인 만큼 미국의 잘못은 아니라는 믿음은 털끝만큼도 손상되지 않았다.

상당한 창조성의 시기를 목격했을 뿐만 아니라 그 자신이 그 시기의 창조성에 기여했던 딘 애치슨과는 달리 올브라이트가 새로 창조해낸 것은 아무것도 없다. 그녀의 업적은 산파에 비유될 수 있다. 그런 관점에서 본다면 그녀의 업적도 대단한 것이라 할 수 있다. 기존의 워싱턴 룰을 완전히 새롭게 포장해 새로운 밀레니엄에까지 계속되도록 했으므로.

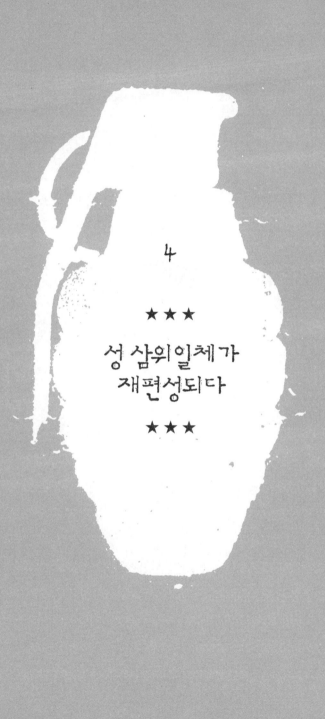

4

★★★

성 삼위일체가
재편성되다

★★★

미군의 세계 주둔은 더 확대됐다

1980년대가 되면서 이미 미국의 개입주의 경향은 확실하게 되살아났다. 워싱턴 컨센서스의 수호자들은 세계적 힘의 투사를 위해 필요한 군사력을 재편성하는 데 눈부신 성공을 거두었고 미군의 세계적 주둔 규모를 축소하라는 요구를 성공적으로 막아냈다. 20세기 말이 되면 성 삼위일체는 그 어느 때보다도 크고 나아진 형태로 복원됐다.

(이렇게 된 데는) 소련의 도움이 컸고, 과격파 이슬람 추종자들 역시 한몫을 했다. 1979년 소련의 아프가니스탄 침공, 1980년대 동안 중미의 좌파 혁명 세력에 대한 소련의 군사·경제 지원은 빨갱이들의 위협이 새롭게 고조되고 있다는 느낌을 주었다. 미국 내 강경파들의 선전선동도 이러한 인상을 더욱 부추겼다. 게다가 1979년 이란 팔레비 국왕의 축출, 뒤이은 이슬람공화국의 성립과 과격파 이란 대학생에 의한 테헤란 주재 미 대사관 직원들의 치욕적 연금 등은 미국이 약해지고 겁 많은 것처럼 보였을 때 어떤 결과를 초래하는가를 보여주는 듯했다. 이란 국민들은 444일에 이르

는 미 대사관 직원 인질사태를 그저 복수, 즉 (1953년 모사데그 총리 전복 이후) 끊임없이 자행된 미국의 이란 내정 간섭에 대한 앙갚음이라고 생각했다. 반면 미국인들은 이러한 역사를 외면한 채 선의를 가진 국가(미국)의 무고한 외교사절에 대한 아무 근거 없는 공격으로 받아들였다.

베트남에서의 실패가 펜타곤의 세계적 '주둔footprint'을 축소하라는 경향을 낳았지만 그 경향은 금세 약화됐으며 1970년대 말이 되면 완전히 사라지고 만다. 이후 1980년대와 90년대 20년간 벌어진 것은 후퇴가 아니라 재편성이었다. 물론 미군은 동남아시아와 (태국의 교두보는 유지했다) 대만에서는(리처드 닉슨이 주도한 미·중 관계의 대가로) 철수했다. 필리핀 국민의 반식민주의와 1991년 피나투보 화산 폭발로 클라크 공군기지와 수빅만 해군기지가 못 쓰게 되면서 100년 가까이 계속됐던 미군의 필리핀 주둔도 끝이 났다. 그러나 미군은 일본에 계속 주둔하면서 일본 본토와 오키나와의 기지망을 운용했다.

1976년 지미 카터는 대선 후보로 나서면서 주한 미군을 철수시키겠다고 공약했지만 군부와 의회의 조직적 반대로 뜻을 이루지 못했다. 반면 펜타곤은 싱가포르에 대한 접근권을 확보했고, 태평양 괌 섬의 기지 시설을 개선했으며, 인도양에 있는 영국령 디에고 가르시아 섬에 대규모 군사기지를 신설했다(이 때문에 섬의 원주민들은 다른 지역으로 쫓겨나야 했다).[1]

소련의 위협이 잠잠해지고 곧이어 사라지면서 미군 해외 주둔의 전통적 명분도 더 이상 유효하지 않게 됐다. 이에 따라 펜타곤은 새로운 명분을 만들어냈다. 예전에는 주요 우방국들을 외부 침략으로부터 보호하는 것이 명분이었지만 이제는 새로운 세계 질서의 성립을 촉진하기 위해 해외에 주둔한다는 것이었다. 어찌됐건 미군은 세계 도처에 주둔해야만 했다.

1998년 윌리엄 코언 국방부 장관에 따르면 탈냉전 후 펜타곤의 임무는 국제적 안정과 경제성장에 유리한 "환경을 조성하는 것"이었다. "이 목표를 어떻게 달성할 것인가? 미군의 전진 배치에 의해." 국가안보의 다른 요소들은 바뀔 수 있지만 전 세계 기지들에 대한 미군의 전진 배치는 절대적으로 필요하다고 코언은 주장했다.

> 우리는 아시아태평양 지역에 10만 병력을 배치하려 한다. 이는 절대적이다. 유럽 지역에도 10만 병력을 배치할 것이며 이 또한 절대적이다. 우리가 유럽과 아시아에 병력을 전진 배치하려는 것은 이들 지역에서 미국에 우호적인 여론을 조성하기 위해서다. 우리의 생활과 안보에 영향을 미치는 사건들에 우리의 힘을 투영하기 위해서다. 그들이 우리를 보았을 때, 우리의 힘과 전문성과 애국심을 보고 미국이야말로 자신들과 함께할 나라라고 말했을 때 우리의 목표는 달성된다. 따라서 우리는 매일매일의 사건들을 우리의 국익에 맞게 조성해가야 한다. 그리고 그것은 미군사력의 전진 배치에 의해서만 가능하다.

미군의 전진 배치는 우방국들을 안심시키는 것이기도 하지만 잠재적 적국들을 겁주는 것이기도 하다. 코언에 따르면 전진 배치된 미 군사력은 잠재적 적국들에 대해 "이런 상황에서 미국에 맞설 수는 없겠지"라는 생각을 하게 만든다.[2] 미군의 세계적 주둔이 미국에 대한 도전을 잠재우기보다는 자극할지도 모른다든가, 장기간의 미군 주둔이 존경심보다는 적개심을 불러일으킬 수도 있다는 점에 대해서는 코언을 비롯한 펜타곤의 어느 누구도 고려조차 하지 않았다.

코언의 발언은 미군이 전 세계에 주둔해야 하는 이유에 대한 미국 정부의 교과서적인 설명이 됐다. 소련 제국의 와해로 유럽이 하나가 됐고 자유로워졌음에도 유럽 주둔 미군이 조기에 고향으로 돌아갈 가능성은 전혀 없었다. 지난 2세기 동안 일련의 군벌들—나폴레옹, 독일제국의 황제들, 아돌프 히틀러, 이오시프 스탈린—이 유럽의 평화와 안정에 위협을 가해왔다. 1989년 이후 군벌들은 운명을 다했고 유럽에 대한 안보 위협은 거의 다 사라졌다. 그럼에도 미군의 지상군. 수병, 공군 조종사들은 벨기에, 독일, 그리스, 이탈리아, 포르투갈, 스페인, 터키, 영국 등에 여전히 주둔해 있다.

유럽과 아시아 외에 펜타곤은 이전까지 중요하지 않게 취급했던 지역들에 대한 미군의 증강 배치를 최우선 과제로 삼았다. 그중에서도 가장 주목을 받은 지역은 걸프만 지역이었다. 이와 관련해 이미 1980년 카터 대통령은 카터 독트린을 발표한 바 있다. 미국은 외부세력에 의한 걸프만 지역 장악 노력을 "미국의 핵심 이익에 대한 침해"로 간주할 것이며 "군사력을 포함한 모든 수단을 동원해 이를 격퇴할 것"이란 게 그 내용이다. 이러한 카터 독트린이 말에 그치지 않고 실질적 힘을 발휘하려면 펜타곤은 걸프만 지역 주변의 비행장, 항구, 기타 시설들에 대한 사용권을 확보하는 한편 현지의 인프라와 군사물자 비축 등을 개선해야만 했다. 즉 지구상 최대의 에너지 보고에 대한 즉각적인 군사 개입이 가능하게 하기 위한 만반의 준비를 해야만 했다.

카터가 시작한 미 군사력의 재배치는 대단히 중요하다. 오늘날 미국 국민은 이라크와 아프가니스탄은 말할 것도 없고 바레인, 이집트, 쿠웨이트, 오만, 카타르, 사우디아라비아, 아랍에미리트 등에서 미군 활동에 관한 보도를 너무나 많이 접하다보니 이 지역에서 미군의 활동이 시작된 것이 극히 최근이라는 사실을 곧잘 망각한다. 1980년이 되기까지, 오늘날 대중동이라고 불리는 지역에서 미군의 존재는 극히 미미했다. 그러나 30여 년이 지난 지금, 이 지역에는 대규모 미군이 아마도 영구적으로 주둔하고 있으며 그 중요성 면에서 다른 모든 지역을 압도한다.

사실 9·11사태를 거치면서 펜타곤은 미군의 전진 배치가 단순히 과시용이라는 위선을 떨쳐버렸다. 즉 이전에는 미군을 전진 배치한 이유는 다른 나라들에게 미 군사력의 위용과 전문성, 애국심을 과시해 감히 도전할 마음을 품지 못하게 하기 위한 것이라고 설명했던 반면, 이제는 '행동주의'가 핵심 슬로건이 됐다. 미군의 해외 주둔은 군사력을 '과시'하기 위한 것이 아니라 잠재적 분쟁지역에 즉각 출동해 문제를 해결하기 위한 것이다. 이에 따라 새로운 용어도 출현했다. 이제 해외에 있는 미군 병영은 '전진 작전 기지

forward operating bases'라고 불리게 됐다. 미 공군, 육군, 또는 해군의 작전 단위들이 분쟁지역으로 출동하기 위한 교두보란 뜻이다.

권위 있는 군사사상가인 아서 세브로스키 해군 중장은 전진 작전 기지에 대해 "미 군사력을 필요한 어느 곳에든 보내기 위한 세계적 규모의 허브 시스템"이라고 설명했다. 또 한 분석가에 따르면 이 시스템의 "주요 목적"은 "전 세계 어느 곳이든 미군의 신속 배치를 가능하게 하기 위한 것"이다. 전진 작전 기지를 주축으로 한 미군의 세계적 배치는 "다른 국가의 전통적 군사력에 의한 바람직하지 않은 작전을 억지"하기보다는 "이러한 전통적 억지가 먹혀들지 않는 비국가 조직에 대한 선제공격 수단"이 된다.[3]

이러한 목표의 변화는 세브로스키 장군이 일생을 바친 미 해군 활동에 잘 드러나 있다. 19세기 말에 창설된 미국 현대식 해군의 당초 임무는 상대편 전함과 맞붙어 싸우는 것이었다. 그러나 1945년이 되면 바다의 평정, 즉 해군 이론가 앨프리드 세이어 머핸이 말했던 '대양 제패'를 확보하는 것으로 바뀌었다. 냉전 기간 동안, 적어도 명목상으로는 소련의 잠수함에 맞서 주요 해로에 대한 지배권을 확보하는 것이 미 해군의 주요 임무였다. 그러나 실제로 해군의 목표는 변화를 거듭한다. 한국전쟁을 기점으로 해군 함정은, 특히 항공모함은 내륙의 목표물을 타격하기 위한 해상 화력 지원거점으로 활용됐다.

소련의 위협이 사라지면서 해군 함대는 더는 해상 전투에 대비할 필요가 없었다. 그 대신 트리폴리, 베이루트, 바그다드, 베오그라드, 칸다하르 등 적진에 폭탄과 미사일을 퍼붓는 것이 일상 업무가 됐다. 대양 제패가 완성됐다고 판단한—21세기 들어 해적이 성행하는 걸 보면 때 이른 판단이라 할 수 있다—미 해군은 11개 대규모 항공모함 선단을, 세브로스키가 말한 세계적 전진 작전 기지 시스템의 일환으로 활용했다. 용어란 언제나 실제 현실보다 늦게 만들어지기 마련이다. 결국 전통적 용어인 '항모전투그룹carrier battle group'이란 말은 사라지고—미 항모는 2차 세계대전 이후 해상 전투를 한 적이 없다—더 정확하게 그 기능을 표현한 '항모타격그룹carrier strike group'이란 말이 등장했다. 이것이 오늘날 미 해군의 핵심 기능을 규정한다. 해군은 이제 타격력이 됐다. 경고를 보내기 위해, 또는 잠재적 위험을 감소시키기 위해, 아니면 미국이 당한 실질적 또는 가상적 모욕에 대해 앙갚음을 하기 위해 워싱턴이 원하는 곳이면 그 어디든 육상의 목표물을 향해 폭탄을 퍼붓는다.

전체적으로 보아 미국의 광범위한 제국 기지들은 베트남전쟁 이후 수십 년 동안 크게 늘어나면서 눈에 띄게 달라진 미국의 전략적 우선순위에 적응했다. 제국이 변화함에 따라 제국의 성곽을 지키는 말단 병사들도 새로운 환경에 적응하는 방법을 터득해갔다. 예전의 미군 병사들은 영하의 기온, 몬순의 한가운데에서 전투하는 것을 두려워했다. 오늘의 미군 병사들은 모래폭풍과 맞서 싸우며 일사병을 걱정해야 할 처지다. 예전의 미 군사용어에는 약간의 독일어, 한국어, 베트남어, 그리고 음담패설이 포함돼 있었다. 요즘 미군 병사들이 쓰는 말에는 아랍어 냄새가 배어 있다. 예전의 병사들은 큰 맥주잔이나 기념품을 고향에 가져갔다면 요즘 병사들은 물담뱃대나 양탄자를 가져간다. 한마디로 베트남전쟁 이후 미군의 세계적 주둔은 유지됐을 뿐만 아니라 더욱 확대됐다.

전쟁의 재발명

더욱 놀라운 것은 베트남전쟁 이후 약화됐던 펜타곤의 힘의 투사 능력이 완전하게 회복됐다는 점이다. 이를 위해서는 우선 미국 국민(과 미군 병사들)에게 미군을 먼 나라로 파견하는 데 따르는 위험이 대단치 않다는 것, 그리고 새로운 '수렁'에 빠질 위험성은 거의 없다는 것을 설득함으로써 군사력 사용에 대한 제한을 완화하는 것이 필요했다. 더 근본적으로는 미군을 외국에 보내봤자 거의 틀림없이 의미 없는 학살극만 연출할 것이라는 베트남전쟁의 망령을 떨쳐내고 다시 한 번 전쟁을 문제 해결의 수단으로 활용할 수 있게 만들어야 했다. 워싱턴은 이 두 가지를 완벽하게 해낸 것이다.

1981년부터 2000년까지 3명의 대통령(로널드 레이건, 조지 H. W. 부시, 빌 클린턴)은 베트남전쟁이 부과한 것으로 보이는 제약들을 걷어치우기 위해 노력했다. 세 대통령 모두 군 최고통수권자로서 강력하고 단호하게 군사 개입을 단행할 것임을, 더는 우물쭈물하지 않을 것임을 다짐했다. 그리고 셋 모두 그 다짐을 지켰다.

그 20년 동안 군사력 사용은 눈에 띄게 늘어난 반면 그에 따른 논란은 현저히 줄어들었다. 시간이 갈수록 국가안보 전략의 주춧돌로서 억지라는 개념은 위상을 잃어갔다. 그 대신 군사력을 단지

대기시키기보다는 실제로 사용하려는 경향이 뚜렷해졌다.

그 시작은 엘살바도르 내전에 개입하는 것이었다. 1981년 로 널드 레이건 대통령은 엘살바도르 육군을 지원하기 위해 모두 55 명의 미군 '훈련 교관'을 파견하기로 결정했다. 이에 대해 패닉에 빠진 관측통들은 미국이 새로운 베트남에 뛰어들고 있다고 호들갑 을 떨었다. 그 끝에는 1990년대 동안 사담 후세인을 '봉쇄'하려는 빌 클린턴의 노력이 있었다. 당시 미국의 전투기들이 수년간 매일, 수만 회의 출격을 통해 이라크를 폭격했지만 여기에 관심을 기울 이는 미국인은 거의 없었다.[4]

그 시작과 끝 사이에 라틴아메리카에서 카리브해, 발칸반도에 서 걸프만, 동아프리카에서 소아시아에 이르기까지 세계 도처에서 미군 병사들이 참여한 전투와 유사 전투가 수도 없이 벌어졌다. 21 세기가 시작될 무렵이 되면 1973년에 제정된 전쟁수권법. 즉 미국 의 전쟁 행위에 대한 의회의 모든 제동장치는 휴지조각이 돼버리 고 말았다. 이제 미국 국민들은 미국 역사상 그 어느 때보다도 군 사력 사용을 일상적인 것으로 받아들이게 됐다.

이러한 경향은 9·11사태를 겪으면서 예방전쟁이라는 부시 독 트린에서 그 궁극적 표현을 얻게 됐다. 이제 군사력 사용에 관한 일말의 주저도 완전히 사라지고 만 것이다. 군 최고통수권자로서 대통령은 이제 무력 사용과 관련해 그야말로 무제한의 권리를 주 장하고 집행할 수 있게 됐다. 대통령과 측근들이 '미국의 안전'을 위해 필요하다고 판단하는 모든 행위들이 정당한 것으로 간주되는 것이다. 자신의 비행이 드러나는 것으로 끝이 난 워터게이트 스캔들이 진행되는 와중에 리처드 닉슨은 "대통령이 어떤 행위를 했다면 (자동적으로) 그것은 불법이 아니라는 의미"라는 주장을 펼친 바 있다. 닉슨이 대통령 직에서 물러나면서 부정된 것처럼 보였던 이 주장은 9·11 이후 정당성을 확보하게 된다.

이 모든 것들이 미국 국민들이 뻔히 보고 있는 가운데 진행됐다. 심화되는 미 외교 정책의 군사화, 그리고 백악관으로의 끊임없는 권력 집중에 대해 미국 국민은 적극적으로 승인하지는 않았다 하더라도 수동적으로 동의했다. 갈수록 백악관의 보좌관들은 군사력 사용에 따른 위험보다는 이득이 더 많다는 가정 하에 정책을 펴나갔다. 폭탄 몇 개를 터뜨리면 최소한 대통령의 지지율이 올라가는 것은 분명했기 때문이다. 심지어 빌 클린턴 대통령 당시의 소말리아 사태처럼 작전이 실패했을 경우에도 그 부정적 영향은 금세 사라졌다. 모두가 알고 있었다. 그러다보니 1997년 배리 레빈슨 감독이 만든 시니컬한 영화 〈왝 더 독Wag the Dog〉에서 기막히게 묘사됐던 것처럼, 대통령이 국내 정치의 악재를 벗어나는 최선의 방법은 외국에서 전쟁을 일으키는 것이라는 농담—이걸 농담이라고 할 수 있을까?—마저 생겨났다.

이제 미국의 대통령은 미국 국민에게 눈에 띄는 불편함을 끼치지 않고 미국을 전쟁으로 이끌어갈 수 있게 됐다—또는 그렇게 보였다. 이제 전쟁은 미국 국민에게 고통과 아픔을 주는 사건이 아니라 대단한 볼거리가 됐기 때문이다.

한편 무대 뒤편에서는 미국의 전쟁 방식 재정립을 놓고 오랫동안 이어져온 투쟁이 계속되고 있었다. 갈등의 한편에는 아직도 베트남전쟁의 상흔을 안고 있는 군 장교 그룹이, 다른 한편에는 베트남의 경험은 미국의 진로와 아무 관계가 없다는 것을 증명하려는 새로운 세대의 민간인 준전사semiwarrior들이 있었다. 양 진영 모두 군사력의 효용성을 회복하려 했다. 이를 위해 무엇이 필요한가에 대해서는 각 진영의 비전이 달랐다. 그러나 자세히 관찰해보면, 장교 그룹과 민간인 그룹이 기술적 문제에 관해서는 의견이 달랐으나 세계적 힘의 투사 수단으로서 미 군사력의 신뢰도를 회복해야 한다는 점에 관해서는 의견이 일치했고 이를 위해 힘을 모았다. 미 국방부의 존재 이유는 미국을 방어하는 것이라는 생각은 단 한 차례도 진지한 고려 대상이 되지 못했다.

전쟁의 재발명은 두 단계에 걸쳐 이루어졌다. 처음에는 군 장교 그룹이 우세를 보였다. 그러나 9·11 이후에는 준전사 그룹이 우위에 올라섰다. 이 과정을 규정하는 결정적 사건은 1991년의 사막의 폭풍 작전과 2003년의 이라크 자유 작전Operation Iraqi Freedom이다. 전자는 장군 콜린 파월의 전쟁으로, 전쟁의 양상은 파월을 비롯한 군 장교 그룹 전체가 온몸을 바쳐 개발해낸 개념을 반영한다. 후자는 국방부 장관 도널드 럼스펠드의 전쟁으로, 전쟁의 양상은—최소한 전쟁의 초기 단계에서는—럼스펠드와 그를 따르는 민간인 준전사들이 향후 미국은 이런 식으로 싸워야 한다고 생각했던 비전을 반영한다.

사막의 폭풍 작전은 베트남전쟁이 끝난 후 군 장교그룹이 온 힘을 다 바쳐 만들어낸 개혁 작업의 절정이었다. 이들의 주된 관심은 재래식 전쟁을 새롭게 정립하는 것이었다. 군 지휘관에 대한 정치 지도자나 언론의 간섭을 최대한 배제하면서, 비핵 전장에 민간인들이 끼어들지 않는 정규군대 간의 대결을 통해 압도적 승리를 추구하는 것이었다. 파월을 비롯한 군 장교들은 베트남에서 다음과 같은 교훈을 이끌어냈다. 전쟁이 길어질수록 군에는 재앙이다, 따라서 어떤 비용을 치르더라도 전쟁의 장기화는 피해야 한다. 미국의 새로운 전쟁 방식에 관한 군부의 비전은 전쟁의 장기화를 피하는 것이었다. 베트남전쟁이 그토록 피곤하고 골치 아픈 전쟁이 됐던 것은 전쟁이 길어지면서 온갖 정치적, 도덕적 논란들이 제기돼 문제를 복잡하게 만들었기 때문이었다.

베트남전쟁 이후 사막의 폭풍 작전에 이르는 기간 동안 캔자스 주 포트리벤워스나 버지니아 주 포트먼로 등의 기지에서 군 장교 그룹에 의해 고안된 군 개혁은 과거의 전쟁을 참고삼아 미래의 전쟁을 구상하는 것이었다. 이들은 영감을 얻기 위해 주로 2차 세계대전(태평양 전장보다는 유럽 전장에 더 중점을 두어), 그리고 이보다는 덜 하지만 이스라엘의 군사 경험(외견상 결정적 승리로 보였던 1967년의 6일 전쟁에 초점을 맞춰)을 연구했다. 군사 개혁가들은 베트남전쟁의 경험은 의도적으로 배제했다. 사실 군사 개혁의 핵심 목표는 미국 군대에 대한 베트남의 악영향을 완전히 떨쳐버리고 이와 조금이라도 유사한 사태가 발생하는 것을 미연에 방지하는 것이었다. 반란진압, 국가건설, 현지 주민의 마음 얻기. 베트남전쟁 복무 경험이 있는 지휘관들은 이런 것들을 절대 피해야 할 것으로 생각했다.

군 장교 그룹은 자신들의 새 전쟁 방식이 대담하고 혁신적이라고 주장했으나 실상은 대단히 보수적인 것이었다. 이는 국방비가 풍족했던 레이건 행정부 시절에 군부의 무기 구입이 어디에 집중됐는가를 살펴보면 여실히 드러난다. 베트남전쟁 이전 각 군의 대표 무기였던 것이 그 이후에도 여전히 그 위치를 고수하고 있었던 것이다. 육군에게는 무엇보다도 탱크, 해군에게는 항공모함, 공군에게는 장거리 폭격기와 초음속 유인 전투기가 대표 무기였다.

거의 모든 경우에서 무기 디자인은 세부적 개선에 그치고 말았다. 따라서 1980년대에 실전 배치된 M1 에이브람스 탱크는 보기에는 대단한 것 같지만 실상은 1차 세계대전 때 지상전의 한 비전으로 제시돼 2차 세계대전 때 성숙기에 이른 낡은 비전을 대변할 뿐이었다. 베트남전쟁 이후 해군이 개발한 니미츠급 항공모함이나 공군의 B-1 폭격기와 F-15, F-16 전투기에 대해서도 같은 말을 할 수 있을 것이다. 만일 1940년대에 각 군에 복무했던 장교가 1980년대의 군에 온다면 한층 빨라지고, 커지고, 날렵해진 무기의 성능에는 크게 놀라겠지만 이러한 무기들을 사용하는 군대의 편제나 작전 방식, 조직 문화에 대해서는 아무런 불편함도 느끼지 못할 것이다.

새 세대의 무기가 이전 세대의 무기와 다른 점이 딱 하나 있었다. 그것은 엄청나게 비싸다는 것이었다. 풍족했던 1980년대의 국방예산으로도 극히 제한된 수량의 무기만을 구매할 수 있을 정도였다. 모두 지원병으로 구성된 군대의 병사들을 확보하는 데도 비슷한 제약이 있었다. 병력을 확보하는 데 상당한 비용이 들 뿐 아니라 대체 인원을 확보하기도 쉽지 않았다. 따라서 베트남전쟁 이후 군 개혁은 르메이 식 전략폭격에서 드러난 것과 같은 양적 접근, 즉 온갖 화력을 동원해 적을 무찌르는 전통적인 양적 팽창에 대한 의존에서 질적 개선으로 강조점이 바뀌었다. 이는 무엇보다도 훈련과 (훈련에 따른) 전투력 유지를 중시하는 것을 의미했다. 또한 자발적 복무 인력은 갈수록 귀중한 자원이 됐다.

질적 개선에 대한 관심이 증대됨에 따라 재래식 전투를 중시했던 펜타곤에도 변화가 일어났다. 베트남전쟁을 거치면서 이른바 특수 작전 부대가 크게 번성했다. 엘리트 부대들—네이비 실이나 육군의 공정단, 그린베레, 델타포스, 제160 비행여단 등—은 비밀 첩보 활동에서 반테러작전, 인질 구출, 심리전, 토착 우호 세력에 대한 지원 등 일련의 비정규전 임무를 떠맡았다. 1987년 미 의회는 이러한 임무의 중요성을 인정해서 4성 장군이 이끄는 특수작전 사령부의 창설을 승인했다. 이는 특수부대들이 다른 병과와는 별개로 이에 필적하는 위치에 올랐음을 의미한다.

그러나 이들 특수작전의 세계는 곧 대중의 시야에서 사라졌다. 이들의 능력이 무엇인지, 어떤 활동을 하는지, 심지어 예산은 얼마나 드는지 등이 모두 비밀로 분류됐다. 국민에 대한 책임은 최소한으로 축소됐다. 사실 베트남전쟁 이후 펜타곤은 '검은 세계'에서의 활동을 점차 늘려가면서 당초 앨런 덜레스와 그 동료의 영역이었던 곳을 침범해 들어가더니 급기야는 그곳에 깊숙이 자리 잡았다. 이제 비밀공작은 CIA의 독점 영역이 아니었다.

군 장교 그룹의 입장에서 보자면, 1990~91년의 걸프전쟁은 베트남전쟁 이후 추진돼온 개혁 작업의 절정에 해당된다. 군부, 특히 당시 합참의장이었던 파월에게 사막의 폭풍 작전은 자신들이 추진했던 군 개혁 작업의 효율성과 정당성을 입증해주는 결정적 사례였다. "세계 4위의 군대, 오랜 기간 이란과의 전쟁으로 단련된 병력"이라며 미 국방부가 과도하게 치켜세웠던 이라크와의 전쟁에서 승리함으로써 미군은 동남아에서 패배한 기억을 씻어버릴 수 있었다.[5]

가혹하고 힘든 환경 속에 수십만 명의 병력을 집결시킴으로써 파월을 비롯한 베트남 참전 장교들은 지구상 어디에라도 대규모 전투 병력을 파견할 수 있는 미국만의 독특한 능력을 과시했다. 파월은 이라크 군대를 파괴할 것을 다짐했고—"우선 우리는 이들을 고립시킨 후 그다음 작살낼 것이다"—미군은 그 다짐을 제대로 실행한 것처럼 보였다.[6] 일견 사막의 폭풍 작전은 대단한 성과, 즉 전쟁 역사상 유례가 없는 승리인 것처럼 보였다.

이에 따라 파월은 국민 영웅으로 떠올랐다. 파월은 즉각 이제 막 끝난 걸프전쟁이 미국이 미래에 치를 모든 전쟁의 모범이 돼야 한다고 선전했다. 전쟁은 이런 식으로 해야 하는 것이었다. 진정 미국은 자신의 국익에 아주 중요할 때(오직 그때에만), 단기에 적을 쳐부수기 위해 파월이 말하는 '압도적 병력'을 동원해야 한다. 이제 미군이 그러한 능력을 과시한 마당에 파월은 미군을 아무 곳에나 내보내 어렵사리 확보한 군의 성취를 훼손하고 싶지 않았다. 이라크군을 쿠웨이트에서 축출했으므로 이제 군이 해야 할 일은 베트남전쟁 이후 그토록 어렵게 쌓아올린 군의 성취를 보전하는 것이었다. 이것이 파월의 최우선 과제였고 거의 모든 군 장교들도 이에 동의했다.

군부 내에서 군에 꼭 필요한 교훈을 찾으려는 노력은 "우리의 군사 능력을 보호, 유지하기 위해 중요한 것은 무엇인가"에 초점을 맞추었다. 펜타곤에 따르면, 걸프전을 승리로 이끈 다섯 가지 핵심 요인은 다음과 같았다. 첫째, "군부에 임무를 수행할 수단을 제공 했을 뿐만 아니라…… 분명한 목표를 제시하고 이렇게 부과된 과 업을 수행할 수 있도록 온갖 지원을 아끼지 않은" 단호한 대통령 (다시 말해 군부에 일일이 간섭한 린든 존슨과 같은 과오를 저지르지 않은 대 통령). 둘째, 기술적 우수성, 특히 "우리 군에 우위를 제공한" 신세 대 정밀무기. 셋째, 미군 병사와 지휘관들의 전문성과 경쟁력. 넷 째, 이들의 전투를 가능하게 해준 전진 배치 기지와 병력. 마지막 으로 지난 수년간 집중적으로 준비해 쌓아올린 능력. "이번 승리가 있기까지 우리는 오랫동안 양질의 병력과 시스템을 양성하기 위해 공을 들여왔다." 결론부의 이 말은 일종의 암묵적 경고였다. 이 병 력을 함부로 사용했다간 망칠 수도 있으며, 한 번 망가지면 복원하 기란 쉽지 않을 것이라는.[7]

펜타곤은 향후 핵심 과제로 다음 두 가지를 꼽았다. 첫째, "우 리의 기술적 우세를 미래까지 유지하는 것". 둘째, "다음번에 닥쳐 올 사막의 폭풍 류의 유사사태에 대비하는 것".[8] 결론적으로 1991 년 미 군부는 자신들이 거의 완벽에 가까운 성취를 이룩했다고 느 꼈다. 그토록 어렵사리 재건해놓은 군사력을 누군가가 멋대로 가 지고 노는 것을 군부는 결코 원치 않았다. 파월의 최우선 과제, 그 리고 군 장교 그룹의 최우선 과제는 다시 손에 넣은 양질의 전투 능력을 보전하는 것이었다.

그러나 군 장교 그룹과 다른 의견을 가진 무리도 있었다. 이들에 따르면 걸프전에서 승리한 것은 결정적인 것이라 하기에는 한참 부족했다. 우선 사담 후세인이 건재했다. 그의 대규모 군대 중 탁월한 부대라고는 할 수 없어도 유능한 부대 대부분 역시 큰 피해를 입지 않았다. 이처럼 여전히 건재한 '위협'에 대비하기 위해 미 군사력은 사우디아라비아를 비롯한 주변 지역에 남아 있어야 했다. 그런데 이러한 결정은 미군의 해외지역 주둔이 그 지역의 안보와 안정에 기여한다는 워싱턴의 믿음에는 부합하지만 이슬람 세계 대부분에서는 대단한 적개심을 유발하는 조치였다. 결국 위대한 승리라고 선전됐던 (미군의) 짧은 원정으로 해결된 것은 (이라크 군의 쿠웨이트 축출 외에는) 거의 없었고 새롭게 복잡한 문제들만 야기하고 말았다. 콜린 파월의 주재 아래 거둔 역사적 승리라고 생각됐던 것이 알고 보니 정치적, 전략적 골칫거리로 드러난 것이다.

이러한 견해를 가진 사람들은 대부분 하버드대나 시카고대 같은 대학, 안보 전문 싱크탱크, 그리고 잘 알려지지 않았으나 상당한 영향력을 가진 국방부 내 평가국Office of Net Assessment 등에 안락하게 포진해 있는 민간인들이었다. 이들은 사막의 폭풍 작전을 위대한 승리가 아닌 절호의 기회를 놓쳐버린 실패로, 군사 개혁의 절정이 아니라 그 시작으로 파악했다. 이들은 쿠웨이트에서 이라크군을 몰아내는 미군의 원정이 대단한 가능성을 내포하고 있다고 판단했다. 바야흐로 미국의 군은, 이들이 말하는 군사부문혁명RMA: Revolution in Military Affairs이 일어나기 직전의 상황에 있었다. 이 혁명을 제대로만 추진한다면 미군은 역사상 유례가 없는 효율성과 가능성으로 무장하게 될 것이라고 이들은 믿고 있었다.

이러한 관점에서 본다면 사막의 폭풍 작전은 산업화 시기 전쟁의 절정이 아니라 그 종말을 알리는 신호였다. RMA 신봉자들에 따르면 이제 정보화 시기 전쟁이라는 새로운 시대가 동터 오고 있다. 사이버 세계에서 우위를 점하는 것이 현실 세계로 이어진다는 것이 그들의 믿음이었다.

20세기의 대부분 동안 전장을 지배한 것은 기계였다. 그러나 21세기가 시작되면서 정보네트워크가 승리의 핵심 요인으로 떠오르고 있다. 한때 철갑판을 만들어내는 능력이 그 나라 군사 능력의 척도였다면, 이제는 주파수에 접근하고 조작하는 능력이 군사력의 가장 중요한 요소로 평가받는 시대가 됐다. 물론 기계는 여전히 남아 있다. 그러나 이제 중요한 것은 그 기계가 '스마트'한가, 아닌가이다. 걸프전에서 이라크군의 운명이 보여준 것처럼 스마트하지 못한 기계는 적의 표적에 불과할 뿐이다.

이 RMA는 새로운 전쟁미학을 의미한다. 과거의 전투가 대부분 서로 얽히고설켜 싸우는 혼란스러운 소동이었다면, 디지털 시대의 전투는 세심하게 안무된 일종의 공연이 될 터였다. 정보가 지난 수천 년간 전쟁을 뒤덮었던 불확실성이라는 안개를 걷어낼 터였다. 감춰져 있던 것이 보이게 되고, 엄청나게 어려워 보였던 과제들도 일상적 업무가 될 터였다. 현장 상황이 어떻게 되든 정보화 시대의 도래는 군이 안고 있던 전통적 족쇄들을 풀어낼 것이었다. 그리하여 산업, 언론, 대중문화를 바꿔놓는 것만큼이나 전쟁의 양

상을 바꿔놓을 것이었다. 신속성, 정확성, 동시성, 속도. 이 네 가지
가 군사 부문에서 전투의 탁월성을 규정하는 핵심 요소로 떠오르
고 있다.[9]

RMA의 준전사들은 미국이야말로 이 혁명이 가져다줄 기회를
가장 잘 활용할 수 있는 독특한 위치에 있다고 믿었다. 펜타곤이
신속하게 행동하기만 한다면 세계에 대한 미국의 영구적 군사 패
권도 가능하다고 이들은 확신했다. 이러한 가능성을 상상하는 것
만으로도 오르가즘에 가까운 황홀경에 빠질 정도였다.

물론 군사패권의 의미는 단지 전술의 문제에 그치는 것이 아
니었다. RMA의 매력은 전투에서 필승을 보장하는 것에 있는 것이
아니라 세계를 바꾼다는 것, 즉 세계에 팍스아메리카나를 영구화
할 수 있다는 데 있었다. 새로운 준전사들은 RMA를 통해 전쟁을
우연과 불확정성의 영역에서 빼낼 수 있다고 감지한 것이다.

전쟁에서 우연과 불확정성이라는 요소를 제거할 수 있다면 미
국에게 무력 분쟁은 별 위험부담이 없는 사업이 된다. 미래의 전쟁
이 제한된 수준에서 언제나 성공으로 끝날 수 있다면 미국은 더 이
상 무력 사용을 주저할 필요가 없다. 정책 결정자들은 아무 걱정
없이 해외 군사 개입을 구상할 수 있다. 미국의 군사 개입으로 무
력 분쟁이 벌어진다 해도 단기간에 적은 비용으로 끝낼 수 있고,
전투의 과정을 예상하고 통제할 수 있으며, 그 결과 (사막의 폭풍 작
전과는 달리) 정치적으로 결정적인 승리를 이끌어낼 수 있기 때문
이다. 이제 무력은 역사상 처음으로 역사의 온갖 변화를 뚫고 헤쳐
나갈 수 있는 핵심 도구가 돼 평화와 안보, 미국적 가치의 확산을

위한 길을 열어나갈 것이다.

게다가 이것이 전부가 아니다. 미국만이 갖고 있는 이 독특한 군사 능력을 제대로 보여줌으로써 세계를 충격과 경악에 빠뜨릴 수 있다면, 그때부터 미국은 실제 군사력을 사용할 필요조차 없어지게 될 것이다. 기존 질서 또는 미국이 정해놓은 기준에 도전하려는 세력들은 대부분 미국이 군사력을 동원할 것이라는 낌새만 보여도 제풀에 주저앉고 말 것이다. 한때 딘 애치슨이 "영향력이란 권력의 그림자"라고 말했던 것처럼, RMA는 이제까지 세상에서 볼 수 없었던 정도의 강력한 영향력을 미국이 갖도록 해줄 터였다. 천하무적의 군사 능력을 갖게 된다면 워싱턴 룰은 난공불락의 원칙이 될 것이며, 이로써 워싱턴의 세계 지배는 완성된다. 그리고 미국의 권력이 자리 잡은 곳, 워싱턴은 새로운 로마의 지위에 오르게 될 것이다.

여기에 보너스까지 있다. 이 프로젝트에는 미국의 돈이 들지 않는다는 점이다. 1991년 쿠웨이트, 사우디아라비아, 독일, 일본 정부는 펜타곤이 사막의 폭풍 작전을 수행하는 데 필요한 경비를 댔다. 만일 미국의 군사력이 국제 평화와 안보를 지켜 세계 일반의 복리를 증진할 수 있는 능력을 보여준다면 다른 나라들, 즉 돈은 많지만 전쟁은 잘 못하는 나라들로 하여금 그 비용을 대게 하는 것이야말로 합리적인 방안이지 않을까? 미군 복무가 징병제가 아닌 지원제가 되고 다른 나라들이 미국의 군사비용을 대준다면, 미국 국민이 짊어져야 할 부담은 거의 느끼지도 못할 정도로 가벼워질 것이다.

따라서 지금은 파월이나 그의 군대 동료가 원하는 것처럼 (걸프전의) 승리에 취해 쉬고 있을 때가 아니다. 가만히 앉아서 다음 번 사막의 폭풍 작전이 찾아오기를 기다리는 것은—이미 몇 년이 지났다!—소중한 기회를 잃어버리는 것이나 다름없다. 현상유지를 고수하다가는 잠재적 경쟁자들(중국이 가장 유력한 후보이다)에게 추월당할 수도 있다. 지금은 이제까지 쌓아올린 성과를 다지기보다는 새로운 혁명적 전쟁 기술을 공격적으로 개발해야 할 때다.

RMA 이론가들이 만들어낸—'네트워크 중심'의 전쟁에 최적화된 군대가 미국의 영구적 군사패권의 기반이 될 것이라는—기대는 탈냉전 후의 승리주의와 기술의 체제 전환적 힘에 대한 믿음이 세계화의 힘과 결합된 특정한 맥락에서 형성된 것이다. 빠르게 변하고, 평평하며, 널리 개방된 세계에서 이러한 새로운 전쟁 기술은 미국이 확고한 우위를 누리고 있는 분야에서 최대한 이득을 뽑아낼 수 있는 매력적인 청사진을 보여주는 듯했다. RMA에 의해 개발된 폭력 수단들은 르메이의 SAC와는 달리 세계 전체를 날려버릴 위험성이 없었다. 또 덜레스가 이끌었던 CIA의 더러운 술책들은 적용 범위가 제한적이었던 반면 RMA는 폭넓게 사용될 수 있었다. 특히 가장 고무적인 것은 RMA가 적어도 한동안은 미국만의 전유물이라는 점이었다.

그러나 RMA는, 사이버 용어들을 제거하고 나면 (케네디 행정부 때 시도됐던) 유연반응과 별 차이가 없다. 새로운 세대의 준전사들—매들린 올브라이트 같은 민주당 인사들은 고통 받는 자들을 구하고자 했고, 도널드 럼스펠드 같은 공화당 인사들은 더 노골적으로 제국주의적 야망을 드러냈다는 차이가 있긴 하지만—은 사실상 테일러, 맥나마라, 번디의 후예였던 셈이다. 이들은 RMA에서 유연반응의 약속(베트남전쟁으로 수포로 돌아간)을 현실화시킬 가능성을 보았다. 여기에서 다시 한 번 더 다양한 힘의 투사 수단을 확보하겠다는 의지를, 통제되고 제한된 방식으로 비용과 위험부담은 최소화시켜 힘을 투사하겠다는 열망을 읽을 수 있다.

미국의 새로운 전쟁 방식을 둘러싼 논쟁, 즉 사막의 폭풍 작전을 완성으로 보는 측과 시작으로 보는 측 간의 대결은 1990년대 내내 계속됐으며 9·11사태 때까지도 결말이 나지 않았다. 그즈음에는 럼스펠드가 국방부 장관이 돼 있었는데, 자칭 보수파인 그는 전쟁의 미래에 관해서는 대단히 급진적인 견해를 갖고 있었다. 펜타곤의 지휘봉을 잡자마자 그가 내세운 과제는 단 한 단어로 요약된다. 전환transformation이 그것이다.

럼스펠드는 RMA에 대한 군부의 저항을 분쇄하고 미군을 RMA의 원칙에 따라 재편할 결의에 차 있었다. 그러나 국방부 장관이 되고 난 후 8개월 동안은 당혹스러울 정도로 거의 진척이 없었다. 2001년 9월 11일의 테러가 모든 것을 바꿔놓았다. 이에 대해 부시 행정부가 즉각 선언한 테러와의 전쟁은 모든 저항을 일거에 쓸어버릴 수 있는 절호의 기회였다. 럼스펠드는 기민하게 그 기회를 움켜잡았다.

속도는 최고의 무기

테러리즘을 제거하기 위한 미국의 성전은—일부 관측통에 따르면 그 규모나 범위, 중요성 면에서 1, 2차 세계대전과 비교될 수 있는—순조롭게 시작되는 듯이 보였다.[10] 2001년 가을 미군은 지속적 자유 작전Operation Enduring Freedom을 시작해 오사마 빈 라덴에게 은신처를 제공한 아프가니스탄의 탈레반 정권을 무너뜨렸고 알카에다는 도피 행각에 들어갔다. 승리에 도취한 부시 행정부는 즉각 이라크로 관심을 돌려 사담 후세인 축출이 주요 목표임을 분명히 했다. 미국의 고위관리들은 사담 후세인 제거로 테러와의 전쟁이 끝날 것으로 기대한 것은 아니었지만, 그의 제거가 미국에게 커다란 전략적 이득을 안겨줄 것으로 확신했다. 후세인을 제거하기만 한다면 이후 일련의 승리들을 무난히 거둘 수 있을 것으로 기대한 것이다.

아프가니스탄 원정 때와 마찬가지로 이라크 자유 작전도 순조롭게 시작됐다. 미군은 수주 내에 이라크 군대를 궤멸시켰고 수도 바그다드를 장악했다. 2003년 5월 1일, 승리에 들뜬 부시 대통령은 미 항공모함 에이브러햄 링컨 호의 갑판에서 '작전 완료MISSION ACCOMPLISHED'라는 플래카드를 뒤로 한 채 이라크에서 주요 전투는 종료됐다고 선언했다.

그러나 대통령의 선언은 때 이른 것이었다. 후세인의 축출로 이루어진 것은 아무것도 없었다. 사태는 쉬워진 것이 아니라 더욱 어려워졌다.

문제를 풀기 위해 후세인을 제거한 미국은 오히려 새롭고도 복잡한 상황에 빠져들었다. 미국에 의한 체제 전환은 바그다드에서 새로운 힘―반서방 봉기와 만연한 범죄, 그리고 내전―을 분출시켰고 이라크 점령 미 당국은 이에 어설프고 비효율적으로 대처했다. 부시 행정부가 이라크의 내파를 막기 위해 골머리를 썩이고 있는 동안 테러와의 전쟁은 중단될 수밖에 없었다. 미 군사력의 조직적 집행으로 폭력적 지하드주의가 발호할 수 있는 조건들을 근절하고 미국의 세계적 지배를 확고히 할 수 있다는 워싱턴의 주장은 그 모든 일관성과 신뢰성을 상실했다.

우여곡절 끝에 미국이 2008년 이라크에 안정 비슷한 것을 이룩하자마자 아프가니스탄의 상황이 악화됨으로써 애당초 승리했다는 주장이 과장된 것이었음이 드러났다. 탈레반은 다시 기승을 부리기 시작했고, 미국은 전쟁을 시작했던 출발점으로 되돌아가 있었다. 2009년 1월 버락 오바마가 조지 W. 부시에 이어 대통령에 취임할 즈음엔 '테러와의 전쟁'이란 말은 사기, 멍청함, 엄청난 낭비 등을 뜻하는 말의 별칭으로 사용되기 시작했다. 그로부터 얼마 안 돼 이 말은 미국의 정치 용어에서 사라졌다.

도널드 럼스펠드의 전환 작업도 테러와의 전쟁과 비슷한 궤적을 따라 같은 운명을 맞았다. 한때 잠시 동안 창조적 천재성의 징표인 것처럼 보였던 것―럼스펠드는 완고한 장군들이 자신의 방식을 따라 대단한 성과를 내게 하기 위해 자극하고 회유하고 질타했다―이 환상으로, 그리고 군사패권을 위한 마법의 공식이라고 그토록 선전됐던 RMA도 가짜임이 드러났다.

미국이 역사상 최초로 전쟁을 정복했음을 보여주기 위해 벌인 아프가니스탄과 이라크 원정은 결과적으로 전쟁을 인간의 의지대로 통제할 수 있다는 생각이 얼마나 어리석은가를 보여주는 것으로 끝이 났다. 2006년 말 국방부 장관을 그만둔 럼스펠드는 로버트 맥나마라와 함께 미 역대 국방부 장관 중 최악의 장관 타이틀을 놓고 다투는 처지가 됐다. 전환이라는 개념은 럼스펠드의 장관 재임 기간 전체를 특징짓는 시건방진 교만과 강제 주입을 상징하는 단어가 됐다. 그러나 럼스펠드의 실패―전쟁을 망침으로써 자신의 군대 개혁 프로젝트에 대한 신뢰도를 떨어뜨린―는 다음 한 가지 이유 때문에 세심한 검토를 할 필요가 있다. 이 실패로부터 성 삼위일체를 재편성하려는 또 다른 잘못된 노력이 시작됐기 때문이다. 그 노력은 새로운 형태의 반란진압작전으로 나타났고 미국은 현재 이 전략을 실행하고 있다.

부시 대통령과 핵심 측근들은 테러와의 전쟁을 몇 가지 목적에 활용하려고 했다. 2차 세계대전 이후 워싱턴을 풍미해온 기존 안보전략을 강화하는 것은 그중 하나에 불과하다. 럼스펠드 등에게 전환, 그리고 9·11에 대한 대응으로 시작된 무력 분쟁은 더 큰 계획을 위한 일부였다. 그들에게 가장 중요한 목표는 워싱턴 컨센서스를 재확인하고 더욱 강화하는 것, 그리고 미국의 군사력 사용에 관해 아직도 남아 있는 모든 제약들을 없애버리는 것이었다.

냉전 초기에 형성된 워싱턴 룰은 처음에는 봉쇄 전략을 기본으로 하고 있었다. 워싱턴의 공식 목표는 도미노 효과를 방지하는 것, 즉 한 나라가 공산화됨으로써 다른 나라들의 연쇄적 공산화로 이어지는 사태를 막겠다는 것이었다. 9·11 이후 새롭게 개정된 워싱턴 룰은 미국식 도미노 효과를 촉진하겠다는 것, 즉 이슬람 세계의 한두 개 나라를 강제로 '해방'시킴으로써 대중동 지역 전체에 변화의 물결을 몰고 오겠다는 것이었다.

그러나 이 새로운 도미노이론을 실행에 옮기기 위해서 미국은 실제 군사력 사용에 관한 망설임을 모두 털어내야 했다. 예방전쟁이라는 부시 독트린이 추구하는 바가 바로 이것이었다. 부시 독트린은 그의 자유 어젠다를 실천할 수 있는 수단을 제공했다. 이제 미국은 국가안보에 대한 위협을 봉쇄하는 것에서 한 걸음 더 나아가 이러한 위협이 실제화되기 이전에 이를 예견하고 대적해서 제거해버리겠다는 것이었다. 예방전쟁을 받아들임으로써 부시 행정부는 워싱턴 컨센서스에 새로운 유산을 추가했으며—비록 거의 검토되지 않은 채 지나쳤지만—그 윤리적, 정치적, 전략적 함의는 대단한 것이었다. 예방전쟁 독트린을 그럴듯하게—심지어 일부에게는 매력적인 것으로—보이게 만든 것은 RMA였다. 미국 국민에게 테러와의 전쟁을 받아들이도록 하는 것은 곧 그것이 의미하는 미국식 전쟁 방식을 받아들이도록 하는 것이었다.

9·11 이후 불과 3주일이 지난 뒤 열린 의회 청문회에서 럼스펠드의 핵심 측근인 폴 월포위츠는 이제 막 시작된 테러와의 전쟁과 지난 수십 년간 미국이 지켜온 국가안보 관행과의 관계를 설명했다. 월포위츠는 비록 "세계 곳곳의 테러 운동과 전체주의 정권들이 다양한 동기와 목표를 갖고 있지만" 넓은 의미에서는 단 하나의 공통된 목표를 갖고 있다면서 이들의 공통된 목표는 "미국이

자국으로 후퇴해 고립 속에 있게 하는 것"이라고 설명했다.

> 오사마 빈 라덴, 사담 후세인, 김정일 등의 독재자들은 모두 미국이 세계의 핵심 지역에서 물러나 있을 것을 원합니다. 우방이나 동맹국을 지원할 수 없기를, 미국이 자신의 국익과 이상을 위해 군사력을 사용할 수 없기를 간절히 원합니다.
>
> 이들은 우리 국민을 테러와 공포의 인질로 삼음으로써 미국이 후퇴와 무대책으로 일관하기를, 그리하여 미 군사력의 방해 없이 자국과 이웃나라의 국민에게 자신들의 뜻을 강요할 수 있기를 원합니다.
>
> 이들의 모든 능력은 미국을 자신의 지역에서 몰아내고, 미국이 자유 수호를 위해 자신의 힘을 사용할 수 없도록 만든다는 공통의 목표를 위해 사용됩니다. 지평선 위로 떠오르고 있는 이 위협들에 대처하기 위해 우리는 미국의 군대를 이전에 계획했던 것보다 더 급속하게, 더 창조적으로, 나아가 더 근본적으로 전환시켜야 합니다. (……)
>
> '전쟁을 방지하려면 전쟁을 준비하라'는 말은 만고의 진리입니다. 우리는 1990년대 내내 제2의 걸프전을 준비해왔습니다. [미래의 전쟁을 수행하기 위해] 우리는 대통령에게 더 폭넓은 선택권을 줄 수 있는 힘과 능력을 갖춰야만 합니다.
>
> [군사] 전환의 목표는 모든 잠재적 적들에 대한 실질적 우위를 유지하는 것입니다. (……) 이것을 해낼 수 있다면 우리가 기습당할 위험은 줄어들 것이며, 반면 우리가 원하는 대로 상대를 기습

공격해 굴복시킬 가능성은 커질 것입니다.[11]

미국의 신조라는 처방을 따르는 단호한 리더십과 은둔과 고립의 리더십을 양자택일적으로 대비시키는 월포위츠의 화법은 사실상 투적이다. 워싱턴 컨센서스의 수호자들에게는 언제나 그랬던 것처럼 이 둘 중에서 유일한 대안은 너무도 자명하다. 하지만 월포위츠의 발언 중 더 그럴듯한 것은 이질적이고 잡다한 B급 적들이 어떻게 한 팀을 이루어 미 국가안보의 3대 축을 위기로 몰아넣을 수 있는가를, 즉 미군의 해외 주둔을 축소시키고, 펜타곤의 힘의 투사 능력을 무력화시키며, 미국을 수동적 위치로 몰아넣을 수 있는가를 설명한 부분이다. (월포위츠에 따르면) 알카에다의 급진적 지하드 리더나 이라크의 세속적 권위주의 리더, 그리고 북한의 변덕스러운 독재자에 이르기까지 각기 이질적인 미국의 적들이 바로 위와 같은 공통의 목표를 추구하고 있다는 것이다.

월포위츠는 '전환'이야말로 이처럼 추악한 협력관계를 분쇄할 수 있는 결정적 수단을 제공한다고 주장했다. 펜타곤을 급진적으로 개혁한다는 것은 워싱턴에, 즉 럼스펠드나 월포위츠 같은 사람에게 새롭고도 매력적인 행동의 기회를 제공한다는 RMA의 원칙과도 부합한다. 9·11처럼 앉아서 적들의 기습을 받느니 미국이 선제적으로 빈 라덴, 사담 후세인, 김정일 등 미국의 잠재적 적들에게 기습 공격을 감행하겠다는 것이다.

월포위츠의 증언 후 며칠 만에 단행된 아프가니스탄 침공은 그와 럼스펠드가 무엇을 추구하고 있는가를 미리 알려주는 계기가 됐다. 인상적인 화력(대부분 전투기에서 투하되는 정밀 폭탄들)과 연계된 소수의 특수작전 병력(CIA 준군사요원의 지원을 받는), 그리고 현지의 토착민 동맹 세력들의 조합으로 미국은 순식간에 탈레반을 해치웠다. 지속적 자유 작전은 2001년 10월 7일에 시작됐고, 그해 11월 14일에는 아프간 수도 카불이 함락됐다.

부시 대통령은 즉각 이 모든 것들이 의미하는 바를 설명했다. 그는 사우스캐롤라이나 주 찰스턴의 시타델 사관학교에 모인 사관생도들을 향해 아프가니스탄은 전쟁에 대한 미국의 새로운 접근 방식을 "입증하는 일종의 시험장"이었다고 선언했다. 물론 이것은 진행 중인 사업이다. 아직도 해야 할 일이 많이 남아 있다. 부시는 "우리 군의 이 혁명은 이제 시작일 뿐"이라면서 "이 혁명이 완성되면 전투의 양상은 완전히 달라질 것"이라고 장담했다.

지난 두 달간 우리는 혁신적 사상과 첨단무기로 무장한 우리 군이 전투의 양상을 형성하고 지배하는 것을 목격했습니다. 우리 군의 용감한 남녀 병사들은 전쟁의 규칙을 새로 써내고 있습니다. (……) 미군 사령관들은 전투의 전모에 관한 정보를 실시간 받아볼 수 있으며, 첨단 센서를 통해 목표물에 관한 정보를 거의 즉각적으로 사수들에게 전달합니다. (……) 우리는 이제 이전보다 훨씬 효과적으로, 더 넓은 범위에 대해, 그리고 민간인 희생자는 최소한으로 줄이면서 적의 군대에 타격을 가할 수 있게 됐습니다. 이동 목표물에 대한 우리 무기의 타격 능력은 갈수록 향상되고 있습니다. 우리 군 모두가 항공과 우주 정찰을 통해 쉼

없이 이동 목표물의 위치를 파악하고 추적할 수 있게 된다면, 미래의 전쟁은 진정 혁명적 변화를 겪게 될 것입니다.[12]

바그다드로 진격한 것은 미군의 이러한 능력을 더 큰 규모로 보여주는 계기가 됐다. 이라크 자유 작전은 2003년 3월 20일 시작됐다. 미군은 4월 9일 수도 바그다드를 점령했고, 사담 후세인은 도주했으며, 이라크 군대는 흔적도 없이 사라졌다.

부시 행정부 관리들은 즉각 이라크 침공에서 일어난 일들의 군사적 중요성을 해석하는 일에 착수했다. 상황은 종료됐다. 펜타곤은 사실상 혁명을 완수했다. 이제 역사는 마지막 코너를 돌아 최종 단계에 접어들고 있었다.

자만심에 가득 찬 부시 대통령은 2003년 5월 1일 항공모함 에이브러햄 링컨 호에서의 연설에서 (아직 진행 중인) 이라크 자유 작전을 과거 시제로 언급하면서, 이제 막 끝나려는 (당시에는 그렇게 보였다) 이라크 원정의 중요성을 강조했다. 그는 미군의 이라크 침공이 "적들은 상상조차 못했고, 세계는 이제까지 보지 못했던 정밀함과 신속함과 과감함의 조합에 의해 이루어졌다"고 열변을 토하면서 다음과 같이 말했다.

사담 후세인의 동상이 쓰러지는 장면에서 우리는 새로운 시대의 도래를 목격했습니다. 지난 수백 년간 전쟁의 역사에서 군사 기술은 비약적으로 발전해 희생자의 규모는 갈수록 커졌습니다. 핵무기 시대는 그 절정이라 할 수 있습니다. (……) 지금까지 군사력의 사용 방식은 한 국가를 파괴함으로써 그 지배체제를 종식시키는 식이었습니다. 오늘날 우리는 위험하고 호전적인 지배체제만을 파괴함으로써 한 국가를 해방시킬 수 있는 더 강력한 힘을 갖게 됐습니다. 새로운 전술과 정밀무기로 무장된 우리 미군은 민간인에 대한 피해 없이 군사적 목표를 달성할 수 있습니다. 인간이 만든 어떤 도구로도 비극 없는 전쟁을 치를 수는 없습니다. 그러나 무고한 사람들보다는 악당이 전쟁을 더 무서워하게 된다면 그것이야말로 대단한 도덕적 발전이라 하지 않을 수 없습니다.[13]

같은 날, 딕 체니 부통령은 워싱턴의 한 보수적 싱크탱크에서 대통령의 의견에 맞장구를 쳤다. "이라크 자유 작전은 이제까지 수행된 가장 탁월한 군사 원정 중 하나"라는 것이었다. 나아가 그는 이라크전쟁의 승리는 "21세기의 도전에 대응해 우리 군을 전환시키려는 그동안의 노력이 성공했음을 보여주는 긍정적 증거"라고 자랑했다. 또한 전환은 "각 군 간의 합동작전을 과거 그 어느 때보다도 효율적으로 수행할 수 있도록, 이에 따라 지휘관들은 더 신속하게 의사결정을 내리고, 더 정확하게 적을 타격하며, 인명 손상 특히 민간인의 피해를 최소화하는 한편 임무를 더 성공적으로 수행할 수 있게 해주었다"는 것이다.[14]

5월 6일 하원 정부개혁위원회에서 출석한 월포위츠는 여기에서 한 발 더 나아갔다.

누구도 따라올 수 없는 미군의 야간작전 능력 덕분에 우리는 사실상 밤을 지배하게 됐으며, 각 군의 긴밀한 통합에 의해 10년 전만 해도 상상할 수 없을 정도의 정밀함으로 적을 발견하고 타격할 수 있게 됐습니다. (……) 최근 우리가 생생하게 목격했듯이, 이제 (전투에서) 생명은 기술뿐만 아니라 리더십, 유연성, 기민함, 적응력 등을 배양하는 문화에 좌우됩니다. 미국 국민은 눈부시게 전환한 국방부를 필요로 하며, 또 그 보호를 받을 자격이 있습니다.[15]

폭포수처럼 쏟아지는 자축의 찬사들 가운데 미국의 새로운 전쟁 방식을 상징적으로 보여주는 하나의 단어를 집어낼 수 있었다. 그것은 '속도speed'였다. 이제 미군은 사태 전개의 템포를 마음대로 조절할 수 있는 능력을 갖게 됐다. 먼저 움직이는 것은 미군이고, 적은 이에 대응한다. 언제나 뒤늦게, 그리고 비효율적으로. 미국은 말할 수 없이 귀중한 자산인 '시간을 소유'하게 된 것이다.[16]

이라크 침공 후에 황급하게 만들어진 이라크전쟁에 관한 역사에서 로버트 스케일스 예비역 중장은 그 핵심을 다음과 같이 요약했다.

전쟁에서 속도는 최대의 무기다. 특히 적의 의사결정 능력을 혼란에 빠뜨릴 만큼 신속하게 움직일 수 있을 때 더욱 그러하다. [이라크에서 미군 사령관들은] 선봉부대를 최대한 유연하고 기동성 있게 활용함으로써 빠른 이동 속도를 유지할 수 있었다. 사

령관들은 [1991년의] 걸프전을 통해 뉴턴 물리학의 기본 법칙
이 군사작전에도 적용된다는 교훈을 얻었다. 병사의 숫자를 늘
리는 대신 그 이동 속도를 높임으로써 막강한 힘을 확보할 수 있
다는 것을.[17]

럼스펠드 자신도 이 같은 점을 끊임없이 강조했다. 2003년 4
월 13일 한 텔레비전 인터뷰에서 그는 이라크 침공에서는 "질량보
다는 속도가 훨씬 중요했다"고 밝혔다. 속도는 좋은 결과를 보장
해주는 반면 원치 않는 부수적 결과를 배제한다. 바그다드가 함락
된 직후 국방부 직원들과의 모임에서 럼스펠드는 이 주제를 다음
과 같이 설명했다. "놀라운 것은 전투를 신속하게 마무리했다는 것
만이 아니다. 발생하지 않은 것, 어쩌면 전투에 따른 부수적 결과
로 발생했을 수도 있을 나쁜 사태들이 속도 덕택에 일어나지 않았
다는 것 또한 놀라운 일이다." 속도는 전통적으로 전쟁의 효용성을
반감시켰던 원치 않는 부수적 피해를 전쟁에서 지워버린 것이다.
그는 이어서 다음과 같이 말했다.

미군의 작전이 신속하고 정밀했던 덕택에 국경을 넘어 이웃 나
라로 피난하는 대규모 난민이 발생하지 않았다. 오히려 항구와
철도와 도로를 통해 이라크 국민을 돕기 위한 인도주의적 지원
이 밀려들어오고 있다. 대규모 부수적 피해도 없었다. 이라크의
인프라도 거의 파괴되지 않았다. 파괴된 교량도 거의 없으며 철
도 레일도 대부분 멀쩡하다. 무너진 댐도 없고 이에 따른 홍수

피해도 없었다. 그리고 연합군이 무고한 시민을 보호하기 위해 세심한 주의를 기울인 덕택에 대규모 민간인 피해도 없었다.[19]

이라크 자유 작전을 설계한 사람은 럼스펠드였다. 그는 자신이 주창한 '전환'이 옳았음을 입증하기 위해 이라크 침공을 밀어붙였다. 그리고 이제 자신의 실험이 성공했다고 주장하고 있는 것이다. 지속적 자유 작전(아프간 침공)과 이라크 자유 작전(이라크 침공)은 콜린 파월이 사막의 폭풍 작전(걸프전쟁)에서 이끌어낸 교훈이 틀렸음을 보여주는 듯했다. 대규모 병력의 효용성이 의심받는 듯했다. 그보다는 고도로 훈련되고, 고도의 첨단무기로 무장돼 전광석화와 같이 움직이는 소규모 부대가 미래의 모든 미 군사작전의 모범으로 떠올랐다. 심사숙고 끝에 내린 계획, 대규모 군사 동원, 하향식 통제, 사전에 계획된 대로 진행되는 작전, 이런 것들은 모두 과거 밀집대형 훈련만큼이나 쓸모없는 것이 돼버렸다. 신속성, 정확성, 유연함, 기민함, 적응력, 이런 것들이야말로 향후 미 군사작전을 상징하는 주요한 특성이 됐다.

아프가니스탄과 이라크전쟁은 미군을 전투에 투입하기만 하면 승리는 따놓은 당상인 것처럼 보이게 만들었다. 워싱턴은 더 이상 군사력을 최후의 수단으로 생각할 필요가 없었다. 이제 군사력은 정책 담당자들이 언제든지 사용할 수 있는 가장 선호하는 정책 수단이 되었다.

부시, 체니, 럼스펠드, 월포위츠 등이 특별히 전쟁을 갈망했던 것은 아니다. 사실 이들 중 누구도 실제로 전투를 경험해본 사람은 없다. 이들을 비롯해 준전사들이 갈망했던 것은 학살이 아니라 굴복이었다. 누구도 부정할 수 없는 미국의 군사적 지배의 부산물로서 누구도 도전할 수 없는 확고한 정치적 지배를 원했던 것이다. 바그다드가 함락되고 얼마 지나지 않은 시점에 한 열성분자는 이를 다음과 같이 설명했다.

> 팍스아메리카나의 변경을 순시하기 위해 가장 중요한 전략적 지상과제는…… 미국의 군사력을 세계의 자유주의적 국제 질서의 기병대로 만드는 것이다. 서부 개척시대의 기병대가 그랬던 것처럼 이들은 전사이자 경찰의 임무를 동시에 수행해야 한다. 이는 미군의 역사적 전통과도 완전히 부합한다.
>
> 미군은 특정한 침략 국가를 격퇴하기 위한 전면전에 대비하면서도 해외 군사기지의 네트워크를 전진 방어기지로 재편성하는 과업을 게을리 해서는 안 된다. 불안정 지역에 산재해 있는 (비국가) 무정형 적들과의 장기간의 투쟁에 대비해야 하기 때문이다. (……) 전환의 과제와 관련해 많은 문제들이 해결되지 않은 것은 사실이지만 다음 한 가지만은 분명하다. 미국의 군사력이 움직이기 시작했다는 것이다.[20]

이것이야말로 워싱턴이 새롭게 빠져 들어간 군사주의의 특성을 잘 말해준다.

수렁에 빠진 이라크 원정

지속적 자유 작전과 이라크 자유 작전을 준비하고 실행하는 동안 럼스펠드는 군 장교 그룹으로부터 아무런 반대도 받지 않았다. 반대 의견을 표명하는 자들을 즉각 분쇄해버렸기 때문이었다. 이라크 침공은 예상보다 어려운 과업이 될 것이라고 의회에서 증언했다가 해직당한 에릭 신세키 육군 참모총장은 럼스펠드의 가장 유명한 희생양이었다. (국방부 장관으로서 럼스펠드는 자신의 의견에 동조하지 않는 펜타곤 내 장군들에게는 가혹하게 대한 반면 아프가니스탄이나 이라크에서 무능함으로 일관한 현지 고위 사령관들에게는 한없는 인내심을 보여주는 등 모순된 태도를 보였다.)

바그다드가 함락되면서 럼스펠드는 RMA 회의론자들을 잠재울 수 있었다. 이제 고위 장교들—최소한 국방부 장관의 품 안에서 살아남기를 원하는 자들—은 아주 열심히 전환을 앵무새처럼 읊어댔다. 예를 들어 로버트 와그너 육군 소장이 이라크 자유 작전이 시작된 지 1년이 채 안 된 시점에 쓴 다음 글을 보자.

> 우리는 정보화 시대의 관점에서 미래를 전망한다. 미래의 군사 작전은 전장battlefield이 아닌 전투공간battlespace에서 벌어질 것이다. (……) 이제 우리는 네트워크로 연결된 시스템과 새로운 센서, 통제관리 능력에 의해 전투 현장 상황을 거의 실시간으로 파악할 수 있게 됨으로써 (적보다) 우월한 결정을 내릴 수 있는 능력을 보유하게 됐다. (……) 아프가니스탄과 이라크에서 작전을

통해 우리는 현대의 전투공간에서 합동군이 효율적으로 싸우기 위해서는 어떤 특성들을 구비해야 하는지를 알게 됐다. 현대의 전투공간을 지배하기 위해 합동군은 '지식 중심적'이 돼야 하며 '일관된 결합'과 '전면적 네트워크화와 협력'이 필요하고, 나아가 조직과 인력 운용 면에서 상호 의존적이 돼야 하는 동시에 '효과 기반 작전'에 딱 들어맞도록 설계되어야 한다. 확실히 미래의 모든 합동군은 신속하고 결정적인 전투 능력을 확보해야만 한다. 그러나 우리 미래의 합동군은 이러한 특성들을 군사작전 전반에 걸쳐 시너지 효과를 일으킬 수 있도록 적용해야 함도 알고 있다. 우리는 모든 작전에서 결정적 우위를 점해야 한다. 전쟁의 핵심 부분에서뿐만 아니라 군사작전의 모든 부분에 걸쳐 우위를 확보해야 한다. (……) 신뢰성 있고 안전한 디지털 통신의 도래, 각종 군사장비의 합동과 상호 운용이 이룩한 새로운 차원의 전투상황 파악, 그리고 정밀무기의 도입 등으로 새로운 유형의 군대가 태어날 가능성이 점점 커지고 있다.[21]

어떤 이들은 이 글을 읽어가다가 웬 귀신 씨나락 까먹는 소린가 하고 하품했을 수도 있다. 그러나 이 글은 세심하게 검토해볼 만한 가치가 있다. 시간을 갖고 다시 한 번 찬찬히 읽어보라. 그리고 사용된 단어들을 음미해보자. 물 흐르듯 매끄러운, 디지털, 네트워크화, 효과 기반, 일관된 결합, 정밀, 속도 등의 단어들은 이제 막 개업한 정보통신 회사의 홍보 문구를 연상시킨다. 죽음과 파괴, 위험과 불확실함(실제로 이 말들은 와그너의 글에는 전혀 언급되지 않고 있

다) 등 군대 본연의 업무와는 전혀 상관없는 듯이 들린다. 또한 시너지, 상호 운용, 상황 인식 등은 어떠한가. 전투에 따르기 마련인 불확정성과 불확실함은 전혀 예상하지 않고 있다. 나아가 이러한 원칙들에 따라 조직된 군대는 예외 없이 "모든 작전에서 결정적 승리를 거둘 것"이라는 와그너의 장담에는 그저 기가 찰 뿐이다.

와그너 장군의 증언은 워런 G. 하딩 대통령의 연설에 대한 H. L. 멘켄의 유명한 평가를 연상케 한다.

> 그의 연설에는 일종의 과장벽이 있어서 듣기가 매우 불편하다. 깊은 자기연민의 구렁텅이에 빠져 허우적대는가 했더니, 어느 순간 한없는 우아함으로 치솟는 등 도저히 종잡을 수가 없다. 그의 연설은 죄다 헛소리일 뿐이다.

정치인을 난도질하기 위한 장광설은 코미디나 풍자의 좋은 소재가 될 수 있다. 전쟁의 진실을 드러낸다면서 헛소리를 하는 것은 그렇지 않다. 코미디나 풍자의 소재가 되기에는 너무도 엄중한 사안이기 때문이다. 베트남 참전 경험이 있는 노련한 군인인 와그너 장군의 이러한 견해는 럼스펠드 장관 밑에서 장교 그룹이(평상시에는 진지한 경험주의자였던 이들이) 얼마나 이상해졌는가를 단적으로 보여준다. 1940년대의 병사들, 어쩌면 1990년대의 병사들도 와그너 장군의 주문 같은 헛소리를 결코 이해하지 못할 것이다.

와그너 장군 류의 견해는 역사적 전쟁 경험과도 부합하지 않을뿐더러 당시 이라크전쟁의 실제 상황과도 전혀 다른 것이었다.

와그너의 이 발언은 2004년 2월 말에 한 것이다. 그런데 그 달에만 미군 병사 19명이 이라크에서 목숨을 잃었고 150명이 부상당했다. 그리고 3월에는 전사자가 52명, 부상병이 324명, 4월에는 전사자가 136명, 부상병이 1,214명으로 치솟았다.[22]

이른바 '전투공간'에서 미군 피해가 폭증하는 동안 RMA가 미군에게 가져다준 이점은 아무것도 없었다. 분명히 미군은 "시간을 소유하지" 못했다. 미군이 소유한 온갖 첨단기술 장비들에도 불구하고 미군 병사들은 사실상 눈먼 상태에서 전투를 하고 있었다. 미군은 정확한 정보도 없이 대대적인 야간 '소탕'작전을 벌였다. 한밤중에 이라크 민가로 쳐들어가 부녀자와 어린아이들을 겁에 질리게 하고, 군대 갈 나이의 남성들은 무조건 끌고 오는 식이었다. 또 무고한 시민과 범죄자들을 무차별적으로 교도소에 처넣음으로써 교도소를 반미 저항운동의 온상으로 만들었다.

그 결과는 저항을 억누른 것이 아니라 부채질한 꼴이 됐으며, 이라크는 갈수록 불안정해졌다. 미군 병사들은 바그다드나 다른 도시들을 순찰할 때마다 기습을 받았다. 저항세력은 사제 폭탄 등을 이용해 전투를 주도했다. 미군은 저항세력의 공격에 조건반사적으로 반응할 뿐이었다. 그러는 동안 아부그라이브 스캔들이 터져 나왔다. 미군 병사들이 이라크 수감자들을 가학적으로 괴롭히는 모습을 담은 사진들은 미국이 이슬람권에 비해 도덕적으로 우월하다는 워싱턴의 위선을 여지없이 발가벗기고 말았다.

갈수록 상황이 악화되는 동안 지식 중심, 일관된 결합, 전면적 네트워크화 등 그토록 럼스펠드가 강조했던 전환은 아무런 도움이 되지 못했다. RMA는 전쟁을 단기간에 확실하게 끝내버릴 수 있는 공식을 제공해주는 듯했다. 그러나 이 필승 공식은 이라크에서 처참하게 무너지고 말았다. 전쟁을 산뜻하게 끝냈다며 부시 행정부가 공식 선언한 '임무 완수'라는 말은 빈말이 돼버렸다. 전쟁은 지지부진했다. 전투는 끝없이 계속됐고, 미군은 주도권을 되찾기 위한 허망한 몸부림을 치고 있었다. 그사이에 죽어나는 것은 이라크 민간인들이었다. 이들은 죽거나 다치거나, 아니면 엄청난 숫자가 고향을 떠나거나 외국으로 빠져나갔다. 더 차별적으로, 더 인간적으로 전쟁을 수행하는 방법을 찾아냈다는 미국의 주장이 거짓말임이 만천하에 드러난 것이다.

이라크전쟁 개전 초기, 서방 관측통들은 이라크 공보부 장관 무하마드 사에드 알 사하프 덕택에 대단한 즐거움을 누릴 수 있었다. 일명 바그다드 밥Baghdad Bob으로 알려진 알 사하프는 개전 이후 2003년 4월 8일까지(이날은 이미 미군 기갑부대가 바그다드 시내에 입성한 날이다) 전쟁 상황에 관한 이라크 정부의 공식 입장을 바그다드 주재 서방 기자들에게 정기적으로 브리핑해주고 있었다. 그런데 알 사하프는 줄곧 연합군이 "곧 항복하거나 아니면 탱크 안에서 불에 타 죽을 것"이라고 큰소리를 치고 있었다. 미 침략군에 대한 이라크군의 승리가 목전에 있다고 그는 우겨댔다. 바그다드 밥의 전황 중계에 서방 기자들은 박장대소를 했다. 바보가 아니라면 현실과 그토록 동떨어진 견해를 내놓을 수는 없는 일이었다.

2004년 봄, 여름경 이라크 상황에 대한 미국 정부의 공식 견해도 이보다 더했으면 더했지 별다를 바가 없었다. 예를 들어 부시 대통령은 그해 6월 30일로 예정된 이라크 신정부에 대한 주권 이양이 이뤄지기만 하면 이라크 전역에 걸쳐 평화와 안정이 정착될 것이라는 환상에 집착하고 있었다. 그는 4월 13일의 기자회견에서 다시 한 번 '임무 완수'를 외칠 기세로 자신 있게 말했다.

> 이라크 국민은 자치의 길로 나아가고 있으며, 이라크와 미국은 앞으로 수개월 안에 이를 완수할 것입니다. 오는 6월 30일, 이라크 국기가 게양되면 이라크 관리들은 이라크 정부에 대한 모든 책임을 떠맡게 될 것입니다. 그날 아랍권 최초의 권리장전을 포함하여 과도행정법이 전면 시행될 것입니다.[23]

이라크의 미래에 대한 부시의 낙관적 전망에 럼스펠드도 동조했다. 그는 4월 29일 텔레비전 인터뷰에서 "학교도 문을 열었고, 병원도 문을 열었습니다. 인도주의적 위기도 없으며 식량은 넉넉합니다. 심지어 올림픽 대표팀을 조직할 정도니까요. 음악회도 열리고 있습니다"라고 말했다.[24] 국방부 차관 더글러스 페이스는 장관의 말을 뒷받침할 증거를 내놓았다. 5월 4일 한 보수적 싱크탱크에서 행한 연설을 통해 그는 지난 12개월간 "이라크가 완전히 변했다"고 말했다. 경제는 활성화되고 있으며 모든 면에서 나아지고 있다는 것이었다. 6월 30일 이라크에 주권이 반환됨으로써 이러한 변화는 완료된다고 그는 주장했다.[25]

2004년 5월 10일에도 부시는 여전히 이라크전쟁은 "전 세계에 자유를 전파하기 위한" 미국의 노력에 핵심적인 사업이라며 이라크 침공을 합리화했다. 미군은 "서서히 적들을 패퇴시키고 있다"고 그는 주장했다. 미군은 "매일 수백 건의 순찰과 공격을 감행하는 등 공세를 취하고 있으며…… 정확성과 규율과 자제력으로 적에 대응하는 한편 악당을 응징하되 무고한 희생자가 발생하지 않도록 모든 주의를 기울이고 있다"는 것이다. 부시는 모든 상황이 미국의 의도대로 흘러가고 있다면서 자신감을 보였다. "현재 우리 군은 역사상 유례를 찾을 수 없는, 기술적으로 가장 우월한 병력입니다. 미군은 기민하고 유연하며, 낮이든 밤이든 적을 타격할 수 있습니다."[26]

그러나 이 모든 것은 환상이었다. 6월 30일이 지나갔지만 이라크 주권 반환은 사실상 허구에 불과했다. 실제로 달라진 것은 없었다. 폭력사태는 더욱 악화됐다. 수만 명의 외국군 병사들이 여전히 이라크를 점령하고 있었고, 사령관이 원하는 대로 온 나라를 헤집고 다녔다. 아직 전쟁은 계속되고 있었던 것이다.

이라크를 해방시킨 후 대중동 지역 전체를 해방시키겠다고 큰소리 쳤던 부시 행정부는 막다른 골목으로 몰려 옴짝달싹도 못하는 처지가 됐다. 역사상 유례가 없는 미국의 군사력을 뽐내기 위해 시작된 이라크 원정은 자랑은커녕 골칫거리가 돼버렸다. 콜린 파월이 현역 군인이었을 당시 그토록 피하고자 했던 전쟁에 빠져 들어간 것이다.

2001년 11월 미국의 아프가니스탄 침공이 진행되고 있을 당시 폴 월포위츠는 세계적으로 테러와의 전쟁이 진행되고 있음에도 펜타곤의 군사 전환은 완수될 것이라고 선전했다. "개혁은 제대로 진행되고 있다. 내가 보증한다"고 그는 선언했다.

월포위츠의 장담은 당시 준전사들 사이에 팽배해 있던 자신감을 반영한다. 그러나 부시 행정부의 다른 약속들과 마찬가지로 월포위츠의 보증도 헛된 것으로 드러났다. 테러와의 전쟁을 빌미로 자신의 '전환' 작업의 유효성을 입증하려 했던 럼스펠드의 시도는 커다란 오산이었음이 드러났다. 하나와 하나를 더했더니 둘이 된 것이 아니라 모두 쓸모없는 것이 돼버린 것이다.

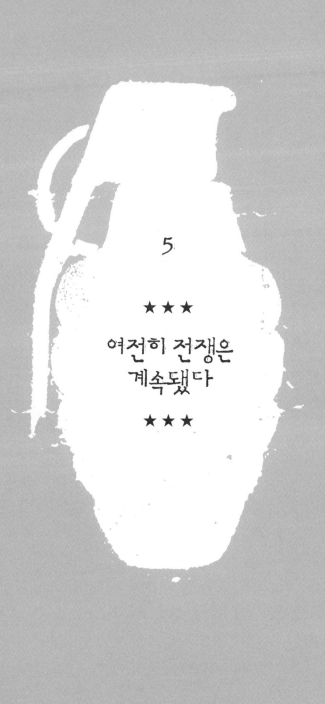

5

★ ★ ★

여전히 전쟁은
계속됐다

★ ★ ★

부시도 오바마도 똑같은 공범일 뿐

부시 대통령은 아프가니스탄전쟁과 이라크전쟁을 잇따라 일으키면서 두 전쟁 모두 조기에 압도적 승리로 끝날 것으로 기대했다. 그러나 두 전쟁 모두—이라크전쟁에 대한 관심이 압도적으로 크긴 했지만—전투는 계속됐고, 양상은 더욱 치열해졌으며, 온갖 추악한 모습이 드러나면서 인명과 재정 측면에서 어마어마한 희생이 뒤따랐다. 테러와의 전쟁이 변질돼가면서 펜타곤은 이를 '긴 전쟁 Long War'이라고 부르기 시작했다. 전쟁의 성격이 목적이나 상대, 장소 등이 아닌 지속되는 기간에 의해—사실상 무기한인—규정된 것이다. 미군 병사들에게 이제 전쟁은—냉전이 아니라 실제 전투 행위가 벌어지는—새로운 정상 상태가 됐다.

이 새로운 정상 상태는 워싱턴 룰에 근본적 변형을 가져왔다. 이제까지 열렬하게 미국의 세계적 리더십을 부르짖었던 어떤 강경파 인물도—앨런 덜레스나 커티스 르메이는 물론이고 맥스웰 테일러, 맥조지 번디까지도—사실상 무기한 계속될 전쟁에 미국이 뛰어들어야 한다고 주장한 적은 없었다. 그러나 조지 W. 부시의 대통령 재임 기간 중 무한 전쟁은 미국의 정책으로 받아들여졌고, 미군의 해외 주둔이 초래하는 정도의 논란도 불러일으키지 못했다. 펜타곤의 고위 전략가인 마크 O. 쉬슬러 준장은 2006년 이미 국방부 내에서는 널리 알려진 명제를 단도직입적으로 표현했다. "우리는 지금 세대에 걸친 전쟁을 하고 있다." 그 자신은 이 전쟁이 향후 50년 내지 100년 정도 계속될 것으로 예상했다.[1]

더욱더 놀라운 것은 미국의 군사 지도자들은 물론이고 미국 국민 대다수도 이러한 전망을 덤덤히 받아들이고 있다는 점이다. 게다가 전쟁의 추이가(특히 이라크에서) 광범위한 실망을 초래하고 있음에도 미국이 당하고 있는 고초의 근본 원인이 무엇인가에 대한 의문은 제기조차 되지 않고 있다. 이는 문제를 숨기는 전형적 사례. 부시 대통령이 '긴 전쟁'을 제대로 관리하지 못하고 있다는 비판은 들끓고 있지만, 정작 미국으로 하여금 전쟁을 시작하도록 만든 실질적 기반인―비록 의식되지는 않았다 하더라도―워싱턴 컨세서스에 대해서는 누구도 관심을 기울이지 않았다.

그러나 전쟁 비용과 희생자들이 갈수록 늘어나면서(반면 9·11의 기억은 옅어지면서) 미국 국민도 조바심을 내기 시작했다. 부시도, 그가 일으킨 전쟁들도 점점 인기를 잃기 시작했다. 누군가가 잘못한 것임이 분명했다. 책임자를 가려내려는 분노의 계절이 시작됐고 부시 대통령, 럼스펠드 국방부 장관, 몇몇 재수 없는 장군들이 주요 표적이 됐다.

부시 행정부는 당면한 과제가 만만치 않음을 인정했으나 정면 돌파하겠다고 다짐했다. 럼스펠드는 "길고도 험한 고투"라는 말로 이라크와 아프가니스탄에서 승리하기가 매우 어려울 것이란 걸 인정했다. 이 말은 유명한 표현이 됐다. 그러나 그는 "우리 연합군은······ 어떤 식으로든 승리할 것"이라며 승리에 대한 확신을 포기하지 않았다.[2]

'긴 전쟁'에 대해 충성파들은 실망감을 보이면서도 현재의 방침을 계속 밀고 나가야 한다고 주장했다. 이들은 전장에서 온 소식 중에 조금이라도 좋은 뉴스를 찾아내기 위해 전력을 기울였다. 이들은 몇 번이고 '전환점'이 도래했다고 선전했지만, 실제 그런 일은 일어나지 않았다. 이처럼 참을성을 갖고 끝까지 밀고 나가자는 주장을 편 대표적인 인물로는 대외관계협의회Council on Foreign Relations의 선임연구위원인 맥스 부트Max Boot를 꼽을 수 있다. 그는 9·11이 발생한 지 5년 후, 이라크 상황이 아주 좋지 않았을 때 쓴 글을 통해 "중동 지역을 전환시키겠다는 부시 대통령의 위대한 전략의 성패를 판단하기는 아직 이르다"면서 "부시 독트린은 끝났다"는 세간의 평가를 반박했다. 끝까지 밀어붙이면 반드시 결실을 맺을 수 있을 것이며 "무슬림 대중으로 하여금 스스로를 해방시킬 수 있다는 자신감을 불어넣어주어야 한다"는 것이다. 비록 승리에 이르는 길에는 여러 장애가 있겠지만 "미국이 강력한 리더십을 발휘한다면 희생자를 줄이는 동시에 자유가 승리하는 그날을 앞당길 수 있다"면서 부트는 이 승리는 "사실상 미리 예정돼 있는 것"이라고 주장했다.[3]

민주당에게 이라크전쟁은 지지자들을 결집시키는 좋은 계기가 됐다. 하지만 2003년 이라크 침공 당시 존 케리 상원의원이나 힐러리 클린턴 상원의원 등 당의 지도적 인물들이 부시의 전쟁 계획에 찬성표를 던진 사실을 감안하면 이는 사실 웃기는 일이라고 할 수 있다. 신념이 아닌 정치적 계산이 당의 방침을 결정했다. 이라크전쟁은 공화당을 제물로 해서 민주당의 지지도를 올릴 수 있는 절호의 기회였다. 민주당이 부시의 전쟁 정책을 비판한 것은 국가안보 전략의 근본에 대한 재평가에서 비롯된 것이 아니라, 기존 안보 전략을 실행하는 과정에서 실수를 발견했기 때문이었다. 이들은 의례적인 비판을 퍼부은 뒤 마치 아무런 일도 없었다는 듯 전쟁 수행을 위한 비용 지출을 승인함으로써 기존 워싱턴 컨센서스에 대한 자신들의 변함없는 충성을 암묵적으로 드러냈다.

당의 일부 핵심 인사가 이라크전쟁을 재앙이라고 비판하기는 했지만 전쟁에 대한 원칙 있는 대응을 포기함으로써 민주당은 전쟁 지속의 공범자가 됐다. 대부분의 민주당 인사들은 한편으로는 전쟁에 반대한다고 외치면서 다른 한편으로는 현지 미군을 지원하는 법안에 찬성함으로써 정파적 이익은 극대화하되 정치적 부담은 최소화하는 입장에 머물렀다.

이러한 작전은 2006년 중간선거에서 아주 잘 먹혀들었다. 당시 민주당은 선거의 성격을 이라크전쟁에 대한 중간평가로 규정하면서 민주당이 승리할 경우 즉각 전쟁을 종결시키겠다고 약속했다. 유권자들은 민주당의 이러한 약속에 응해 부시와 공화당에게 치욕적 참패를 안겼다. 공화당은 하원에서 31석을 잃었고 상원에서는 현직 의원 6명이 낙선했다. 원내 다수당을 차지한 민주당의 낸시 펠로시 하원 의장은 "이제 나의 최우선 과제는 즉각 이라크전쟁을 중단시키는 것"이라고 확인했다.⁴ 그러나 민주당은 이 공약을 순식간에 뒤집기 시작했다. 선거가 끝난 후 의회에서 일어난 것은 여야 합의에 의한 이라크전쟁 종식 노력이 아니라 공화당에 의해 급조된 이라크전쟁 계속 시도였다. 변화를 외치며 치러진 선거가 결국에는 현상유지를 확인하는 일로 끝난 것은 이번이 처음도 마지막도 아니었다.

아이러니를 아는 사람에게 중간선거 이후의 3년은 아이러니의 진수를 보여주는 기간이었다. 먼저 부시는 이라크에서 새로운 노선을 택할 것이라는 극적인 선언으로 이 시기를 시작했다. 그리고 그의 후계자 버락 오바마는 아프가니스탄에 대한 미군의 개입을 더욱 심화시키는 것으로 이 시기를 마감했다. 이 두 개의 선언 사이에 세 가지 주요한 사태 전개가 있었는데, 이에 대한 책임은 부시와 오바마가 공동으로 지는 것이 타당할 것이다.

첫째, 한때 세계적 테러와의 전쟁이라고 알려졌던 사업이 계속되면서 당초의 일관성은 사라지고 뭔가 다른 것으로 변질되기 시작했다. 전쟁 시작 후 10년이 돼가면서 미국은 전략적으로 표류하기 시작했다. 주요 관심 지역이 이라크에서 아프가니스탄으로 바뀌는 와중에 펜타곤과 CIA의 은밀한 협력에 의해 파키스탄과 예멘에 새로운 전선이 형성됐다. 한편 강경파들은 이란에 대한 직접 군사행동을 요구하기 시작했다. '긴 전쟁'이 앞으로도 계속될 것은 분명하다. 그러나 전쟁의 불똥이 어디로 튈지는 누구도 알 수 없다.

둘째, 미국의 또 다른 전쟁 방식이 극적으로 등장, 아니 정확하게는 재등장했다. 럼스펠드와 그 측근들이 그토록 높은 기대를 걸었던 '충격과 경악'전략이 신뢰를 잃으면서 그 자리를 반란진압작전Counterinsurgency, COIN이 차지했다. 사실 반란진압작전은 '긴 전쟁'의 표면상 명분인 폭력적인 반서방 지하드주의에 대한 효과적인 대응책이 되지 못한다. 그럼에도 반란진압작전은 미국의 군사행동이 구체적 목표를 추구하고 있다는 '외양'을 회복하게 함으로써 워싱턴이 직면하고 있는 전략적 위기에 대한 관심을 다른 곳으로 돌리는 데 기여했다. 사실 여기에 반란진압작전의 정치적 매력과 함께 그 치명적 해악도 있다. 반란진압작전은 고위 민간인 관리와 군사 지도자들로 하여금 실제로는 자신들이 아무런 영향력도 행사하지 못하는 상황에 대해 마치 상황을 통제하고 있다는 인상을 주게 하는 효과를 내고 있다.

마지막으로, 반란진압작전 옹호자들이 퍼뜨린 환상 덕택에 워싱턴 룰이 살아남았다는 것이다. '긴 전쟁'이 아무런 목표도 추구하지 못하고 있음에도 정부 내외, 그리고 군부 내외의 워싱턴 룰 옹호자들은 미국의 신조와 성 삼위일체에 대한 대중의 점증하는 의혹을 잠재울 수 있었다. 이런 점에서 부시의 시대가 오바마의 시대로 넘어갔지만 아무런 실질적 변화는 이루어지지 않았다. 그야말로 가장 큰 아이러니라 할 수 있다.

워싱턴 룰의 궤도 수정

낸시 펠로시와 동료 민주당 의원들이 이라크전쟁을 끝내겠다는 선거공약을 지켰다면 그 의미는 대단히 컸을 것이다. 부시 대통령은 여러 차례에 걸쳐 이라크는 세계적 차원의 테러와의 전쟁의 핵심 전선이며 반드시 이겨야만 하는 전쟁이라고 선언했다. (이라크전쟁을 종식시킴으로써) 반드시 이겨야만 하는 전쟁을 싸울 가치가 없는 전쟁으로 만들어버린다면, 폭력적 지하드주의를 방지하기 위해서는 세계적 규모의 전쟁을 해야만 한다는 생각도 무너질 수밖에 없을 것이다. 그렇게 되면 미국 국민들은 이제까지 당연하게 받아들여왔던 (미국의) 세계적 리더십이란 걸 과연 고수해야만 하는 것인가라는 생각을 하게 될 것이다.

부시 대통령과 그의 측근들은 바로 이러한 일이 벌어지지 않게 하기 위해 전력을 다해왔다. 중간선거에서 패배한 부시 대통령은 이런 일을 막기 위한 대책으로—사실 낸시 펠로시 등 민주당 지도자들은 이런 생각을 진지하게 해보지도 않았다—궤도 수정을 단행했다. 범국민적인 미움을 받던 럼스펠드를 해임하고 지난 3년간 그토록 열렬히 변호해왔던 이라크에서의 전쟁 방식을 포기했다. 2007년 1월 부시는 바그다드의 새 미군사령부가 시행할 새로운 전쟁 방식을 공개했다.

부시 대통령은 전국에 생중계된 TV 연설을 통해 "현지 주민을 보호하는 것"이 새로운 전쟁 방식의 핵심이 되어야 한다고 설명했다. 미국은 이라크 반군을 패배시키기보다는 이라크 주민들이 반군세력을 지원하지 못하도록 설득하겠다는 것이다. 미군은 요새화 된 거대한 베이스캠프에 주둔해 있다가 정기적으로 외부에 나가 나쁜 놈들을 잡아들이기보다는 이라크 도시들을 채우고 지키면서 작은 부대 단위로(따라서 적들의 공격 위험에 취약한) 이라크 주민들과 함께 생활하겠다는 것이다.

이처럼 새로운 정책을 시행하기 위해 부시 대통령은 이라크 주둔 미군 병력의 규모를 증강할 것이라고 발표했다. 그러나 병력 증강이 새로운 정책의 전부는 아니었다. 부시는 "군사작전만으로 는 이라크에 대한 성공적 전략을 수립할 수 없다"면서 "이라크의 보통 사람들이 미군의 군사작전과 함께 자신의 이웃과 공동체의 생활환경이 눈에 띄게 개선되고 있다는 것을 느끼게 해야 한다"고 강조했다.

인종, 종파, 부족 등의 차이로 갈가리 찢긴 나라에서 폭력이 줄 어들고 훌륭한 통치로 평균적 이라크 국민들의 삶이 개선된다면 '국민적 통합'도 가능하리라는 것이다. 부시 대통령은 물론 험난한 도전이 기다리고 있고, 커다란 희생을 치러야만 한다는 점을 인정 하면서 결국에는 정의가 승리할 것이라고 장담했다. 그는 "우리가 거둘 승리는 아버지나 할아버지 세대가 거둔 승리와는 많이 다를 것"이고 "(태평양전쟁을 끝내며 미국과 일본이 했던) 전함 갑판 위에서의 항복문서 조인의식 같은 것은 없을 것"이라는 점을 인정했다. 그러 나 그 투쟁은 반드시 필요한 것이며 투쟁의 결과는 "21세기의 방 향을 결정"할 것이 틀림없다고 강조했다.[5]

그런데 현실을 제대로 들여다보면, 부시는 그가 한때 전쟁 방

식에 혁명적 변화를 몰고 왔다며 자랑스럽게 선언했던 "혁신적 독
트린과 첨단 무기"의 의미도, 이제 새롭게 선언한 미군의 "이라크
현지 주민 보호"의 의미도 제대로 파악하고 있지 못했다. 어쨌거
나 그는 새로운 전쟁 방식을 발표함으로써―이후 이 방식은 '증
강surge'이라는 이름으로 불렸다―이전 미국의 새 전쟁 방식을 땅
에 묻어버렸다. 현실의 사태 전개가 경악과 충격 전략을 사실상 쓸
모없는 것으로 만들어버린 것이다. 현대전을 수행하기 위한 슬로
건의 하나였던 "속도가 최상의 무기다"라는 말도 이후로는 쓰이지
않게 됐다. 다른 것들과 함께 사라져버린 것이다.

　과거의 대본이 설득력을 잃어버림에 따라 대통령은 측근들이
그의 손에 쥐어준 새 대본을 그저 암송할 뿐이었다. 패배가 목전에
다다랐고 다른 대안은 없는 상황에서 대통령은 반란진압작전을 시
도해보기로 결정했다. 케네디-존슨 행정부 시절 진보적 민주당원
들이 시도했다가 재앙적 결과를 초래했던 국가안보 전략을 자칭
보수적 공화당원들이 받아들이기로 결정한 것이다.

　이러한 입장 변화는 미국의 군사 사상과 실천 측면에서 어마
어마한 변화를 의미한다. 워싱턴 컨센서스를 수호하기 위해 워싱
턴은 다시 한 번 전쟁을 재발명했다. 이제 주민들의 마음을 얻는
것이 온갖 전투 기술보다 더 중요한 과제로 떠올랐다.

　현대의 미국 대통령들이 반드시 짊어져야 할 비공식 의무 가
운데 하나는 미국 국민들에게 "우리는 왜 싸워야 하는가"를 설명
하는 것이다. '긴 전쟁'을 정당화하기 위해 부시는 전임 대통령들
이 사용했던 이데올로기적 용어들을 동원했다. 그는 틈만 나면,

2001년 9월 11일 시작된 세계적 투쟁은 자유민주주의적 가치를 세계에 전파하겠다는 미국의 오랜 약속을 오늘에 계속하는 것일 뿐이라고 강조했다.

미국 역사를 통해서 이러한 상상은 많은(어쩌면 대다수의) 미국인들의 공감을 이끌어냈다. 그런데 사실 이들은 점점 잦아지는 전쟁의 와중에서 불행히도 미국 국경 밖에서 살 수밖에 없는 사람들의 천부인권에 대해서는 거의 아무런 관심을 기울이지 않았다. 어쨌거나 역대 미국 대통령들이 '자유를 위한 투쟁', '독재의 제거' 또는 '억압받는 자들의 해방' 등의 용어를 사용했을 때, 이들은 이 말을 일종의 암호로 사용했다. 이 말의 진짜 의미, 미국 국민도 쉽게 해독한 의미는 다음과 같다. 미국의 생활방식을 지키기 위해서는 다른 사람들이 미국의 가치에 순응해야 한다. 미국의 전사들은 군사적 승리를 통해 다른 나라 사람들에게 미국에 대한 순응을 강제한다. 이 일은 너무도 중요한 일이며, 적들로 하여금 미국에 굴복하게 하는 것은 정치적, 도덕적으로 반드시 실행해야 할 지상명령이다. 이 지상명령의 핵심을 가장 잘 요약한 사람은 더글러스 맥아더 장군이다. "승리의 대체물은 없다"는 경구가 바로 그것이다. 맥아더는 이 경구로 미국 국민에게 기억되고 있다.

증강 전략이 시작되면서 부시 대통령은 긴 전쟁을 수행해야 하는 정치적 명분에서 승리에 대한 어떤 기대도 조용히 없애버렸다. 2006년 말이 되면 이라크 자유 작전의 목표는 더 이상 이라크의 자유 회복이 아니게 됐다. 이제 미국 병사들은 이라크의 자유를 증진시키기 위해 싸우는 것이 아니라 명백한 패배를 인정하지 않

는 선에서 이라크를 떠날 수 있는 조건을 만들기 위해 싸웠다. 이
제 성 삼위일체를 규정하는 원칙들은 도대체 무엇이 승리인지조차
규정할 수 없고, 승리함으로써 미국이 얻을 수 있는 이득이 무엇인
지도 알 수 없는 무정형의 전쟁 개념을 지탱하는 역할로 바뀌어버
렸다.

증강을 새 '전략'의 바탕으로 지정한 것은 또 다른 결과를 초
래했다. 전략이라는 개념 자체를 평가절하하고 나아가 왜소화시킨
것이다. 당초 부시 행정부는 이라크전쟁을 세계적 전쟁의 한 부분
으로, 즉 이슬람 세계를 전환시킬 여러 전쟁 중 하나로 구상했으나
증강을 새 전쟁 방식으로 채택하면서 이런 구상을 포기한 것이다.

2007년이 되면 대통령조차 이러한 지역적 (또는 문명적) 전환을
미국이 주도한다는 기대를 접게 된다. 부시 행정부의 포스트 9·11
판 도미노이론—미국의 군사력을 이용해 미국적 가치에 적대적
인 정권들을 제거한다는—은 불발탄이 돼버렸다. 도미노판을 앞
으로 밀어 적대적 정권들을 제거하기는커녕 도미노판이 뒤로 밀려
넘어지면서 폭력적 지하드주의가 사라지는 것이 아니라 더욱 창궐
할 위기에 직면했다. 이제 이라크와 아프가니스탄의 미군 병사들
은 도미노판을 똑바로 세워놓고 자신들은 그 자리에서 떠날 수 있
기를 간절히 원할 뿐이었다.

이에 따라 독재를 제거한다는 식의 대담한 담론도 사라졌다.
이집트나 사우디아라비아 등을 방문해 미국식 자유주의적 개혁
을 해야 한다는 강의를 늘어놓던 대통령의 특사들도 입을 다물었
다.《위클리 스탠더드》나《내셔널 리뷰》의 편집실에 진을 치고 있

는 몇몇 보수 꼴통들을 빼놓고, 대부분의 우익분자들도 갈수록 (세계에 자유를 전파하기 위해 미국의 무력을 행사해야 한다는 부시 행정부의) '자유 의제Freedom Agenda'를 재고할 수밖에 없게 됐다. 한때 미국의 우익분자들 사이에서는 "바그다드에는 누구나 갈 수 있다, 진짜 사나이라면 테헤란엘 가야지"라는 말이 유행했다.[6] 그러나 2007년이 되면 테헤란을 바그다드에서 떼어놓는 일마저도 보통 어려운 일이 아닌 것처럼 보였다.

실제로 이라크전쟁을 계속해야 하는 작전상 명분에서 이라크 외부 상황은 더 이상 고려 대상이 되지 않았다. 구체적 목표를 상실한 세계 전쟁에서 이제 '증강'은 부시 행정부에게 전략을 대체하는 그 무엇의 역할을 했다. 확실한 전략 목표의 부재가 가장 잘 드러난 것은 아프가니스탄의 경우다. 부시 행정부가 갈수록 이라크전쟁에 사로잡히면서 아프가니스탄전쟁은 '잊힌 전쟁'이 됐다. 9·11에 이르는 과정에서 아프간 탈레반은 사담 후세인과는 달리 알카에다를 실제로 지원했고 은신처를 제공했다. 그럼에도 명목상 알카에다를 제거하기 위해 일으킨 전쟁에서 부시의 최측근들은 이라크 문제에만 골몰하면서 아프가니스탄을 방치했다.

테러와의 전쟁에 대한 열렬한 지지자들에게 부시의 이라크전쟁 궤도 수정이 매력적인 이유는 상당 부분 이를 통해 논의의 주제를 바꿀 기회를 제공했다는 데 있다. 증강이 일종의 전략이라고 주장하는 것은 실은 전략 자체가 사라져버린 상황을 호도하기 위한 것이었다.

결국 다시 데자뷰였다. 1960년대 초에 그랬던 것처럼 반란진압작전―내부 폭력에 시달리는 취약한 국가를 보전하기 위한 군사력에 의한 국가건설―이 마치 최신 유행하는 군사전략인 것처럼 워싱턴을 풍미했다. 부시 행정부는 정보화 시대의 전격전을 통해 이슬람 세계를 해방시킬 수 있다는―또는 미국의 의지를 강제할 수 있다는―기대를 조용히 접었다. 증강은 세계적 지하드주의를 제거하기 위한 새로운 청사진이 아니다. 부시 대통령이 반란진압작전을 채택한 것은 미군 병사들을 활용해 대중동 지역의 마을과 마을, 촌락과 촌락을 평정하기 위해서가 아니었다. 그는 단지 이라크전쟁이 명백한 패배로 끝나 워싱턴 룰의 결함이 드러나게 되는 사태를 막기 위해 증강을 시도했을 뿐이다.

퍼트레이어스의 전쟁 교훈

공화당은 사회 공학과 조금이라도 유사점이 있는 것에 대해서 지독한 반감을 공개적으로 표명해왔다. 이에 비추어본다면 부시 행정부가 (베트남전쟁 당시 민주당 정부가 시도했던) 반란진압작전을 리바이벌한 것은 그야말로 놀라운 일이다. 게다가 군 장교 그룹이 앞장서서 반란진압작전을 주도한 것은 더욱 놀라운 일이라 할 수 있다.

긴 전쟁이 시작될 즈음, 장교 그룹은 (1차 세계대전 때의) 참호전만큼이나 반란진압작전에 관심을 기울이지 않았다. 미국 역사상 미군은 여러 차례 반군들과 부딪쳤지만 백인의 서부 진출을 가로

막는 토착 인디언들의 인종청소부터 아시아계·라틴계 미국인 탄압, 미 제국 성립에 이르기까지 긍정적인 경험은 거의 없었다. 반란진압작전이란 본질적으로 너무 오래 질질 끄는 경향이 있고, 추악한 작업일 수밖에 없기 때문이다. 이는 미국 국민의 인내력을 극한까지 시험했으며, 미국 군대의 위상이나 안녕에 기여한 바는 거의 없다. 나아가 반란진압작전에서 명명백백한 승리를 얻기란 불가능한 일이었다. 미국이 겪은 최대 규모의 반란진압작전, 즉 베트남전쟁은 처참한 패배로 끝났다.

이처럼 한심한 성과를 올렸음에도 이라크와 아프가니스탄에서 수렁에 빠진 장교 그룹은 반란진압작전을 새삼 검토해보기로 결정했다. 긴 전쟁에 대한 좌절감이 늘어가면서 미 육군과 해병대의 영향력 있는 인물들—해군과 공군의 장교 대부분은 이들과는 다른 견해를 가졌다—은 베트남전쟁 이후 미 군부가 현대전의 본질을 아주 잘못 파악하고 있다는 생각을 하게 됐다. 폭력적 지하드주의와의 투쟁을 위해 이라크와 아프가니스탄에서 채택한 방법은 제대로 작동하지 않았을 뿐만 아니라 오히려 상황을 악화시켰다는 것이다. 군사 방법론의 전면적 개혁만이 문제를 해결할 수 있을 것처럼 보였다.

이러한 통찰에 따라 장교 그룹 사이에서는 군대와 군대 간의 전쟁을 위해 만들어진 군사 관행들을 폐기하는 대신, 누군가가 지칭하기 시작한 "시민들 사이에서의 전쟁war amongst the people"을 위한 기법을 개발하자는 운동이 벌어졌다. "시민들 사이에서의 전쟁"이란 말은 발칸반도에서 NATO 병력을 지휘한 바 있는 영국의 루퍼

트 스미스 장군이 만들어낸 말이다. 스미스 장군은 자신이 지은 책
《무력의 효용성The Utility of Force》에서 "우리의 분쟁은 세월이 흘러도
변치 않을 것이다. 심지어 끝도 없을 것이다"라고 말했다.[7] 루퍼트
장군의 이 말은 때마침 미국 군부 내에서 서서히 형성되고 있는 한
합의사항을 겨냥한 것이었다. 한때 무슨 수를 써서라도 장기전만
큼은 회피하고자 했던 미 군부가 이제 종결 시점을 알 수 없는 분
쟁의 시대를 고려하기 시작한 것이다.

베트남전쟁 이후 미 장교 그룹은 베트남전의 '교훈'을 배운 정
치 지도자들이 군사력을 신중하게, 나아가 매우 아껴 사용할 것이
라는 기대 하에서 성 삼위일체를 준수할 것을 다짐했다. 그러나 이
러한 기대가 무시되는 한편, 평화는 예외적 사태가 되고 전쟁이 일
상이 된 상황이 벌어지자 장교 그룹 내부에서 반란진압작전에 대
한 요구가 터져 나오기 시작했다.

반란진압작전을 주창하는 장교들의 선봉에는 데이비드 퍼트
레이어스David Pertraeus 장군이 있었다. 2003년 이라크 침공 당시 매
우 성공적인 사단장으로서 처음 대중의 주목을 받았던 퍼트레이어
스는 언론을 잘 다루고 정치적으로도 능란하며, 야심만만한 군인
이었다. (바그다드로 진격하는 동안 퍼트레이어스는 동행한《워싱턴 포스트》
기자에게 질문 하나를 던졌다. "이 전쟁이 어떻게 끝날지 내게 말해주시오?"라
는 이 질문은 이후 한 시대를 상징하는 매우 어려운 질문으로 판명됐다.)[8]

퍼트레이어스는 재능 있는 장교였다. 초급 장교 시절부터 큰
인물이 될 조짐을 보였다. 그의 가장 큰 재능은 아첨이었다. 퍼트
레이어스는 젊어서부터 자신의 앞날에 도움이 될 것으로 보이는

군대 내외의 영향력 있는 인물들과 사귀는 데 탁월한 재능을 보였다. 그리고 대단히 똑똑했다. 그는 진급하는 과정에 프린스턴 대학에서 박사학위를 받았는데, 논문 제목은 〈미군 군부와 베트남의 교훈〉이었다. 1980년대 중반에 작성된 이 논문에서 퍼트레이어스 중령(당시)은 당시 미 군부 내의 합의사항을 해부하면서 "국내의 대중적 지지, 짧은 작전 기간, 그리고 신속한 승리를 위해 필요한 모든 수단을 강구할 수 있는 재량권 등 특정하지만 현실적으로 확보하기가 매우 어려운, 조건이 충족되지 않은 상황에서 반란진압작전을 펼치는 것"이 적절한지에 대해 의문을 제기했다.

퍼트레이어스는 "이러한 기준에 비추어볼 때, 미군을 반란진압작전에 투입하는 것은 매우 적절치 못한 것으로 보인다. 국내 지지가 잠식되기 전에 마무리 짓기가 어렵고, 실제 작전에 투입된 부대는 물론이고 미 군사력 전반의 건전성을(따라서 미국의 안보까지도) 위협할 만큼 비용이 크게 들기 때문이다"라고 썼다.[9]

따라서 퍼트레이어스에게 베트남전쟁의 핵심 교훈은 다음 몇 가지로 압축된다. 미국이 전쟁을 벌일 때 시간이라는―단기간 내에 결정적 성과를 거두기 위해 반드시 필요한―요소가 가장 중요하다. 미국 국민은 신속한 결과를 원하며 미국의 정치 지도자들은 이러한 국민의 요구를 거부하기가 매우 어렵다. 퍼트레이어스는 이러한 사정을 다음과 같이 정리했다. "미군의 해외 군사 활동에 대한 대중의 지지는 시간이 흐르면서 사라지기 마련이라는 사실을 깨닫게 되면서, 베트남전쟁 이후의 미 군부는 시간이야말로 미군이 벌이는 여러 제한적 전쟁들에서 가장 제약적 요소라는 사실을 알게 됐다."[10]

　베트남전쟁에 대한 국내의 지지는 대중들이 상황이 악화되고 있다고 느끼기 시작하면서 잠식돼갔다. 나아가 해가 갈수록 폭력의 수위가 높아지면서 상황이 악화되고 있다는 느낌은 더욱 강화됐다.

　특히 1968년 구정 공세 이후, 존슨 대통령까지도 이러한 비관적 인식에 젖어들면서 전쟁은 이미 진 것이나 다름없었다. 퍼트레이어스는 이렇게 썼다. "정치 지도자가 어떤 문제를 결정하는 데 객관적 현실보다는 현실을 어떻게 인식하느냐가 훨씬 더 중요하다. 어떤 특정한 사안에서 정책 결정자가 일어났다고 믿는 것이 실제로 일어난 일보다 더 중요하다."[11] 워싱턴의 정책 결정자 대부분은 구정 공세로 미국이 재앙적인 후퇴에 직면했다고 믿었다. 한 번 이런 생각이 굳어지면 이 생각을 없애기가 매우 어려운 법이다.

　그렇다고 해서 한 번 생겨난 인식이 절대로 바뀌지 말라는 법도 없다. 퍼트레이어스는 전쟁이 인식되는 방식을 바꾸는 것—권력 내부에서건 일반 국민의 눈에건—은 전쟁의 현실 자체를 바꾸는 것과 같다고 주장했다. 위기의 시기에 인식을 바꿀 능력을 가진 군인은 군사적 권위를 이용해 군사 문제라는 좁은 범위를 넘어 훨씬 넓은 영역에 영향을 미칠 수 있다. 이것이야말로 20년 전 프린스턴 대학에서 박사학위를 받은 젊은 퍼트레이어스 중령이 20년 후 이라크에서 장군이 되어 이룬 핵심 업적이라 할 수 있다.

　2005년 3성 장군으로서 캔자스 주 리벤워스에 있는 미 육군 종합무기센터CAC 사령관을 맡고 있던 퍼트레이어스는 자신의 베

트남전쟁 연구에서 얻은 통찰을 활용할 기회를 갖게 됐다. 미 육군
에서 CAC 사령관의 역할은 가톨릭교회에서 교리해석국의 역할과
같다고 할 수 있다. 각 조직이 확립한 진실에 대한 구성원들의 순
응을 책임 맡은 정통 교리의 수호신이라는 점에서 그러하다. 하지
만 퍼트레이어스는 의도적으로 기존의 정통교리를 전복하고, 오랫
동안 이단으로 여겨져왔던 생각들을 비롯해 대안적 진실들을 교리
에 포함시켰다. 구체적으로 그는 자신과 비슷한 생각을 갖고 있던
해병대의 제임스 매티스 소장과 함께 미 육군의 반란진압 교본을
개정해 발간한다는 긴급 계획을 세웠다. 이를 통해 이라크와 아프
가니스탄에서 어려움을 겪고 있는 육군과 해병대 병사들에게 좌절
을 극복할 수 있는 지침을 제공하겠다는 것이었다.

　워싱턴에서는 럼스펠드 국방부 장관이 여전히 인내를 강조하
고 있었다. 그러나 캔자스의 평원에 있었던 퍼트레이어스는 '인내'
란 결국 불가피한 실패를 의미한다고 결론을 내렸다.

　퍼트레이어스가 집필한 새 육군 교본 FM 3-24는 2006년 12
월에 발간됐다. 이제까지 군사 간행물이 그토록 즉각적이고 광범
위한 대중의 주목을 받은 적은 없었다. 이 교본은 발간 수주일 만
에 인터넷상에서 150만 회 다운로드됐다.[12] 몇 달 후에는 한 유명
대학 출판부가 이 교본을 페이퍼백으로 출간했다. 이 책에는 일반
인 독자들의 이해를 돕기 위해 퍼트레이어스가 군사교리를 재발견
한 것이 얼마나 중요한 일인지를 설명하는 해설들이 잔뜩 들어 있
었다. 퍼트레이어스 스스로도 자신의 책에 낯 뜨거운 찬사의 광고
문안을 갖다 붙였다. "대통령을 비롯해 부통령, 국방부 장관, 상원

국방위원 25명 중 21명, 그리고 대다수 관심 있는 인사들이 침대 옆 책상에 두고 애독하고 있는 이 책은 당신의 침대 옆 책상에도 반드시 놓여야 할 책이다"[13]

도대체 이 소동은 다 무엇일까?

FM 3-24는 이렇게 시작한다. "이 책의 목적은 육군과 해병대의 지도자들이 세계 어디에서든 반란진압작전을 수행할 수 있도록 돕기 위한 것이다." 퍼트레이어스는 이 책에서 반란이란 동서고금을 통해 언제 어디에서나 있어왔지만 현재에는 "전 세계에 혁명적 변화를 강요하고자 하는" 매우 악질적인 변종이 세계를 휘젓고 있다고 지적했다. 예컨대 "이슬람 세계를 전환시키고자 하는" 알카에다는 이처럼 거대한 세계적 야망을 품은 반란운동의 한 사례일 뿐이라는 것이다. 이러한 위협을 분쇄하기 위해서는 비교적 광범위한 대응을 해야만 한다. "반란운동을 지속시키고 있는 일련의 인적 · 물적 자원과 분쟁들에 대처하기 위한 세계적 차원의 전략적 대응, 이와 함께 반란을 촉발시킨 지역적 차원의 불만을 해소하기 위한 전술적 대응"을 동시에 추진해야 한다는 것이다. 한마디로 이 매뉴얼에서 말한 "세계 어느 곳에서든 반란진압작전을 수행"한다는 문구에서 '어디에서든anywhere'이란 말은 '모든 곳에서everywhere'와 동의어라고 할 수 있다.[14]

저자들은 이 책에서 자신들이 제안한 세계적 차원의 대응이 얼마나 걸릴지 또 어느 정도의 비용이 들지에 대해서는 말하지 않았지만 자신들의 발언이 액면 그대로 받아들여지기를 바랐다. 그러나 퍼트레이어스가 미국의 반란진압 교리를 새삼 끄집어낸 것은 이를 재평가하기 위해서가 아니라 미국의 지도자와 국민들이 이 방식을 채택하도록 설득하기 위한 것이었다.

이 때문에 이 책은 여러 가지로 해석이 가능한 문장들로 이루어졌다. FM 3-24는 한편으로는 지침서이지만 더 깊은 차원에서는 해체의 실천, 전쟁 행위라는 공허한 개념의 해체였고, 동시에 근대의 황혼기에 강대국 정치에 대한 대체물이기도 했다. 결국 탈근대 시기에 가장 중요한 것은 독창성이 아니라 참신함이고, 내재된 가치가 아닌 상품가치이며, 생산물 그 자체보다는 포장이 아니었던가. 그런 의미에서 FM 3-24는 그것이 쓰인 시대의 정신으로 충만해 있었다.

탈근대적 비유들—아이러니, 패러독스, 브리콜라주, 자기 자신에 관한 교활한 농담 등—로 가득 찬 퍼트레이어스의 이 책에는 온통 우리의 통념을 뒤엎는 내용들로 채워져 있다. 하지만 책에서 가장 권위 있는 척하는 부분을 보면 정작 알맹이 있는 내용은 거의 없다. 한마디로 거품만 많고 맥주는 거의 없는 꼴이었다.

일례로 이 책 1장의 핵심이라고 할 수 있는 '반란진압의 패러독스'라는 부분을 살펴보자.[15]

이 책은 다음과 같이 충고한다. "때로는 너의 병력을 더 많이 보호할수록 오히려 덜 안전해진다." 이 말을 뒤집으면 다른 때는 더 보호할수록 더 안전해진다는 뜻도 된다. 마찬가지로 "어떤 때는 병력을 더 많이 동원할수록 덜 효율적이 된다". 그렇다면 다른 때는 병력을 많이 동원해야 성공할 수 있다. 나아가 "어떤 때는 아무것도 하지 않는 것이 최상의 대응이다". 그렇다면 적은 것이 많은

것이 되고, 많은 것이 적은 것이 되며, 아무것도 없는 것이 전부일
수도 있다. 때에 따라.

이 책은 마치 궁극의 지혜라도 발견한 것처럼 근엄하게 주장
한다. "전술적 성공으로는 아무것도 이룰 수 없다." 그러나 전혀 그
렇지 않다. 두 번의 세계대전에서 독일의 전술적 기량이 성취한 바
를 보라. 또한 아랍 국가들과의 대결에서 이스라엘군이 이룩한 성
과를 생각해보라.

"어떤 전술이 오늘 먹혔다고 해서 다음 주에도 들어맞는다는
법은 없다. 어떤 전술이 이곳에서 성과를 냈다고 해서 저곳에서도
그러리라는 법은 없다." 이런 뻔한 말은 작은 전쟁이든 큰 전쟁이
든, 재래식 전쟁이든 비정규 전쟁이든 어디에든 적용할 수 있는 말
이다.

"반란진압을 위한 최고의 무기 중 일부는 실제 사용될 필요가
없다." 무기 일반에 대해서도 똑같이 적용될 수 있는 말이다. 결국
1950년대에 커티스 르메이가 주장했던 바의 핵심이 바로 이것 아
니었던가. 전략공군사령부에 더 많은 핵폭탄과 더 많은 폭격기를
준다면 평화를 지키겠다는 주장 말이다.

마지막으로 이런 구절도 있다. "가장 중요한 결정 중 많은 것
들은 장군들이 내린 것이 아니다." 장군이나 그와 비슷한 부류를
제외하고, 이런 명백한 사실을 모르는 사람들이 있었던가.

어쨌거나 '반란진압의 패러독스', 나아가 FM-24 매뉴얼 전반
에는 이러한 모순적인 명제들로 가득 차 있다. 이로써 국정 수행의
자율적인 한 수단이었던 군대는 그 생명을 잃어버렸다. 단도직입

적으로 말해 전쟁, 전통적으로 군사 지도자들이 정의해왔던 전쟁은 이제 더는 존재하지 않는다.

태고 이래로 군대의 목적은 전투를 수행함으로써 국가가 전쟁에 이기도록 기여하는 것이었다. 군은 전투를 통해 적에게 자신의 의지를 강요함으로써 평화를 회복한다. 이러한 주장 속에는 다음 두 가지 전제가 담겨 있다. 첫째 전쟁은(평화의 회복이 목적일 경우) 도덕적으로 정당화될 수 있으며, 둘째 (전쟁을 수행할 독특한 책임을 지닌) 군인은 그 사회에서 특수한 위치를 차지한다. 그리고 바로 이러한 전제들은 국가가 군대를 창설하고 유지해야 할 핵심 근거가 된다. 사회가 의사들에게 높은 지위를 부여하는 것은 인간의 질병을 진단하고 치료할 수 있는 그들만의 독특한 능력에 대한 존경의 표시이다. 마찬가지로 정치 지도자들과 사회 일반은 오직 군인들만이 전투에서 이길 수 있는 전문성을 가지고 있다는 가정 하에 군사 지도자들에게 존경과 함께 전투 수행의 책임을 부여하는 것이다.

그런데 퍼트레이어스의 매뉴얼은 암묵적으로 이러한 전제들 모두를 하나하나 무효화하고 있다. FM 3-24는 전쟁을 "적대하는 군대 간의 대결"이 아니라 "조직화된 단체들 간의 폭력적인 이해 충돌"로 정의함으로써 전쟁 행위의 범위를 확대시키고 그 경계를 애매하게 만들어버리고 말았다. 현대의 전쟁에서 군의 기본 목적은 더 이상 전투가 아니다. 이 매뉴얼의 길고 자세한 색인에는 '전투battle', 또는 '전장battlefield'이란 말이 단 한 번도 포함되지 않았다. 딱 한 번 '전투'란 말이 스쳐 지나가듯 언급됐을 뿐이다.

퍼트레이어스는 1997년 "총알로 해결할 수 있는 일에는 결코 사람을 보내지 마라"는 부제가 붙은 논문을 쓴 적이 있다.[16] 그런데 이제 이와는 정반대의 입장을 취하고 있는 것이다. 실제로 그는 매뉴얼에서 "적을 사살하거나 포로로 잡는 것을 과도하게 강조하는 것"은 잘못이라며 콕 짚어 경계하고 있다. 적을 파괴하기 위해 헛된 힘을 쓰느니 반란진압군은 "주민들을 보호하고 그들과 소통하는 일"에 집중해야 한다는 것이다. 즉 처음에는 미군이 나서 주민의 안전을 확보하는 한편 생활상의 기본적 필요들을 충족시켜주고 그다음에는 해당국 정부의 제도를 정비해 이들이 자국민을 위해 그러한 역할을 담당할 수 있도록 해야 한다는 것이다. FM 3-24는 다음과 같이 과감하게 선언한다. "반란진압군은 모든 부문에서 주민들의 안녕을 유지하는 것을 자신의 책임으로 한다."[17]

결국 (반란진압의) 궁극적 목적은 반란을 해체하거나 패퇴시키는 것이 아니다. 통치가 불가능한 상황에서 "효과적 통치가 가능한" 환경을 조성하는 것이 된다. "정통성 확보야말로 핵심 목표"라고 매뉴얼은 선언한다.[18] 그런데 문제는 정통성이라는 개념이 대단히 애매모호하다는 것이다. 정통성을 정의하기가 어려운 것은 물론이고 정통성의 정도를 측정한다는 것은 더더욱 어려운 일이다. 정통성의 창조를 전쟁의 기본 목적으로 정하는 것은 부의 추구를 인생의 기본 목적으로 정하는 것과 같은 얘기이다. 이것은 사실상 무한정으로 확장 가능한 사업을 시작했다는 것과 같은 의미이기 때문이다. 어떤 정부가 어느 정도의 정통성을 가져야 충분하다고 할 수 있을까? 재벌이 어느 정도 많은 돈을 가져야 충분하다고 할 수 있을까. (충분하다는 것을) 누가 정하는가? 어떤 기준에 의해? 이러한 논쟁의 결말은 결국 자의적으로 끝날 수밖에 없을 것이다. 그러한 결말도 재정의에 의해 달라질 수밖에 없으며 이 결말 역시 취소될 수 있다.

게다가 정통성의 진작이란 군사 지도자들의 고유한 영역도 아니고, 이들이 다른 사람들보다 더 능력을 발휘할 수 있는 분야도 아니다. 군사적 전문성은 반란진압에 동원되고 배치되며 통합되어야 할 여러 기능 중 하나에 불과하다. FM 3-24도 이러한 점을 인정하면서, 반란진압작전이란 단지 군사력만으로 할 수 있는 것이 아니며 정부 내 여러 기구들, 민간 용역업체들, 유엔과 같은 국제기구들, 그리고 미국의 정책 목표에 동의하든 동의하지 않든 비정부기구들 간의 협력에 의해서 가능하다고 강조하고 있다.

이러한 사업을 왜 고위 군 장교가 주도해야 하는가. 그 이유는 결코 분명치 않다. 예컨대 '해당 국가'의 능력을 향상시키는 임무의 경우, 법의 집행이라든가 경제 발전, 또는 제도 건설에 전혀 경험이 없는 4성 장군보다는 아주 다른 배경의 전문가들이 훨씬 더 큰 능력을 발휘할 수 있을 것이다.[19] "주민들의 필수적 복지"를 제공하는 일의 경우에는 대도시의 시장이나 경찰 총수, 또는 사회복지 책임자 등이 일생을 군사업무에만 종사해온 장교들보다 훨씬 더 적절한 경험을 갖고 있을 것이다.

한마디로 말해 미국의 군 장교 그룹은 FM 3-24를 행동지침으로 받아들이는 순간, 자신들의 1차 존재이유인 전쟁을 포기한 것이다. 나아가 전쟁에 대한 독점적 권한도 박탈당한 것이다. 미 육군은 (전쟁이라는) 특정하고, 다른 인간행위와 분명하게 구분될 수 있는 영역에 대한 독점적 권한을 포기하는 대신 이 세계의 가장 처참한 정치·경제적 실패들을 고쳐보겠다고 달려드는 수많은 기구 중 하나가 됐다. 이제 미군은 승리에 대한 추구를 포기하는 대신 총을 든 사회봉사 일꾼이 되었다. 로스앤젤레스나 시카고에서 벌어지는 사회봉사와 마찬가지로, 세계적 저항이라는 문제에 대한 "세계적 차원의 전략적 대응"을 요구하는 FM 3-24에 의한 사회봉사 역시 끝이 없는 과업이다.

이제 미군에게 주민들 사이에서의 전쟁—사실은 전쟁이라 할 수는 없고, 구호품의 체계적 배포와 제국주의적 경찰행위가 결합된 그 어떤 것—은 필수과목이 됐다. 불과 수년 전만 해도 충격과 경악이 대단한 전략인 것처럼 자랑했던 고위 장교들이 이제는 확신에 차서 반란진압을 떠우기에 여념이 없다. 퍼트레이어스의 뒤를 이어 미 종합무기센터 사령관이 된 윌리엄 B. 콜드웰 중장이 군대의 미래에 대해 이야기하는 것을 들어보자.

미래의 전쟁은 주민이 없는 전장에서 적대하는 두 군대가 교전하는 형태의 것은 아닐 것이다. 오히려 분쟁의 결과는 주민들 속에서 어느 군대가 더 효율적으로 활동하는가에 따라 결정될 것이다. 결국 미래의 전쟁에서 승리를 결정하는 요인은 과거와는 확연히 다를 것이다. 주민들이 보여주는 충성, 믿음, 확신 등이 승리의 최종 척도가 될 것이다.[20]

베트남전쟁 이후—아니, 2차 세계대전 이후—의 모든 군사 개혁이 추구했던 것은 (대립하는 두 적대세력 간의) 결정의 수단인 전쟁, 군인의 배타적 영역인 전쟁이라는 개념을 회복하기 위한 것이었다. 결국 반란진압작전의 옹호자들은 이러한 노력이 실패했다고 사실상 선언한 셈이다. 이제 군인이라는 직업의 1차적 소명은 주민들의 마음을 사로잡는 것이 됐다. 이것이 바로 데이비드 퍼트레이어스가 주창한 군사사상 혁명의 본질이다. 그리고 이라크전쟁의 승리는 포기했으나 전쟁 자체를 포기할 수는 없었던 부시 대통령은 이 혁명을 받아들였다.

증강, 질문을 지워버리다

퍼트레이어스는 프린스턴 대학 박사학위 논문에서 저명한 군사평론가 해리 서머스 대령을 인용하면서 베트남전쟁 당시 개발된 반란진압작전 교리에 대해 이렇게 평가했다. "오늘날 이 교본을 읽노라면 전략에 대한 논의라기보다는 새로운 예배 전례집인 것처럼 보인다." 그 전례집, 흙에 묻은 채 베트남의 논두렁에 굴러다니던 교본을 주워와 흙먼지를 털어내고 깨끗하게 청소해 재생해놓은 그 교본이 오늘날 미 육군과 해병대에게는 성경이 됐다.

이라크 상황을 호전시키라는 특명과 함께 부시에 의해 발탁된 퍼트레이어스는 자신이 만든 성경을 들고 바그다드로 부임해 '병력 증강'을 수행하는 데 활용했다. 끝 간 데 없이 추락하던 이라크를 실패의 나락에서 끌어올림으로써 퍼트레이어스의 인기는 록 스타 뺨칠 정도로 치솟아 올랐고, 교황에 비견될 만한 무오류성의 평판을 얻게 됐다.

퍼트레이어스에 대한 개인숭배는 다음과 같은, 실제 현실을 호도하는 결과를 가져왔다. 수많은 반대 주장들이 있었음에도 2007~2008년 퍼트레이어스가 이라크에서 수행한 군사 활동은 결코 성공이라 할 수 없다. 물론 '병력 증강'은 이라크의 명백한 붕괴를 저지했으며, 이는 상당한 업적임에 분명하다. 또한 병력 증강은 심각하게 분열돼 있던 이라크 정치세력들에게 한 줄기 숨 쉴 공간을 만들어주었다. 그러나 권력 장악을 위해 투쟁하는 각 정파들의 화합을 이루겠다는 애당초 약속에는 미치지 못했다. 바그다드나 기타 도시들에 대한 테러범들의 공격을 상당 수준 감소시킨 것이 사실이라 하더라도, 권력기관이나 일반 주민들을 대상으로 한 폭력의 수준은 다른 곳에서라면 임박한 국가 실패의 조짐으로 받아들여질 정도의 수준으로 계속됐다.

《뉴욕타임스》의 다음 보도에서 볼 수 있듯이 바그다드에서의 혼란은 이제 일상사가 돼버렸다. "테러범들은 도시 어디에든 폭탄을 설치하고 폭발시키며, 그럼에도 거의 아무런 제재나 처벌을 받지 않는다."[21] 물론 병력 증강은 이라크 정부를 위협하는 저항세력의 힘을 약화시켰다. 그러나 퍼트레이어스의 후임자 레이먼드 오디르노 장군이 퉁명스럽게 인정했듯이 저항세력 자체를 붕괴시키지는 못했다. 병력 증강이 시작된 지 2년 반이 지난 후, 한 기자가 오디르노 장군에게 이라크 정부에 대한 무장 저항이 언제쯤 완전히 평정될 것 같으냐고 재촉하듯 물은 적이 있었다. 이에 대해 오디르노는 "그런 일은 없을 겁니다. 아시겠습니까?"라고 쏘아붙였다. "5년, 10년, 15년이 지나도 이라크에서 낮은 단계의 저항은 늘 있을 거란 말입니다."[22]

퍼트레이어스의 팬들은 그가 바그다드를 책임지고 있을 동안 미국이 확보한 전략적 이득이 모두 그의 공이라고 주장하고 있지만, 정확히 누가 또는 무엇이 그러한 전략적 성과를 이끌어왔는지는 그렇게 단순명료하지 않다. 실제로 이 기간 동안 이라크 안보 상황이 호전된 데는 몇 가지 요인들이 복잡하게 얽혀 있다. 우선 부시 대통령이 명령한 이라크 주둔 미군의 증원이 있었다. 또 연합군이 이라크 주민들에 대한 강압적 태도를 바꾼 것도 도움이 됐다. 침공 이후 3년의 점령 기간 동안 미군의 강압적 태도는 이라크 국민들의 등을 돌리게 했다. 그리고 비록 폭력적 과정을 거치긴 했으나 이라크가 부족·종파 차이에 의해 사실상 분할이 된 것도 상황 호전에 도움이 됐다. 이는 퍼트레이어스의 바그다드 부임 이전에 대부분 완료됐다.

그러나 가장 중요한 요인은 이른바 '수니파의 각성Sunni Awakening'이라 할 수 있다. 퍼트레이어스는 이를 촉발시킨 장본인은 아니었지만, 이를 영악하게 잘 활용했다. 2003년 미국의 이라크 침공 당시, 전략적 요충지인 이라크 서부 안바르 지방의 수니파 부족 지도자들은 이라크 내 알카에다와 동맹을 맺었다. 알카에다는 미국의 침공에 자극받아 결성된 조직으로 매우 잔인한 지하드주의

단체였다. 그런데 2006년 9월경이 되자 수니파 부족 지도자들은 알카에다가 자신들에게 위협이 된다는 판단을 내리고 동맹을 파기했으며, 과거의 동지였던 이들을 공격하기 시작하는 한편 미국에 대해 정략결혼을 제의했다. 결국 미 점령군에 대한 저항세력의 선봉장이었던 수니파가 미국에 매수당할 용의가 있다는 신호를 보낸 것이다. 미군은 이 제의를 받아들였다. 어찌 보면 이는 유화책으로 볼 수 있다. 그러나 퍼트레이어스 지지자들에게 이는 탁월한 결정으로 비쳐졌다.

한편 퍼트레이어스의 기여에도 불구하고 미국이 이라크 침공에 나섰던 근본 목적은 이뤄지지 못했다. 서둘러 이라크를 침공해야만 했던 원인인 대량살상무기는 결코 발견되지 않았다. 9·11테러를 감행한 지하드주의자들과 후세인 정권과의 연계를 입증할 만한 아무런 증거자료도 발견되지 않았다. 이라크를 해방시키면 이슬람권 전역에 민주화의 바람이 일어날 것이라는 기대도 백일몽인 것으로 드러났다. 바그다드를 점령하면 예루살렘까지 평화의 길이 열릴 것으로 기대됐지만 이 또한 헛된 꿈이었다. 미군의 이라크 점령이 이웃나라 이란을 지배하는 이슬람 성직자들에게 위협이 된 것도 아니었다. 미군의 이라크 침공이 변화를 가져왔다면 그것은 오히려 이란의 영향력을 증대시킨 것뿐이었다. 시아파가 다수인 이라크 신정부의 각료들 중 일부는 후세인 정권 당시 이란에서 망명생활을 했는데, 이들은 놀라울 정도로 이란 이슬람 정권에 동조적이었다.

다시 말해 당초 이라크 침공을 주도하고 지지한 세력이 전쟁의 명분으로 제시했던 것에 비추어보면, 퍼트레이어스의 부임 이전은 물론이고 부임 이후에도 이라크전쟁은 결코 성공을 거두지 못했던(불필요한 전쟁이었다는 것은 말할 필요도 없고) 것이다.

이것들은 모두 명백하고 돌이킬 수 없는 사실이다. 그럼에도 인식이 현실을 뒤바꿔놓을 수 있다는 현기증 나는 사례를 보여주기라도 하듯이 뻔뻔스럽게 조작된 이라크전쟁의 신화가 이러한 사실들을 무력화시키고 말았다.

FM 3-24는 다음과 같은 내용을 담고 있는데, 거의 포스트모더니즘의 패러디를 뺨치는 듯하다.

> 반군의 이념이 표현되고 흡수되는 핵심적 메커니즘은 바로 내러티브narrative다. 내러티브란 이야기의 형태로 제시되는 조직적 계획이다. (……) 이야기는 상대방의 의도를 파악하는 것은 물론이고 때때로 전략과 행동의 바탕이 된다.[23]

'증강'이 시작되자 반란진압작전을 미국의 새로운 전쟁 방식으로 확립시키려 했던 워싱턴의 전쟁 세력들은 즉각 자신들만의 내러티브를 만들어냈다. 이들 아첨꾼들은 1991년의 노먼 슈워츠코프(걸프전의 영웅), 2003년의 토미 프랭크스(이라크전쟁의 영웅)에게 그러했듯이 퍼트레이어스를 '다윗왕'에 비유하는 등 영웅으로 치켜세우면서 이라크전쟁의 전 과정을 새롭게 구성했다. 이들은 병력 증강이야말로 전쟁의 결정적 전환점이라고 호들갑을 떨면서 이는 오로지 퍼트레이어스 덕택이라고 나발을 불어댔다.

퍼트레이어스 숭배자들은 그의 천재성을 치켜세우면서 이렇게 형성된 그의 명성 덕을 볼 수 있었다. 군사분석가인 프레데릭 케이건과 킴벌리 케이건은 다음과 같이 선언하면서 이런 속셈을 굳이 감추려 하지 않았다. "때때로 위대한 사령관은 한 쌍으로 나타난다. 아이젠하워와 패튼, 그랜트와 셔먼, 나폴레옹과 다부트, 말보로와 유진, 시저와 라비누스, 그리고 이제 데이비드 퍼트레이어스 장군과 레이먼드 오디르노 장군이 이 반열에 오를 수 있을 것이다."[24] 퍼트레이어스 팬클럽의 또 다른 멤버는 이렇게 말하기도 했다. "아마도 하나님께서는 지금이야말로 미 육군에 위대한 장군을 내려 보낼 때라고 생각하신 것 같다."[25]

대단한 신화 만들기가 아닐 수 없다. 많은 미국인들이 지난 1812년 영국과 치른 전쟁의 승패가 이미 결정됐음에도 앤드루 잭슨의 뉴올리언스 전투 승리가 승부의 전환점이라고 생각했던 것처럼, 이제 많은 사람들은 '증강'을 미국의 이라크전쟁 승리의 증거로, 그것도 퍼트레이어스의 놀랄 만한 반란진압 능력 덕택에 가능했던 것으로 받아들이게 됐다.

전쟁과 관련한 신화 만들기에는 언제나 사사로운 목적이 숨어 있기 마련이다. 퍼트레이어스를 율리시즈 그랜트나 나폴레옹 보나파르트에 필적할 만한 명장의 반열에 올려놓고자 하는 세력들에게는 특정한 목표가 있었다. 군사 실무는 물론이고 기본적 국가안보 정책과 관련해 '증강'을 게티즈버그 전투나 스탈린그라드 전투에 필적할 정도의 역사적 승리로 선언하는 것의 의미는 대단히 크다. 다양한 국가안보 분석가들을 비롯해 퇴역 장군과 호전적 애국주의 성향의 전문가들이 온갖 정성을 들여 새롭게 재구성해낸 이라크 내러티브는 다음 네 가지 유산을 남겼다.

첫째, 오로지 퍼트레이어스 혼자 힘으로 기울어가는 전세를 만회한 것으로 제시됨으로써 '증강'은 한때 민간 관료 쪽으로 기울었던 민군 간의 힘의 균형을 군부 쪽으로 기울게 했다. 이들이 만들어낸 이야기에 따르면, 부시 대통령은 퍼트레이어스 장군의 의견을 경청하고 그에게 전적인 재량권을 부여한 덕택에 이라크전쟁을 성공적으로 마무리할 수 있었다. 퍼트레이어스 이전 몇몇 이라크 주둔 미군 사령관들이 저질렀던 잘못들이 대중의 기억에서 사라지면서 미군 장군들의 평판도 다시 좋아졌다.

그러나 모든 고위 장교들이 힘을 회복한 것은 아니었다. 합동참모회의의 영향력은 여전히 역사상 최저점에 머물러 있었다. 긴전쟁의 첫 10년 동안에는 합참이 주요한 영향력을 미쳤다고 할 만한 주요한 사안이 단 하나도 없었다. 이러한 사정은 '증강' 이전에도, 이후에도 마찬가지였다. 명목상 군대 내 최고위 직책인 합참의장의 영향력은 국방부 차관보급과 비슷한 정도였다. 육해공 등 각군의 전력을 구축하고 유지할 책임을 지닌 각 군 참모총장의 경우권력 핵심부에서 사라진 지 이미 오래였다.

증강 이후 민군 간 힘의 균형이 바뀌면서 가장 큰 혜택을 입은사람은 현지 야전 사령관들이었다. 이들은 이제 무시할 수 없는 존재가 됐으며, 이들의 영향력은 단지 군사작전의 범위를 넘어섰다. 워싱턴에서 이들의 견해는 대단한 무게를 가지게 됐다. 따라서 가까운 장래에 바그다드 주둔, 또는 카불 주둔 미군 사령관의 견해보다 자신의 판단이 옳다고 믿는 정치인은 자신의 정치적 장래가 망가질 위험을 각오해야만 할 처지가 됐다.

둘째, '증강'은 장교 그룹이 그들 자신의 베트남 신드롬을 떨쳐버리는 계기가 됐다. 무슨 수를 써서라도 전쟁의 장기화는 피해야 한다는 것, 이것은 베트남전쟁 복무 경험이 있는 장교 세대들의 핵심 신조였다. 이 세대의 장교 중 가장 유명한 인물인 콜린 파월 장군에 따르면 전쟁이란 자주 일어나서는 안 되는 것이었다. 파월에게 가장 중요한 것은 실제 전투가 아니라 이를 위한 준비태세였다. 완벽한 준비태세를 갖춘 군대는 상대방의 도발을 억제하며, 따라서 실제 전쟁 발발의 가능성을 감소시킨다. 또한 실제 전쟁이 발발했을 때 파월은 압도적 군사력을 동원해 단기간에 결정적인 결과를 얻어내는 편을 선호했다.

그러나 퍼트레이어스가 대표하는 현 세대의 장교들은 다른 결론에 도달했다. 이들은 전쟁은 항상 있는 일, 즉 우리의 일상생활에 반영구적으로 나타나는 현상으로 받아들인다. 게다가 이라크와 아프가니스탄에서 오랜 기간의 전투를 경험한 이들은 군사갈등이란 끝이 없는 사업이란 결론을 내리게 됐다. 이들에게 군인이 된다는 것은 전장에서 전투에 임하거나 아니면 후방으로 돌아와 다음 전투를 위해 준비하는 것을 의미한다. 이제 전쟁은 끝나지 않는다. 기껏해야 전투가 소강상태에 접어들어 무질서가 질서의 양상으로, 불안정이 안정의 양상으로 바뀌는 정도를 기대할 수 있을 뿐이다. 이 정도의 제한적인 성취도 수년간의 노력을 통해서만 이뤄낼 수 있다는 게 이들의 생각이다.

슈워츠코프 장군이나 프랭크스 장군은 비록 잠시지만 영웅 대접을 받을 수 있었다. 둘 모두 (비교적 적은 비용으로) 결정적 승리를 거둘 수 있는 능력을 보여주는 듯했기 때문이다. 그러나 그 승리가 허울뿐인 것으로 드러나자 이들의 명성은 금세 추락했다. 이 두 장군보다 훨씬 대단한 명성을 확보하는 과정에서 퍼트레이어스 장군은 전투를 통해 신속하고도 결정적인 성과를 이뤄낼 수 있다는 가능성 자체를 포기했다. 나의 의지를 적에게 강요하기 위한 힘의 행사는 더 이상 미국 군인들의 존재 이유가 되지 못한다. 이제 이들은 전투의 승리보다는 주민 평정을 핵심 목표로 삼는다.

셋째, '증강'은 전쟁 준비, 수행의 제약 요인으로서 시간의 중요성을 감소시켰다. 반란진압작전은 엄청난 인내심을 필요로 한다. FM 3-24에 따르면 "반란진압 활동은 때때로 오래 걸리며 매우 힘들다. 진전의 정도를 측정하기도 쉽지 않다"고 말하고 있다.[26]

퍼트레이어스는 베트남전쟁 연구 결과, 미국 국민과 이들에 의해 선출된 정치인들은 바로 이러한 인내심을 갖고 있지 않다고 결론 내렸다. '증강' 작전을 시행하면서 그는 이 경향을 바꾸려 했다. "바그다드의 시계는 워싱턴의 시계보다 느리게 갑니다." 이라크 주둔 사령관을 맡고 수주일 후 가진 텔레비전 인터뷰에서 그는 이렇게 말했다. "따라서 우리는 바그다드 시계를 조금 빠르게 가게 하고 사태 진전을 촉진시켜서…… 워싱턴의 시계에 약간의 시간을 더해주고자 합니다."[27]

사실 증강은 이보다 더한 것을 이뤄냈다. 놀랍게도 워싱턴의 시계가 거의 멈춰버린 것이다. 퍼트레이어스는 나름대로의 '임무

완료' 선언으로 대단한 명성을 얻었지만 그 이후에도 전쟁은 계속됐고, 그럼에도 미국 국민이나 선출직 대표들은(이중에는 민주당 의원들도 있었다. 이들은 정략적 도움이 되는 한에서만 전쟁을 비판해왔다) 이제 더 이상 이라크전쟁에 거의 아무런 관심을 보이지 않았다.

전쟁 세력이 만들어낸 증강 이후 내러티브는 왜 바그다드를 비롯한 이라크 도시들에서 폭탄이 계속 터지고 있는지를 설명해주지 못한다. 따라서 이런 일들이 보도된다 해도 이러한 사태 진전이 무엇을 의미하는지 요령부득이 될 수밖에 없다. 사원에서, 시장에서, 정부청사에서 유혈사태가 벌어졌다는 소식을 들어도 이제 미국인들은 그저 어깨를 한 번 들썩이고 시선을 돌릴 뿐, 이런 일들이 무엇을 의미하는지 애써 묻지 않으려 한다. 이런 질문을 단 한 번 던지는 것만으로도 퍼트레이어스가 나폴레옹에 필적하는 승리를 만들어냈다는 주장이 얼마나 근거 없는지를 드러낼 수 있는데도 말이다. 퍼트레이어스의 가장 중요한 업적은 바로 이것이다. 이제 미국의 군인과 국민으로 하여금 현대의 전쟁은 사실상 "끝이 없다"는 루퍼트 스미스(영국 군인으로 걸프전에 참전했고, 나토의 유럽연합군 부사령관을 지냈다-옮긴이)의 명제를 암묵적으로 받아들이게 했다는 점이다.

따라서 아이러니하게도 '증강'은 로버트 맥나마라가 옳았음을 입증하는 계기가 됐다. 1965년 당시 국방부 장관이었던 맥나마라는 베트남의 "가장 중요한 기여"는 미국으로 하여금 "대중의 우려를 자극하지 않고도 전쟁을 일으킬 수 있음"을 가르쳐준 것이라고 생각했다. 대중을 무관심하게 만드는 것, "이것이야말로 우리의 역사에서 매우 필요한 것이다. 우리는 앞으로 50년간 이런 종류의 전쟁을 해야 하기 때문이다"라고 그는 생각했다.[28] 1960년대의 맥나마라는 미국 국민의 기질을 잘못 파악했다. 그러나 그의 실수는 단지 시기의 문제인 것으로 드러났다. 맥나마라가 사망할 즈음인 2009년이 되면 미국 국민은 자신들의 전쟁에 무관심해지는 법을 배웠기 때문이다.

마지막으로 가장 중요한 것은 퍼트레이어스의 이른바 성공이란 것이 애당초 미국이 얼마나 사태를 엉망으로 만들었는지를 자문해볼 기회를 사라지게 만들었다는 점이다. 부시 대통령이 내세운 (이라크 해방이 중동 지역의 민주화를 가져올 것이라는) '자유 어젠다'가 붕괴되면서 미 안보 정책의 근본에 대한 토론의 기회가 열렸다면, '증강'은 그 문을 다시 닫아버렸다. 퍼트레이어스는 이라크전쟁의 잔해에서 뭔가를 구해내는 동시에 워싱턴 컨센서스 자체도 구원해낸 것이다.

"한국이 나타나 우리를 구해냈다." 딘 애치슨 전 국무부 장관은 한때 이렇게 말했다. 한국전쟁의 발발로 그가 추진하고자 했던 미국의 군사력 증강을 둘러싼 정치적 논쟁이 종결된 사실을 빗대 말한 것이다.[29] '긴 전쟁', 그리고 이에 따른 외교 정책의 군사화를 지지하는 사람들도 이와 똑같이 말할 수 있으리라. 그들이 가장 절망적인 순간에 처해 있을 때, '증강'이 나타나 그들을 구해냈다고.

부시 대통령의 후계자를 뽑기 위한 2008년 대통령 선거가 진실을 말해준다. 미국의 선거가 항상 그래왔듯이 후보자들은 그들 간의 차이가 근본적인 것이라고, 특히 국가안보와 관해서는 그러하다고 주장한다. 그러나 실제 드러난 것은 서로 다른 종류의 매파 간의 경쟁이었다. 한쪽에는 존 매케인이나 세라 페일린 같은 공화당 후보가 있다. 이들은 이라크전쟁은 처음부터 필요하고 정당한 전쟁이었으며 이제 '증강' 덕택에 성공을 거두고 있다고 주장한다. 다른 한편에서는 버락 오바마나 조 바이든 같은 후보들이 이라크전쟁을 재앙이었다고 주장하면서 반면 아프간전쟁만은 반드시 이겨야 하는 필요한 전쟁이라고 지적한다. 양대 정당의 저명한 정치가 중 어느 누구도 미 군사력을 세계적 힘의 투사 수단으로 이용하거나 전 세계에 미군을 주둔시키는 것이 과연 바람직한 것인가라는 근본적 질문에 대해서는 그 근처에도 가지 않으려 한다. 힘의 행사라는 측면에서 여러 후보자들은 자신이 얼마나 호전적인가를 드러내기 위해 온갖 애를 쓴다. 이런 경쟁에서라면 당연히 매파가 이길 수밖에 없다.

2009년 초 권력이 조지 부시에서 버락 오바마에게 넘어가면서 워싱턴 룰은 다시 회복됐다. 미 군사력의 초점을 이라크에서 아프가니스탄으로 옮기겠다는 자신의 결의를 표명하면서―"아프간전쟁은 선택의 문제가 아닙니다. 이는 반드시 이겨야 하는 전쟁입니다"―오바마 대통령은 워싱턴 룰의 부활에 대한 자신의 승인을 분명히 했다.[30] 오바마 대통령은 후보 시절 변화에 대한 약속을 자신의 핵심 공약으로 내세웠음에도 미국의 신조와 성 삼위일체는 전혀 변하지 않았다. 이라크에서 그 결과가 어찌될지 아무도 알 수 없다. 워싱턴에서는 확실히 워싱턴 컨센서스가 살아남았다. 이것이 바로 퍼트레이어스 장군의 지울 수 없는 업적이다.

반란진압작전 세력의 어젠다

오바마 시대가 시작되면서 퍼트레이어스를 지지하는 그룹의 멤버들은 자신들의 어젠다를 강하게 밀어붙이기 시작했다. 이들은 야심찬 계획을 갖고 있었다.

'증강'의 중요성을 강조하는 이들 중 특히 눈에 띄는 사람으로 퇴역 군인이자 반란진압 전문가이며 한때 퍼트레이어스의 자문역을 맡았던 존 네이글John Nagl이란 인물이 있다. 네이글에 따르면 '주민 안보'가 "반란진압작전의 성공을 위한 첫 번째 필수 요소"이기는 하지만 이것이 전부는 아니다. 사실 시작에 불과할 뿐이다.

> 미국에 대해 집요하게 저항하고 있는 반란세력을 물리치기 위해서는 정보 운용을 효과적으로 하는 가운데 경제 개발과 효율적 통치, 주민 생활에 필요한 핵심 서비스들을 제공함으로써 장기간에 걸쳐 상황을 동시에 서서히 개선시켜야만 한다.

네이글과 같은 반란진압작전 옹호자들에 따르면 미국이 취해야 할 핵심 조치는 바로 "세계적 차원의 반란진압작전"이다.[31] 네이글을 비롯한 반란진압작전 옹호자들은 극단적 이념을 추구하는 반군세력이 세계를 위협하고 있고 이라크의 사태 전개에서 FM 3-24의 효율성이 입증된 만큼, 폭력적인 반서방 지하드주의의 위협에 대한 유일한 효과적 대처 방안은 세계적 차원의 반란진압작전뿐이라고 주장한다.

오바마가 백악관의 주인이 되는 2009년 1월경이 되면 세계적 차원의 반란진압작전 — 일부에서는 이미 이를 GCOIN Global Counterinsurgency이란 약어로 호칭하고 있었다 — 은 이미 시대의 대세가 되어 있었다. 민주당 소속 매사추세츠 주 상원의원 존 케리 같은 이는 이제 세계적 테러와의 전쟁GWOT은 마땅히 "세계적 차원의 반란진압작전으로, 즉 주민들의 마음을 사기 위한 전투로 바뀌어야만 한다"고 공식 발언했다.[32] 또한 같은 시기 저명한 테러 전문가인 브루스 호프만은 GCOIN이야말로 "주민들을 미국편으로 끌어들이기 위한 장기 계획"의 바탕이 돼야 한다고 주장했다.[33]

베넷 사코리크 육군 준장도 같은 의견이었다. 특수작전 전문가인 사코리크 장군은 "테러리스트를 제거하는 것만으로는 테러와의 전쟁에서 이길 수 없다. 솔직히 말해 상황을 개선시킬 수도 없다"는 의견을 피력했다. 반미 폭력이 창궐하는 상황에 정면 대응하기 위해서는 "테러의 근거지 역할을 하는" 나라들 모두에 미군을 파견해야 한다는 것이다. 이제 '국가건설'이 미군의 핵심 과제가 됐다.[34] 한편 미 육군 대학의 저널에는 〈세계적 차원의 반란진압작전: 긴 전쟁의 전략 목표를 명확히 함〉이라는 거창한 제목의 논문이 실렸다. 이 글의 저자인 다니엘 로퍼 대령은 GCOIN이야말로 부시 시대의 고질적 문제였던 전략적 혼란을 교정할 수 있는 올바른 "지적 프레임워크"를 제공한다고 평가했다.[35]

달리 말해 GCOIN 옹호자들에게 이라크는 일회성 사건이 아니었던 것이다. 부시 대통령은 패배의 수치를 모면하기 위한 필사적 시도로 '증강'을 택한 데 비해, 네이글과 같은 퍼트레이어스 숭배자들에게 2007~2008년 이라크에서의 경험은 반란진압작전을 전 세계에 적용하기 위한 일종의 시험 케이스였던 셈이다. 이들에게는 세계 도처에 또 다른 이라크들이 기다리고 있었다.

대중동 지역 도처에는 "경제 개발과 효율적 통치, 그리고 핵심 서비스의 공급"을 간절하게 원하는 수억 명의 주민들이 있다. GCOIN은 바로 그러한 요구를 충족시킬 방법을 제공할 것이며 이에 따라 테러리즘을 미연에 방지할 수 있다는 것이다.

그러나 GCOIN 작전이 제 이름값을 하려면 최소한 아프가니스탄(텍사스 주 정도의 면적에 인구는 2,840만 명)과 파키스탄(캘리포니아 주 두 배 면적에 인구 1억 7,620만 명) 정도는 평정해야 한다. 이 두 나라는 반란세력의 위협이 가장 시급한 나라이기 때문이다. 게다가 소말리아(텍사스보다 조금 작고 인구는 980만 명)와 예멘(와이오밍 주 두 배 크기에 인구 2,380만 명)은 폭력적 지하드주의자들을 선발하고 훈련시키는 지역으로 알려져 있다. 그뿐인가, 그 배후에는 테러 활동의 지원세력으로 널리 비판받고 있는 이란(알래스카보다 약간 작고 인구는 6,640만 명)이 있고, 나아가 이집트(뉴멕시코 주 3배 면적에 인구 8,310만 명)마저도 급진적 이슬람주의 정서의 소굴로 알려져 있다.[36] 이들 주민들의 욕구를 충족시키기 위해서는 그야말로 어마어마한 규모의 반란진압작전을 펼쳐야 할 것이다.

앞으로 가야 할 길은 매우 길고 고될 수밖에 없다. 게다가 이라크에서의 임무가 완료된 미군 병사들이 다음으로 해야 할 일은 앞으로 나아가는 것이 아니라 뒤로 돌아가는 것이다. 이제 그들은 180도 방향을 바꿔 아프가니스탄으로 돌아가고 있다.

오바마의 아프가니스탄전쟁

2009년 1월 20일 취임한 버락 오바마 대통령은 취임과 함께 전시 최고사령관의 책임을 맡게 됐다. 그것도 하나의 전쟁이 아닌 두 개의 전쟁에 대해. 후보 시절 오바마는 이라크전쟁에 대한 반대를 분명히 함으로써 대통령에 당선될 수 있었다. 신임 대통령은 백악관에 입성하자마자 '증강'이 대단한 성공을 이뤄냈다는 세간의 평가를, 비록 명시적으로는 아니지만 기꺼이 받아들였다. 또한 그럼으로써 후보 시절 자신의 공약이었던 이라크에 대한 미군의 직접 군사 개입을 종료시킬 수 있는 명분을 확보할 수 있었다.

그러나 아프가니스탄과 관련해서 그는 더 어려운 문제에 직면했다. 후보 시절 오바마는 자신이 국가안보 문제에 유약하다는 비판을 피하기 위해 대통령에 당선된다면 아프가니스탄에서 군사 노력을 더 강화하겠다고 약속했다. 대통령 취임 후 수주일 만에 그는 자신의 공약을 실천에 옮겼다. 취임 후 한 달이 되지 않은 시점에 미군 병력 2만 1,000명을 아프가니스탄에 파병한 것이다. 이 같은 결정을 내리면서 오바마 대통령은 "지금까지 아프가니스탄은 긴급히 필요한 전략적 관심과 지시, 그리고 인적 물적 지원을 받지 못했다. 미군 병력을 증원해 파병한 것은 악화되는 아프가니스탄 상황을 안정시키기 위해 반드시 필요하다"고 선언했다.[37]

그러나 상황을 호전시키기 위해서는 병력 증원만으로는 부족했다. 탈레반 세력은 날로 확대되고 있었고, 이에 비해 미군과 동맹국의 세력 기반은 축소 일로에 있었다. 신임 오바마 행정부는

"새로운 사고", "새로운 상황 평가"를 필요로 했다. 그리하여 2009년 5월 오바마 대통령은 아프가니스탄 현지 작전의 일차적 책임을 지고 있는 미군 사령관을 교체했다. 지나치게 평범하고 지루하다는 평가를 받아온 데이비드 매키어넌 장군이 물러났다. 후임으로 퍼트레이어스의 측근이자 특수작전통이며 반테러 활동―표적 살해를 말한다―전문가인 스탠리 매크리스털Stanley McChrystal 장군이 임명돼 반란진압작전의 전문가로 거듭나기 위한 채비를 차렸다.[38]

평론가들은 즉각 아프가니스탄전쟁을 '오바마의 전쟁'으로 명명했다. 매크리스털의 임무는 이 전쟁을 성공적으로 마무리할 방법을 찾아내는 것이었다. 신임 매크리스털 사령관은―전임 부시 대통령에 의해 미 중부사령관에 임명됐으며, 따라서 자신의 직속 상관인―퍼트레이어스의 지도를 받아가며 미국과 동맹국들이 이룬 그간의 성과를 평가하는 등 바로 임무에 착수했다.

장군들에 대한 숭배 열기가 다시 끓어오르면서 매크리스털은 즉각 명사의 반열에 뛰어올랐다. 언론에서는 매크리스털을 다윗왕(데이비드 퍼트레이어스)의 황태자 스탠리라고 부르기 시작했다. 폭포수처럼 쏟아지는 격찬으로 가득 찬 《뉴욕타임스 매거진》의 다음과 같은 인물 소개 기사가 이를 잘 말해준다. "이라크를 대재앙에서 구해낸 것이 퍼트레이어스라면 이제 아프가니스탄을 구해낼 임무는 매크리스털의 몫"이라는 것이다.[39]《뉴스위크》역시 매크리스털을 거의 구세주로 묘사했다. "하루에 한 끼밖에 먹지 않으며, 새벽 5시부터 미친 듯이 일을 하고, 일체의 체지방이 없는 말라깽이"로 "선禪의 전사戰士"라고 묘사한 것이다.[40]《타임》또한 매크리스털의 킨들에는 "파키스탄과 링컨, 베트남 등에 관한 진지한 저작"들이 가득 차 있다며 그를 치켜세우기에 바빴다.[41] 이들 수많은 언론 보도에 따르면 그는 보통 사람이 아니라 슈퍼맨에 가까운 영웅이었다.

퍼트레이어스의 '증강'을 널리 홍보하는 데 혁혁한 공을 세운 다양한 민간인 전문가들과의 '협의' 끝에 2009년 8월 30일 매크리스털은 아프가니스탄 상황에 대한 자신의 평가 작업을 마무리했다.[42] 3주일 후, 그의 보고서는 《워싱턴 포스트》의 밥 우드워드를 통해 언론에 유출됐다. 당초 대통령과 최측근 보좌관들에게만 전달되기로 했던 66쪽짜리 보고서 전문이 인터넷 접속이 가능한 모든 사람들에게 유포된 것이다. 그 영향은 즉각적이었다. 이후 아프가니스탄에 관한 논의를 매크리스털의 견해가 좌지우지하게 된 것이다. 대통령은 매크리스털을 지지할 것인가? 아니면 매크리스털의 임무 수행을 위해 필요한 지원을 거부할 것인가?

매크리스털을 자문했던 반란진압작전 전문가들은 신문 칼럼과 방송 논평 등을 통해 오바마에게 매크리스털의 요구에 응할 것을 주문했다. 맥스 부트는 오바마에게 "훌륭한 팀을 거느린 탁월한 장군이자 아프가니스탄 상황에 대해 세심한 연구를 수행한 매크리스털을 지원해줄 것"을 요구했다.[43] 프레더릭 케이건은 《위클리 스탠더드》를 통해 오바마가 매크리스털의 계획을 즉각 승인하지 않음으로써 "그 망설임의 대가가 얼마나 큰가"라고 개탄했다. 백악관은 매크리스털의 제안들을 "고의적으로 검토조차 하지 않으려 했으며" "아프간과 인근 지역에 대한 일련의 세미나들을" 개최하면서 허송세월을 했다는 것이다.[44] 케이건은 거듭되는 논란에 지쳤다. 그는 행동을 원했다.

매크리스털의 제안은 아프가니스탄을 구하려면 FM 3-24에 제시된 방법에 따라 아프간 주민들을 구해내야 한다는 것이었다. 그는 다음과 같이 썼다. "승리하기 위해서는 아프간 주민들에게 안전한 환경을 제공하는 한편 이들에게 지지를 얻어낼 수 있는 포괄적 반란진압작전을 펼쳐야 한다." 아프간 주민들의 지지를 확보하기 위해 서방 측 병사들은 "이곳 주민들의 선택과 필요 사항들을 더 정확하게 이해해야만" 했다. 이런 측면에서 최대의 장애물은 바로 미국과 동맹국 병사들의 기존 사고방식이었다. "우리의 전통적 군사문화가 문제의 일부"이며 서방 측 군인들은 "현지 언어와 문화에 익숙지 못해 반란진압 활동에 대한 대비가 거의 돼 있지 않다"는 것이다.[45]

아프간 문화의 진정한 본질을 파악하려면 기존의 서방 측 군사문화 자체가 전면적으로 바뀌어야만 했다. "우리가 생각하고 활동하는 방식을 전혀 다르게, 불편할 정도로 다르게 변화시켜야만 한다." 매크리스털의 계획은 문화적 감수성이라는 것이 마치 사격술처럼 병사들을 가르치면 습득할 수 있는 기술이라는 암묵적 전제를 깔고 있다. (매크리스털의 계획에는 문화에 관한 수많은 언급이 있었는데도 신기하게도 종교에 대해서만은 침묵하고 있다. 아프간의 정체성을 형성하는 데 이슬람이 얼마나 중요한 요소인지, 또는 미국과 서방 측 병사들이 대부분 취하고 있는 탈기독교적 성향의 영향은 무엇인지에 대해서는 전혀 설명하지 않고 있다.)

매크리스털에 따르면 아프간 주민의 지지를 확보하기 위해서는 두 가지 과제가 있으며 이 두 과제를 동시에 수행해야 한다. 하나는 "강인하고 점증하는 반란세력"을 제압하는 것이다. 다른 하나는 광범위하게 퍼져 있는 "신뢰의 위기"를 치유하는 것이다. 위기의 원인은 복잡하며 "아프간 정치체제의 취약함, 부패 관리와 정상배들의 권력 남용, 정치적 무력감의 만연, 오랫동안 계속돼온 경제적 기회의 부재" 등을 원인으로 꼽았다.

매크리스털은 자신이 고안해낸 포괄적 반란진압 프로그램으로 이 문제들을 하나씩 해결할 수 있다고 장담했다. 그는 또 이러한 작전을 제대로 수행하기 위해서는 더 많은 자금과 더 많은 병사들이 필요하다면서 오바마 대통령이 이미 승인한 병력 증원 외에 4만 명의 추가 병력 지원을 요청했다.

하지만 매크리스털은 자신의 반란진압 프로그램을 완수하려면 어느 정도의 인력과 자금이 필요한지에 대해서는 굳이 말하지 않았다. 사실 그의 침묵은 이해할 만하다. 인력이 됐건, 자금이 됐건 그 규모는 어마어마할 것이 분명했기 때문이다. 이에 대해 낙관적 견해를 가진 한 예비역 4성 장군은 비용 규모를 대략 6,000억 달러로 추산했다. "안보 환경 개선을 위한 상당 규모의 초기 투자를 한 후 10년간 매달 50억 달러를 투입한다면 강력한 아프간 군대와 경찰, 그리고 안정적인 정부와 도로, 대학들을 만들어놓고 미국은 떠날 수 있을 것이다."[46]

나아가 매크리스털은 아프간을 구하는 데 어느 정도의 시간이 걸릴지에 대해서도 얘기하지 않았다. 단지 초기 수개월이 매우 중요하다는 사실만을 강조할 뿐이었다. 그는 이렇게 썼다. "가까운 장래에 주도권을 장악하고 반란세력의 모멘텀을 꺾어놓지 못한다면 반란 진압이 영영 불가능해질 수도 있는 위험성이 있다." 미국은 지체할 여유가 없다. 당장 행동에 나서야 하며, 빠르면 빠를수록 좋다는 것이었다.

매크리스털은 다음 한 가지 논점에 대해서는 매우 강력하게 주장했다. 즉 그의 제안을 거부하는 것은 곧 실패를 의미한다는 것이었다. 영국 런던 국제전략문제연구소IISS에서 자신의 계획을 발표하는 도중, (조 바이든 부통령이 제안한 것으로 알려진) 덜 야심적인 목표를 위한 덜 야심적인 접근 방식이 통할 것 같으냐는 질문에 대해 그는 단도직입적으로 말했다. "간단히 말해 그 대답은 '아니오'입니다. 아프가니스탄을 안정화시키지 못한다면 그것은 근시안적 전략이라고 해야 할 것입니다."[47] 나아가 그는 미 공영방송 PBS와의 인터뷰에서 "다른 대안은 없다"고 단언했다.[48]

오바마의 현상유지 결정

이제 어떻게 아프가니스탄을 구할 것인가가 국가안보 정책의 최우선 과제가 됐다. 하지만 과연 아프간 주민들이 구원받기를 원하는지 아닌지, 또는 그들은 무엇을 구원이라고 생각하는지에 대해서는 누구도 관심을 기울이지 않았다. 워싱턴의 거의 모든 사람들이

다음 두 가지에 대해 같은 생각을 하고 있었다. 이라크가 대중의 관심에서 사라진 지금 아프가니스탄이 가장 화급한 문제이며, 이 문제를 즉각 해결해야 할 임무가 미국에게 있다는 것이었다.

이 문제를 어떻게 풀어갈 것인가에 대한 최종 결정권은, 적어도 명목상으로는 군 최고통수권자인 대통령에게 있었다. 하지만 백악관 안보팀이 대통령에게 제시한 일련의 선택지들은 단일한 주제를 바탕으로 한 변주곡처럼 서로 큰 차이가 없었다. 전임 부시 행정부가 사생아 취급했던, 8년째 계속되고 있는 아프간 사태에 대한 미국의 군사 개입을 연장하고 강화하는 옵션들만이 제시된 것이다. 한 가지 옵션, 즉 아프간에서 손을 떼자는 선택지는 확실히 대통령의 책상에 도달하지 못했다.

매크리스털의 보고서가 언론에 유출되고 난 시점에서 오바마 대통령이 아프간에 대한 자신의 계획을 발표한 웨스트포인트West Point(미 육군사관학교) 연설에 이르기까지 수주일 간의 상황 전개는 워싱턴이 어떻게 자신의 법칙을 지키고 관철시키는지를 극명하게 보여주고 있다. 2009년 가을 내내 전 세계는 "세상에서 가장 강력한 사람"이 아프간 문제를 어떻게 해결할지 숨죽여 지켜보고 있었다. 비판자들은 그가 "망설이고 있다"고 조롱했다. 지지자들은 그가 신중하게 숙고하고 있다고 칭송했다. 하지만 양측 모두 대통령이 결정을 내리면 그 여파는 대단할 것이라는 점을 알고 있었다.

그러나 오바마가 아프가니스탄에 대한 추가 병력 지원을 만 명으로 할 것인가, 아니면 2만 명, 3만 명, 또는 4만 명으로 할 것인가에 대해 숙고를 하는 순간에도 실질적으로 선택을 할 수 있는 능력은 이미 그의 손에서 떠나버린 뒤였다. 본질적으로 말해, 그는 국방색만 들어 있으면 어떤 색깔을 골라도 좋다는 조건으로 양복을 고르는 사람과 같은 처지에 있었던 것이다.

부시 대통령의 자유 어젠다가 실패한 마당에 오바마가 마땅히 관심을 기울여야 할 문제들은 결코 그에게 도달하지 못했다. (부시가 시작한) 긴 전쟁의 목표와 전망을 평가하는 동시에, 폭력적 지하드주의에 대한 현실적 대응의 기반이 될 수 있는 원칙들을 확립하고, 이 원칙들을 아프가니스탄 상황에 적응하는 것이야말로 오바마가 결정해야 할 문제였다. 그러나 실제로 오바마에게 제시된 문제들은 아프가니스탄을 어떻게 평정할 것인가의 문제였고 이는 대통령이 풀어야 할 문제가 아니었다. 이것은 마치 프랭클린 루스벨트 대통령이 2차 세계대전 내내 전반적 전략 수립은 어떻게 되겠지 하고 방치한 채 상륙작전 계획 수립에만 골몰하는 것과 같은 형국이었다.

노벨 평화상 수상을 위해 오슬로로 떠나기 며칠 전, 오바마는 아프가니스탄에 3만 명의 추가 병력을 파견한다고 발표했다. (이 숫자는 다음 날 3만 3,000명으로 늘었고, 여기에 나토 측에서 7,000명을 파견함으로써 매크리스털은 자신이 원한 4만 명의 추가 병력을 확보하게 됐다.) 이렇게 아프간에 대한 미국의 군사 개입을 강화함으로써 오바마는 사실상 긴 전쟁을 추인하는 셈이 됐다. 이와 함께 이제 '오바마의 전쟁'은 오바마 행정부를 평가하는 핵심 기준이 될 것임이 분명해졌다. '퇴로', '탈출구' 등이 논의됐지만 정작 중요한 것은 지난 60여 년간 형성돼온 미 국가안보 정책의 기본적 접근 방식을 진지하게 재평가할 수 있는 기회를 오바마가 사실상 포기했다는 것이다.

커티스 르메이와 앨런 덜레스가 그토록 공을 들여 세운 전통에 오바마는 감히 도전하지 못했다. 여전히 정부 내에서는 준전사들의 견해와 목소리가 득세하고 있었다. 실제로 맥조지 번디와 로버트 맥나마라의 후예들은 아프가니스탄 상황을 낙관적으로 보려는 오바마의 결단에 찬사를 보내고 있었다. 한편 전사들 자신―케네디 행정부 시절 맥스웰 테일러의 위치를 차지하고 있는 퍼트레이어스나 매크리스털 장군―은 어째서 (아프간의) 헬만드 지역의 문제를 푸는 것이 (미국의) 클리블랜드나 디트로이트의 문제보다 중요한지를 설명하고 있었다. 베트남전쟁의 교훈이 그러했듯이 이제 워싱턴은 이라크의 교훈을 성공적으로 흡수했다(또 아무것도 아닌 것으로 만들어버렸다). 그리하여 진짜 미국에 중요한 것은 배우지 못하도록, 나아가 아무것도 변하지 않도록 했다. 따라서 워싱턴 컨센서스의 핵심 요소들은 고스란히 보존된 것이다.

그동안 워싱턴이 워싱턴 컨센서스의 유지를 위해 엄청난 공을 들여왔다는 점을 생각해보면, 현상유지에 안주한 오마바의 결정도 그다지 놀랄 일은 아니다. 그러나 오바마의 당선과 함께 그가 진정한 변화를 가져올 것이라고 기대했던 수많은 지지자들에게 그의 결정은 그야말로 실망 그 자체가 아닐 수 없다. 진정한 변화는 아직 시작되지 않은 것이다.

6

★★★

워싱턴 룰,
누가 이익을 보는가

★★★

워싱턴 룰, 이익 보는 세력들

냉전 초기 중서부 지방에서 성장한 나는 어려서부터 미국인과 공산주의자들과의 차이를 명확히 알고 있었다. 한마디로 말해, 미국인은 실용적이었고 공산주의자들은 이념적이었다. 미국에서는 융통성과 상식이 지배했다. 어떤 것이든 현실적으로 유용하다면 우리는 그것을 받아들였다. 반면 저들은 엄격하고 교조적이었다. 그들에겐 결과보다는 비판하고 폼 잡는 것이 중요했다. 그 당시의 보도 영상을 보면 잘 알 수 있다. 공산권 지도자들은 희한한 요구를 외쳐댔고, 순종적인 대중은 당이 마련한 구호를 앵무새처럼 반복했다. 이런 몰상식을 미국인이 받아들인다는 것은 불가능한 일이었다.

하지만 뒤늦은 배움을 통해 젊은 시절의 이러한 생각이 이제는 뒤집어졌다. "어떤 것이든 현실적으로 유용한 것"은 예전에는 그랬을지 몰라도 이제 더는 미국인의 일상적 행동에 대한 지침이 되지 못한다. 이제 미국인들은 현실이 내 욕망을 만족시켜주어야 한다는 것을 자신의 타고난 권리라고 생각한다. "어떤 것이든 내가 원하는 것"이 이제 미국인들의 국민적 모토가 되었다. 한편 정치와 관련해서 이제 미국인들은 몰상식도 참아 넘긴다. 날이면 날마다 미국의 부유한 지배계급은 "국민을 위해" 발언한다면서 소련 정치국 간부들을 뺨칠 정도의 상투적인 말들을 내뱉는다.

워싱턴 룰이야말로 정치인들의 이런 성향을 가장 잘 보여주는 사례다. 실제로 유용한 것은 외면하면서 자신들이 이루겠다고 다짐한 약속을 현실화시키는 데 명백히 실패한 기존 관행에 완강하게 집착하는 성향 말이다. 워싱턴 룰의 경우, 적정한 비용으로 미국인의 안전과 안녕을 확보하면서 동시에 미국적 가치를 지키겠다고 약속했지만 이 약속은 지켜지지 않고 있다.

우리는 끊임없이 세계는 좁아지고 복잡해지고 있으며 더 위험해지고 있다는 말을 듣는다. 따라서 "미국을 안전하게 하기 위한" 노력을 계속하는 동시에 세계 평화를 증진하기 위한 노력도 필요하다는 얘기다. 저들은 이렇게 말한다. 이러한 목표들을 달성하려면 펜타곤에 더 많은 돈을 쏟아 부어야 한다. 그리하여 한편으로는 힘의 투사를 위한 새로운 수단을 개발하고, 다른 한편으로는 지구상 어딘가의 어둡고 고통 받는 지역을 평정(또는 해방)하기 위한 새로운 군사 원정을 준비해야만 한다고.

이러한 노력들을 위해 얼마나 많은 비용을 지불해야 할지 우리는 쉽게 계산할 수 있다. 예컨대 매년 국가채무에 부과되는 수십억 달러의 이자와 전쟁터에서 죽고 다치는 미군 병사의 숫자들로 그 비용과 희생을 알 수 있다.

그러나 더 깊은 차원에서 워싱턴 컨센서스를 지키는 데 따른 희생은 측정조차 불가능하다. 예를 들어 다음과 같은 것들 말이다. 가족 일원의 전사로 인한 상실감, 전투에서 물리적 정신적 상처를 입은 참전용사들의 고통, 비밀과 은폐와 뻔뻔한 거짓 속에 운영되는 거대 관료기구의 존속, 군산복합체가 희소한 국가자원을 몽땅 빨아들이면서 일어나는 국가적 우선과제의 왜곡, 전쟁과 전쟁 준비의 부산물로 일어나는 환경파괴, 극소수 병사들이 영구전쟁의 부담을 지는 한편 대다수 시민들은 이들을 존경하는 척하면서 실제로는 이들의 희생을 무시하거나 그로부터 이득을 취하는 데 따른 뼈대만 남은 시민문화 등등.

게다가 워싱턴 룰이 생겨나게 만든 애당초의 조건들이 사라진 이후에도 워싱턴 룰이 사라질 조짐은 전혀 보이지 않고 있다. 2차 세계대전 직후 약하고 위협에 처했던 서유럽과 동아시아의 미 동맹국들은 이제 안정됐고, 번영하고 있으며, 스스로의 힘으로 자신을 방어할 충분한 능력을 갖고 있다. 20세기 자유주의를 위협했던 (파시즘과 공산주의 등) 전체주의 이데올로기는 확실히 회복 불가능하게 패퇴했다. 이오시프 스탈린도 오래전에 갔고, 소련제국도 마찬가지다. 공산 중국은 이제 그냥 중국이 됐으며, 미국인들에게 엄청난 신용과 소비재를 제공해주는 보배가 됐다. 물론 공산당이 여전히 중국을 지배하고 있지만, 이제 중국 공산당은 마오쩌둥 주석의 가르침을 전하는 것보다는 수출을 늘리는 것을 더 중요한 과제로 여기고 있다. 한때 강력한 혁명세력의 근거지가 될 것으로 생각됐던 이란 이슬람공화국은 또 어떤가. 이란을 지배하는 이슬람 성직자들은 민주주의를 요구하는 거리 시위를 막기에도 급급한 실정이다. 이제 워싱턴의 준공식적 적대국가 리스트에는 대부분 잔챙이들만 남았다. 제 나라 국민도 제대로 먹여 살리지 못하는 북한, 노상 이스라엘에게 두들겨 맞는 시리아, 광대가 지배하는 베네수엘라, 그리고 옛정을 생각해서 쿠바 정도.

물론 세계가 평화와 조화의 단계에 들어선 것은 결코 아니다. 아직도 한참 멀었다. 그러나 오늘날 우리가 관심을 가져야 할 위협들은 테러, 기후 변화, 마약 카르텔, 제3세계의 저발전과 불안정, 그리고 무엇보다 서방 측이 먼저 만들어 사용하기 시작한 대량살상무기의 확산 등으로 애당초 워싱턴이 성 삼위일체를 통해 대처하려 했던 위협과는 전혀 다른 것들이다.

문제는 바뀌었는데 워싱턴이 내놓은 해결책은 거의 변하지 않은 셈이다. 세계 지도자로서 미국의 의무를 다하기 위해서는 미군의 세계적 주둔과 힘의 투사가 필요하며 무력을 통해 외국의 변화를 유도해야 한다는 신념은 오늘까지도 면면히 이어져 내려오는 미 국가안보 정책의 중심 모티브이다. 워싱턴이 이 신조와 성 삼위일체에 집착하는 것은 이것들이 필요해서가 아니라 관성으로 포장된 편협한 자기 이익 때문이다.

드와이트 아이젠하워가 오늘날 세계의 모습을 봤다면 대경실색했을 것이다. 대통령이 되고 나서 얼마 되지 않아 그는 초기 냉전 10년으로 세계가 처한 곤경에 대해 이렇게 자문했다. "(핵전쟁으로 이어질) 이 무시무시한 길에서 벗어날 방도가 없다면 세계는, 그리고 세계 속의 각 나라들은 과연 무엇을 희망할 수 있을까?" 그는 자신의 질문에 이렇게 답했다. 최악은 인류 전체를 절멸시킬 핵전쟁이라고.

최선은 다음 정도일 것이다. 영구적인 공포와 긴장, 모든 이들의 부와 노동을 빨아들일 군비 경쟁, 미국, 소련 또는 어떤 체제이든 지구상 인류의 진정한 풍요와 행복을 이룰 능력을 부정하고야 말 힘의 낭비. 만들어지는 모든 총들, 진수되는 모든 전함들, 그리고 발사되는 모든 로켓들은 궁극적으로 굶주렸으나 먹지 못한 사람들, 춥지만 옷을 입지 못한 사람들의 것을 훔친 것이나 다름없다.

아이젠하워 대통령은 더 구체적인 예를 들었다.

현대적 폭격기 1대를 만드는 비용이면 30개 이상의 현대적 학교를 만들거나 6만 명이 사는 도시에 전력을 공급할 수 있는 발전소 두 개를 지을 수 있다. 또는 훌륭한 시설을 갖춘 병원 두 개를 짓거나 80킬로미터의 도로를 포장할 수 있다.

전투기 한 대 값이면 밀 1,500만 리터를 살 수 있다. 구축함 한 대를 만들 돈으로 8,000명 이상에게 집을 지어줄 수 있다.

다시 한 번 말하지만, 이것이야말로 지금 세계가 가고 있는 길에서 우리가 택할 수 있는 최선의 방법이다.

진정한 의미에서 이것은 사는 게 아니다. 핵전쟁 위협 아래, 철십자가 아래 드러누운 인간의 모습은.[1]

아이젠하워는 소련 지도자들에게 자신과 함께 철의 교수대에 묶여 있는 인류를 구해내자고 역설했다. 그러나 그의 연설은 별다른 효과가 없었다. 불가피하게 냉전, 그리고 이에 따른 군비 경쟁은 계속될 수밖에 없었다. 그러나 우리가 주목해야 할 것은 군인 출신의 이 정치가가 강화되는 미 정책의 군사화를 매우 불편하게 느꼈다는 점이다.

오늘날 대부분의 미국인들에게 냉전은 먼 옛날의 추억이 돼버렸다. 그러나 1953년 아이젠하워가 묘사했던 "영구적인 공포와 긴장 속의 삶", 그가 지적했던 "무기의 부담", 그리고 미국인들이 "진정한 풍요와 행복"을 이룰 수 있을 전망을 가로채간다고 개탄했던 "능력의 낭비"는 여전히 지금도 계속되고 있다. 아이젠하워가 개탄해 마지않았던 이러한 행동방식은 지금까지도 워싱턴에 깊이 각인돼 있다. 아이젠하워가 임시방편이라고 생각했던 관행들이 이제는 확고한 행동양식으로 자리 잡았다.

미국의 국방예산 규모와 핵무기 규모, 그리고 해외 주둔 미군의 규모 등 세 가지 사례를 통해 살펴보자. 미국의 국방예산 규모가 지금처럼 다른 모든 나라들을 합친 것보다 많은 것이 아니라 러시아, 중국, 이란, 북한, 시리아, 베네수엘라, 쿠바 등을 합친 국방예산 정도라면 미국에 닥칠 위협은 훨씬 더 커질까? 또는 미국이 보유한 핵탄두 숫자가 지금처럼 수천 개가 아니라 수백 개에 불과하다면 미국은 지금보다 핵 공격이나 핵 공갈에 훨씬 더 취약해질까? 나아가 2차 세계대전이 끝난 지 60여 년이 지난 지금, 독일과 이탈리아, 유럽 곳곳에 배치돼 있는 미군들을 철수시킨다면 본토의 미국인들은 안보 불안에 떨면서 밤잠을 설치게 될까?

이런 질문들에 대해 실용적으로 생각해본다면 대답은 당연히 '아니오'가 될 것이다. 그러나 워싱턴 컨센서스의 관점에서 이 문제를 생각한다면 대답은 다르게 나올 것이다.

워싱턴 컨센서스의 지지자들은 잠재적 적국들의 국방비를 바탕으로 우리의 국방예산을 결정한다는 생각 자체를 말도 안 되는 소리로 일축한다. 그 대신 이들은 미국만의 독특한 책임 때문에 미국은 비상한 능력을 갖춰야 하며, 이에 대한 외부 제약을 받아들일 수 없다고 주장한다. 심지어 미국 정부는 다른 나라가 핵무기 개발을 단지 고려했다는 이유로 비난을 퍼부으면서 정작 미국의 핵무기를 감축하라는 요구는 단칼에 거부한다. 그렇게 할 경우 미국이 처할 (그들 상상 속의) 안보상 위협이 너무도 커서 검토조차 할 수 없다는 것이 그 이유다. 유럽 주둔 미군의 철수에 대해서는, 미군이 철수할 경우 미국의 동맹국 방위 의지가 의심받게 돼 세계 어딘가에 있을 잠재적 적국들에게 잘못된 '신호'를 줄 수 있기 때문에 철수할 수 없다고 응수한다. 따라서 워싱턴 룰은 미국의 기존 안보정책에 관한 실질적 정책 논의를 촉발시킬 수도 있을 비정통적인 견해를 원천봉쇄하려 한다.

그렇다면 이러한 범죄행위로 누가 이익을 얻는가? 워싱턴 룰의 영속화로 이득을 보는 자는 누구인가? 이 질문에 대한 답을 알고 나면 왜 워싱턴 컨센서스가 끈질기게 지속되는지를 알 수 있다.

정답은, 말할 필요도 없이 워싱턴 스스로가 이득을 보기 때문이다. 워싱턴 룰은 다음과 같은 수많은 사람들에게 이윤과 권력과 특권을 제공한다. 그들은 누구일까? 선출직 또는 임명직 관리들, 기업 간부와 기업을 위한 로비스트들, 군 장교들, 여러 국가안보기구의 요원들, 언론인들, 대학과 연구기관의 정책전문가들이 그들이다. 매년 펜타곤은 미국의 군사력을 유지하고 확장하기 위해 수천억 달러의 돈을 쓴다. 이 돈이 미국 정치의 윤활유가 된다. 각 당의 정치자금을 채워주고 유권자들에게 일자리와 일거리를 제공할 수 있는 바탕이 된다. 퇴역 미군 장교들이 무기회사나 자문회사에 고용돼 크게 이윤이 남는 '제2의 인생'을 시작할 수 있는 자금줄이 된다. 싱크탱크들로 하여금 기존 관행에 대한 도전을 물리칠 수 있는 정책들을 끊임없이 옹호하도록 하는 데 사용된다. 이제 '군산복합체'란 말로는 국가안보의 현상유지를 통해 이득을 취하는 수많은 집단들을 다 표현할 수 없다.

또한 그 이득이란 단지 현금, 또는 정치적 영향력에만 그치지 않는다. 워싱턴 룰이 갖는 매력은 실질적일 뿐만 아니라 심리적이기도 하다. 많은 사람들에게 그 이득이란 자신이 현대 역사를 이끄는 조종석에 앉아 있고, 또는 그 부근에 있다는 자신감일 수도 있다. 그 자신감이란 게 대체로 환상에 불과하다 해도 말이다. 권력이란 사람들을 매혹시켜 유혹한 다음 부패하게 만든다. 미국의 신조와 성 삼위일체를 주장하는 이면에는 포토맥 강가의 제국적 도시, 즉 워싱턴을 지구상 가장 매혹적이며 부패했고, 또 지구상 다른 곳들을 부패시키는 도시가 되게 할 것이라는 의미가 숨어 있다.

돌아오라 조국으로

바로 이러한 이유들 때문에 당분간 워싱턴 룰의 지위는 확고하게 유지될 것 같다. 어쩌면 워싱턴 룰은 끝없는 전쟁의 부담 아래 놓여 있는 미국 군대와 한없는 대출로 유지되고 있는 미국 경제 중 하나, 또는 둘 모두가 붕괴될 때까지 계속될지 모른다.

하지만 그런 일이 벌어진다 해도 미국 국민들은 제정신을 차리고 진지하게 앞날을 성찰하기보다는 서둘러 남을 비난하든가—제2의 맥나마라, 제2의 럼스펠드 등 희생양이 되어줄 인물들은 얼마든지 있다—'개혁'을 내세우면서 국방예산을 더 쥐어짜낼 궁리만 할 가능성이 높다. 2008년 시작된 경제위기에 대한 오바마 대통령의 반응이 이러한 경향을 잘 보여준다. "장기간에 걸쳐" 연방예산을 삭감하겠다는 오바마 정부의 다짐은 실상은 당장의 예산 증액을 정당화하기 위한 속임수에 불과하다. 특히 국가안보와 관련된 예산은 단 한 푼도 깎이지 않았다.

따라서 미국의 신조와 성 삼위일체를 다른 무엇으로 바꾸겠다는 시도는 허황된 것으로 비칠 수도 있다. 즉각적이며 현실적인 가치가 있는 뭔가를 산출해낼 수가 있을 것 같지 않다. 그러나 비록 목표를 설정하는 것에 그친다 할지라도 이러한 시도는 해볼 가치가 있다. 운동이 시작되려면 우선 확고한 신념이 형성돼야 하기 때문이다. 즉 무엇인가가 잘못돼 있다는 자각, 그리고 이 잘못을 어떻게 바로잡을 것인가에 관한 폭넓은 비전이 결합된 신념이 확고하게 선 다음에야 비로소 잘못을 바로잡기 위한 운동이 시작될 수 있는 것이다. 워싱턴 컨센서스에 도전하려면 우선 현재와 같은 영구전쟁 상태에 대한 현실적 대안이 반드시 존재한다는 명제를 확립해야 한다. 즉 미국 국민의 안전과 안녕을 보장하는 것은 물론 신이 미국에게 부과한 과업을 수행하기 위한 더 나은 길을 제시할 수 있는 새로운 미국의 신조와 성 삼위일체가 반드시 있다는 확신 말이다.

기존의 미국의 신조에 따르면 세계는 변형 가능하다. 나아가 오직 미국의 지도자만이 신의 섭리를 파악할 수 있으며, 막강한 힘을 지닌 미국만이 이러한 신의 섭리를 실행에 옮길 능력을 갖고 있다. 그러나 미국의 세기가 시작된 1941년부터의 경험은, 특히 최근 10년간의 경험은 이러한 미국의 신조와 거의 부합되지 않는다.

미국의 2차 세계대전 참전에서 현재의 '긴 전쟁'에 이르는 동안 미국 국가경영의 성적표는 그리 단순하지 않다. 전체적으로 보아 그 성적표에는 장점과 단점이 뒤섞여 있다. 지혜로움과 어리석음, 관대함과 편협함, 통찰의 시기와 극단적 맹목의 순간들, 존경할 만한 성취와 형편없는 판단착오 등이 뒤섞여 있다. 마셜 플랜을 창안한 대통령이 히로시마에 원폭 투하를 결정했는가 하면, 평화봉사단을 창설한 대통령이 외국 지도자들의 암살 작전을 명령하기도 했다. 또한 지구상의 악을 제거하겠다고 다짐한 대통령이 비밀리에 고문을 지시해놓고도 이 사실을 인정조차 하지 않고 심지어 거짓말을 하기까지 했다.

비판자들은 이러한 모순들에 주목하면서 이것들이야말로 워싱턴의 위선을 보여주는 결정적 증거라고 주장한다. 그러나 이러한 모순들이 실제로 드러내는 바는 인간 조건의 통제 불가능성이다. 심지어 구원의 사도를 자임하는 사람들도 끊임없이 정의의 길에서 일탈한다. 따라서 여전히 세계가 구원되지 않고 있는 것은 하나도 이상한 일이 아니다. 미국의 지도자들은 마치 자신들이 세상을 바꿀 수도 있는 것처럼 미래에 대한 예언적 발언들을 쏟아내고 있지만, 실제 미래를 전망한다는 측면에서 보자면 이들의 발언 역시 다른 나라 지도자들과 마찬가지로 아무 쓸모가 없다. 자유세계의 지도자, 게다가 엄청나게 똑똑한 보좌관들에 둘러싸인 미국의 대통령이라 할지라도 세계의 미래를 예측하는 능력이라는 관점에서 보자면, 적절한 정도의 정보를 제공받은 고등학생들보다도 별로 나을 것이 없다.

미국의 예지력이 별것 아닌 것처럼 미국의 군사력도 사실 별대단한 것이 못 된다. 그동안 사태 전개가 미국의 힘의 한계를 명백히 보여주고 있다. 특히 경제적 측면에서 보자면 미국은 이제 낭비만 하는 쓸모없는 자산에 불과하다.

새로운 미국의 신조를 확립하기 위해서는 이제 막 끝나가고 있는 지난 시대의 교훈들을 반드시 고려해야 한다. 인간의 조건이 얼마나 변덕스러운지, 역사의 목적을 파악한다는 것이 얼마나 어려운 일인지, 그리고 미국의 힘을 아끼는 것이 얼마나 중요한지를 인정해야 한다.

그런데 우리가 주목해야 할 것은 위에 말한 통찰들이 과거 미국의 신조의 바탕이었고, 2차 세계대전의 와중에 미국의 세기를 앞세운 교만함으로 인해 이러한 신조가 사라지기 전까지 미국은 여러 세대 동안 이러한 성찰과 신조 아래 움직여왔다는 점이다. (현재가 아닌) 과거 미국의 신조의 옹호자들도 오직 미국만이 수행할 수 있는 특유한 사명이 있다는 점을 의심치 않았다. 이들 역시 1630년 매사추세츠만 식민지를 건설할 당시 존 윈스럽이 추종자들에게 설파했던 주장을 받아들여 "언덕 위의 도시"를 창설하고자 했다. 그것이 바로 미국의 의무였던 것이다.[2] 그러나 이 의무를 수행하는 방법과 관련해 미국이 해야 할 일은 다른 나라 사람들을 강제하는 것이 아니라 미국이 스스로 모범을 보이고 앞으로 나아갈 길을 비추는 것이라고 이들은 생각했다.

이것이 바로 건국의 아버지들, 그리고 이후 수세대 동안 리더십에 대한 미국의 독특한 접근 방식의 바탕이 됐다. 즉 다른 누군가를 정복하는 것보다 자기 자신을 극복하는 것이 더 중요하다는 신념이 과거 미국 리더십의 바탕이었던 것이다. 건국의 아버지들의 이러한 신념은 보수도 진보도 아니다. 이는 당파성을 초월한다. 또한 이상주의와 현실주의가 적절히 조화되고, 즉각적 결과보다는 인내를 강조하며, (타자에 대해) 강제력을 행사하기보다는 영향을 미치는 것을 선호한다. 모범사례로서 미국이라는 지도자상은 19세기 말까지 광범위한 지지를 받았다. 조지 워싱턴에서 존 퀸시 애덤스에 이르기까지 다양한 성향의 인물들이 이에 동의했다.

조지 워싱턴의 대통령 퇴임 연설은 미국 사회에서 성경에 버금가는 권위를 누리고 있는데 그는 이 연설에서 미국 국민들에게 독립적인 길을 가라고 충고하면서 다음과 같이 말했다. "그리하여 미국은 언제나 정의와 자비로움의 원칙으로만 움직이는 관대하고도 참신한 국가가 있다는 사례를 인류에게 제시할 수 있을 것이다." 워싱턴은 신생 공화국 미국이 처한 지정학적 환경이 기가 막힐 정도로 좋다는 사실을 뼛속 깊이 자각하고 있었다. 그는 다음과 같이 반문한다.

> 이처럼 독특한 환경의 이점을 왜 포기해야 하는가? 왜 우리 자신의 것을 포기하고 외국에 의존해야 하는가? 어째서 우리의 운명을 유럽의 그것과 엮이게 해서 우리의 평화와 번영이 유럽의 야망과 경쟁, 그리고 이해관계와 변덕에 의해 더럽혀지도록 해야 한단 말인가?[3]

1821년 7월 4일 국무부 장관 존 퀸시 애덤스는 하원에서 연설을 통해 이러한 워싱턴의 주장을 발전시킨다. 한마디로 말해 미국은 "파괴할 괴물을 찾기 위해 외국으로 나갈 필요가 없다"는 것이었다.

> 미국은 모든 나라 인민들의 자유와 독립을 기원합니다. 미국은 스스로 운명의 주인이며 이를 지켜나갈 것입니다. 미국은 의견으로써, 또한 스스로의 사례를 통해 자유와 독립이라는 대의명분을 권장할 것입니다.
> 그러나 미국은 자신의 일이 아닌 다른 나라의 일에 개입할 경우, 설령 그것이 독립의 문제라 할지라도 이해관계와 음모, 개인적 탐욕, 시기심과 야망 등이 판을 치는 전쟁에 연루될 것이며 여기

에서 빠져나올 수 없을 뿐만 아니라 미국의 자유가 훼손될 것임
을 잘 알고 있습니다.

그리하여 현명치 못하게 미국 정책의 근본이 자유에서 힘의 행
사로 바뀔 것이며…… 미국은 세계의 독재자가 될 것입니다. 반
면 자기 자신의 영혼의 지배자는 되지 못할 것입니다.[4]

워싱턴과 애덤스가 처방한 이와 같은 정책은 대부분의 시기
동안 대부분의 미국인들에게 외부세계에 대한 미국의 적절한 대응
으로 받아들여져 왔으며 19세기 말까지 이러한 경향은 계속됐다.

그러나 이러한 전통은 1898년 미국이 비록 일시적이기는 했
으나 충동적으로 유럽식 제국주의 행태를 시도하면서(스페인과의
전쟁을 통해 쿠바를 사실상 식민지화하고 필리핀을 병합한 것을 말함-옮긴
이) 붕괴 조짐을 보이기 시작했다. 그 결과 미 제국이 성립한 데 대
해 하버드 대학의 윌리엄 제임스는 다음과 같이 개탄했다. "우리는
다른 나라 국민과는 전혀 다른 종류의 인간이라고 스스로 생각해
왔다. 하지만 이는 첫 번째 유혹이 있은 지 단 5분 만에 산산조각이
난 헛된 꿈이 되고 말았다."[5]

미국인은 전쟁이나 일삼는 유럽인들과는 전혀 다른 인종이라
는 신념은 1917년 우드로 윌슨이 주도한 미국의 1차 세계대전 참
전으로 완전히 끝장났다. 물론 미국의 참전에 동의하지 않는 사람
들도 있었다. 그러나 이제 그들은 역사의 소명을 이해하지 못하는,
시대에 뒤떨어진 사람들처럼 보였다. 이러한 사람들 중 유명한 사
람으로 랜돌프 번이라는 과격파 언론인이 있다. 그는 폭력으로 얼

룩진 세계에서 미국의 진정한 사명을 지켜야 한다며 다음과 같은
열정적인 변호를 했다.

> 만일 미국이 정치적 고립을 상실했다면 영적 완벽함을 유지하는
> 것이 더욱더 중요하다. 이는 미국만이 진실을 보유하고 있으며
> 외부세계와 접촉할 경우 진실이 오염될 것이라는 믿음 아래 세
> 계로부터 은둔해야 한다는 의미가 아니다. 그게 아니라 미국식
> 삶의 약속은 아직 성취되지 않았으며…… 그 약속이 성취될 때
> 까지 우리가 해야 할 일은 우리 자신의 정원을 더욱더 열심히 가
> 꿔야 한다는 것을 의미한다.[6]

2차 세계대전이 시작되면서 모범을 보이는 미국이라는 전통
은—이제는 고립주의라는 잘못된 이름으로 널리 알려진—완전
히 낡아빠진 것이 되었다. 이 전통은 극소수 괴짜, 불평분자, 그리
고 반유대주의자들 사이에서만 통용될 뿐이었다. 1945년 이후 워
싱턴에서는 누구도 이 전통을 거들떠보지 않았다. 우리 자신의 정
원을 가꿔야 한다는 것, 즉 국내 문제가 우선이라는 생각은 이제
완전히 잊힌 것은 아니지만 기껏해야 사후적으로만 떠오를 뿐이었
다. 미국의 제도권 내에서는 세계의 문제를 바로잡는 것이 국내의
어떤 문제를 해결하는 것보다 우선순위를 차지하게 됐다.

물론 제도권 바깥에서는 미국 자체의—사회적, 정치적, 문화
적, 도덕적—불완전함에 대한 자각이 분명히 살아남아 있었다. 2
차 세계대전 후 새로운 미국의 신조가 생겨나면서, 또한 이의 실현

을 위해 엄청난 비용이 투입되면서, 일부 소수파 인사들은 이제는 완전히 잊힌 건국의 아버지들의 신조가 얼마나 소중한 것이었던가를 새삼 깨닫게 됐다. 특히 미국의 대외 정책의 비판자들 가운데에서 모범을 보이는 미국이라는 오랜 전통은 일종의 르네상스를 맞았다.

이들 비판자들은 무력을 동원해 세계를 미국의 이미지에 맞게 개조하려는 시도가 과연 지혜로운 것인가, 또한 가능한 것인가에 대해 의문을 제기했다. 이들은 그 시도 자체만으로도 제국주의와 군사주의라는 형태의 부패를 초래할 것이며, 따라서 국내의 공화주의적 제도들을 훼손시킬 것이라고 믿었다. 단일한 성향이 아니라 매우 다양한 관점들을 대표하는 이들 비판자들은 만일 미국에게 사명이 있다면 그것은 자유의 '모범'이 되는 것이지, 이를 남에게 강요하는 것은 아니라고 주장했다.

이러한 비판자들로는 우선 저명한 외교관 출신 역사가이자 문화적 보수파인 조지 케넌George Kennan이 있다. 골수 자유주의 국제주의자인 윌리엄 풀브라이트William Fulbright 상원의원도 비판자 중 한 명이다. 세 번째로 영향력 있는 사회비평가이자 자칭 급진파인 크리스토퍼 래시Christopher Lasch가 있다. 그리고 마지막으로 아마도 미국의 세기 동안 가장 도덕적 인물이었던 마틴 루서 킹을 꼽을 수 있을 것이다.

조지 케넌은 한국전쟁 와중에 한 지인에게 보낸 편지에서 미국은 너무도 오랫동안 자신의 정원을 방치해왔다고 개탄했다. "우리나라에는 문제가 대단히 많습니다. 그중 일부는 대단히 심각한 문제이기도 하구요. 그리고 우리 대부분은 이 사실을 잘 알고 있으면서도 이를 해결하려는 결의라든가 시민적 활력이 없는 게 아닌가 하는 생각이 듭니다." 이것이야말로 진정한 위험이라는 것이다. "지금 문제가 되는 것은 우리 자신, 그리고 우리의 국민적 이상에 대한 의무를 다하고 있는가 하는 것입니다."[7] 같은 시기에 행한 한 연설에서 그는 이 문제를 다시 제기한다.

외국의 관찰자들이 보기에 미국인들의 가장 중요한 사회적 목표는 개인의 부유함이며, 그 부유함이란 것도 기본적으로 삶의 더 깊은 만족을 이루는 데는 거의 쓸모가 없는 물질적 재화와 도구들을 축적하는 것에만 집중하는 것처럼 보입니다. 만일 그렇다면 이들이 미국을 신뢰하거나 열광할 수는 없을 것입니다.

또 그는 미국은 소련의 위협에 전전긍긍하기보다는 먼저 자신의 집안을 말끔하게 정비해야 할 것이라고 말했다. 미국은 "자연과 인간, 인간과 인간 간의 진정 건강한 관계를" 배양할 능력이 있음을 보여줌으로써 "역사상 처음으로 다른 민족에게 뭔가 할 말이 있게 되고" 나아가 다른 민족들에게 "영감의 원천"이 될 수도 있을 것이라고 케넌은 생각했다.[8]

그로부터 10년 후, 또 다른 의심스러운 전쟁을(베트남전쟁) 맞아 풀브라이트 상원의원은 미국이 잘살기 위해서는 끊임없이 외국에 개입해야 한다는 믿음이 과연 옳은가에 대해 성찰했다. "세계의 모든 문제들을 처리하는 것은 미국의 의무도 아니며 권리도 아니다"라고 그는 썼다. 당시 상원 외교위원회 위원장이었던 그는 "많은 곳에서 많은 일들이 벌어지고 있다. 그러나 이것들은 우리 일이 아니거나 또는 우리의 힘과 자원, 지혜로는 풀 수 없는 것들이다"라고 지적했다. 이미 오래전에 미국은 "세계의 경찰관이 되겠다는 불타는 사명감을" 포기해야 했으며, "직접적 노력이든 또는 자신의 모범을 통해서든 스스로가 할 수 있는 범위 내에서만 세상에 좋은 일을 하는 것에 만족해야 했다".[9]

수십 년간 미국 문화를 냉혹하게 파헤쳐왔던 크리스토퍼 래시도 이 의견에 동조했다. "미국식 삶의 진정한 약속은 새로운 세계 제국의 중심지가 되는 것에 있는 것이 아니라 스스로를 다스리는 공화국으로서 세계 다른 곳에 대해 도덕적 정치적 영감의 원천이 될 수 있다는 데 있다."[10]

마틴 루서 킹은 여기서 한 발 더 나아갔다. 1967년 봄 베트남 전쟁에 대해 설교하면서 그는 이제 "세계의 모든 양심적인 시민들은 미국에 대해 조국으로 돌아가라고 요구해야 한다"고 주장했다. 미국은 다른 사람들을 구하러 나서기 이전에 스스로의 잘못과 결함을 인정하고 고쳐야 한다는 것이다.

이들 중 어느 누구도 '조국으로 돌아오라'는 말을 수동성, 또는 이른바 고립주의의 의미로 사용한 것은 아니었다. 이들이 요구한 것은 국가적 우선순위의 순서를 바꾸자는 것이었다. 이런 점에서 본다면, 베트남전쟁에서 드러난 것과 같은 미국 정책의 군사화는 미국이 진정 추구해야 할 사명으로부터 미국인들의 관심을 돌리게 만드는 것이었다. 자유로운 사회를 만들겠다는 야심찬 계획을 완성하려면 아직도 먼 길을 가야 했다. 오직 전쟁을 포기해야만 미국은 킹 목사가 언급한 "인종주의와 극단적 물질주의, 군사주의라는 거대한 세 쌍둥이 악"과 대결할 수 있을 것이었다.[11]

이들 네 사람이 확신하고 있었던 핵심적 신조는 건국의 아버지들이 처음 제시했던 신념의 변종들로서 오늘날 주의 깊게 재검토해볼 필요가 있다. 그 핵심은 간단히 말해 다음과 같다.

미국의 목표는 가장 미국다운 미국이 되는 것이다. 이는 독립선언서와 헌법에 표현돼 있으며, 이후 시간의 흐름과 함께 온갖 어려운 경험을 하며 재해석된 열망을 충족시키기 위해 노력하는 가운데 이루어질 수 있다.

따라서 인류를 구원한다든가, 특정한 세계 질서를 구현한다든가 또는 군사력을 동원하여 세계의 경찰관이 된다는 것 등은 미국 국가경영의 적절한 목표가 될 수 없다. 미국의 목표는 미국 국민들이 국내에서 "더 완벽한 연방"을 추구하기 위해 자기결정의 권리를 행사하도록 도와주는 것이다. 이러한 사업을 방해하는 어떤 정책도—끝없는 전쟁이야말로 대표적인 예일 것이다—잘못된 것이며 치명적 결과를 초래할 것이다.

인도적이며 자유주의적인 가치에 의거한 생활방식을 만들어낼 수 있다는 것을 보여줌으로써 미국은 자유를 추구하는 세계의 모든 사람들에게 그 길을 찾아갈 수 있도록 도울 수 있다. 또는 한때 랜돌프 번이 말했듯이 "미국이 외부세계에 뭔가 기여할 수 있기 위해서는 먼저 내부 문제에 몰입하는 것"이 필수적이다. 그러나 "외부세계에 기여하는 것"은 추가적인 이득—즉 보너스나 배당

금―이지 미국인의 삶의 중심 목표가 아니라는 것을 분명히 해둘
필요가 있다.

한마디로 말해, 미국에게 구원이라는 사명이 있다면 그것은
무엇보다도 스스로의 구원을 통해 이루어질 수 있다. 그런 점에서
킹 목사가 제시한 악의 목록은 약간 수정될 필요가 있다. 오늘날
속죄해야 할 악은 셋이 넘는다. 그러나 먼저 우리가 치유되어야 한
다는―"돌아오라 조국으로, 미국으로!"―그의 주장으로 볼 때 킹
목사는 여전히 미국인이 따라야 할 예언자라 하겠다.[12]

조국으로의 귀환, 그리고 미국의 진정한 사명을 바로세우는
것은 이제 우리가 해야 할 일이다. 그런데 기존 미국의 신조에 집
착한다면 이러한 일을 해낼 수 없다. 진정으로 배움에 관심이 있는
사람이라면―배움에는 당파성이라든가 이념이 개입될 여지가 없
다―이러한 점이 명확히 보일 것이다. 9·11 이후, 아니 '미국의 세
기' 전 기간 동안 사태 전개가 둘 사이의 모순을 분명히 보여주었
기 때문이다.

물론 이에 대해 미국이 세계의 지도자로서 의무를 다하기 위
해서는 아프가니스탄과 이라크 문제뿐만 아니라 파키스탄, 예멘,
소말리아 등의 문제를 떠맡아야만 한다는 반론이 제기될 수 있다.
또 제기될 것이다.

그러나 그러한 노력이 긍정적 결과를 가져왔다는 증거는 거의
찾아보기 어렵다. 나아가 미국의 노력이 세계 평화를 증진할 것이
라는 증거는 전혀 없다. 반면 많은 사람들이 의심하는 것처럼 지배
또는 헤게모니가 워싱턴의 실제 목표라면 이러한 시도는 결코 이

루어질 수 없을 것임을 보여주는 증거는 무수히 많다.

새로운 성 삼위일체

자기결정이 권리인 것은 맞지만 자동적으로 주어지는 선물은 아니다. 모든 권리가 그렇듯이 이를 지키기 위해서는 안전장치가 있어야 한다. 더 완벽한 연방을 만들려는 우리의 노력을 외부세력이 방해하는 것을 막기 위해 미국은 힘을 가져야 한다. 그러나 위에 서술한 신조에 비추어 미국은 어느 정도까지의 힘을 가져야 할까?

여기에서도 오늘날 미국인들이 하고자 하는 마음만 있다면 고쳐 쓸 수 있는 대안적 전통이 있다. 이 전통은 이제는 거의 잊힌 공화국 초기의 반제국주의적 성향에까지 거슬러 올라간다. "나 좀 건드리지 마"라는 모토 속에 간결하게 요약된 이 전통은 미국은 말썽을 일으키길 원치 않으며 그 대신 다른 국가들은 미국을 존중해줄 것을 요구하고 있다. 이 전통을 오늘의 시대에 맞게 바꾼다면 기존 성 삼위일체는 다음과 같이 바뀌게 될 것이다.

첫째, 미국 군대의 목표는 악의 세력과 싸우거나 세계를 개조하는 데 있는 것이 아니라 미국, 그리고 미국의 핵심적 국익을 방어하는 데 있다. 군사력이 아무리 필요하다 해도 그 자체는 좋은 것도 바람직한 것도 아니다. 스스로를 군사력의 관점에서 규정하는 나라는 영원한 저주의 길을 갈 수밖에 없다. 초기 미국의 국민들은 이를 본능적으로 알고 있었다. 군사적 우세에 관한 것이라면 지난 과거의 교훈이 명백히 보여주고 있다. 그것은 환상이며 군사적 우세의 추구는 곧 재앙까지는 아니더라도 불행으로 이어지는 초대장이라는 것이다. 따라서 미국은 미국식 제도의 핵심 임무를 방어할 수 있는 정도의 군사력만 보유해야 한다.

둘째, 미국 군대는 기본적으로 미국 국내에 주둔해야 한다. 미국 군대는 세계의 경찰이 되어서도 안 되며, 세계의 점령군이 되어서도 안 된다. 때때로 특별한 사정에 의해 일시적으로 미군이 해외에 주둔할 수는 있다. 그러나 미군의 해외 주둔은 비상사태에 한하는 것으로 미국 국민은 이를 예외적인 사태로 봐야 하고, 이에 따라 반드시 공공의 토론과 의회의 승인을 거친 후에야 미군을 해외에 보낼 수 있도록 해야 한다. 전 세계에 퍼져 있는 펜타곤의 해외 기지망을 해체하는 데에는 상당히 오랜 시간이 걸릴 것이다. 해외 기지망의 축소는 우선 주둔 비용은 많은 반면 그 성과는 작은 지역부터 시작해야 한다. 이와 같은 기준을 적용한다면 우선 걸프 지역과 중앙아시아 지역의 미군부터 철수시켜야 할 것이다.

셋째, 앞으로 미국은 정당한 전쟁의 전통에 맞게 오직 최후의 수단으로, 오직 방어 목적으로만 군사력을 사용해야 한다. 예방전쟁이라는—장래에 자국에 위협이 될 수 있다는 이유만으로 잠재적 적국에 대해 군사력을 사용할 수 있는 독점적 특권을 스스로에게 부여한—부시 독트린은 도덕적으로나 전략적으로 혐오할 만한 것이며, 신중하고 계몽적인 국가경영과는 정반대의 행태이다. 불필요했고 또 잘못된 2003년의 이라크 침공을 정당화하기 위해 조

지 W. 부시가 만들어낸 이 예방전쟁 독트린을 미 정부는 아직까지
도 공식적으로 파기하지 않고 있다. 앞으로 미국은 폭력이 역사의
복잡함을 해결할 수 있는 지름길이라는 환상에 이끌려 "안 해도 될
전쟁"을 절대로 해서는 안 된다.

이 새로운 삼위일체가 미국 정책의 바탕이 된다면 미국의 국
가안보 태세에는 극적인 변화가 일어나게 될 것이다. 우선 국방비
가 크게 줄어들 것이다. 펜타곤의 세계적 활동범위가 축소될 것이
다. 무기제조업자의 이윤이 곤두박질 칠 것이며, 워싱턴의 로비스
트들은 문을 닫아야 할 것이다. 국방 전문 싱크탱크들도 몸집을 줄
여야 할 것이다. 또한 이러한 변화는 군사력을 동원할 수 있는 선
택 가능성을 크게 축소시켜 정책 결정자들로 하여금 해외 군사 개
입에 더 신중하게 대처하게 만들 것이다. 나아가 현재 바그다드와
카불 재건에 쓰이는 자금이 줄어들게 되면 클리블랜드나 디트로이
트 재건에 대한 관심이 높아질 것이다.

틈만 나면 국가 비상사태를 제기해 대중의 불안을 자극하던
세력들이 힘을 잃게 되면서 새롭게 발견된 '악의 축'에 대한 대처
가 국가의 제1 과제가 되는 데 대한 대중의 지지가 감소될 것이다.
충격을 조장해 지지를 이끌어내는 제왕적 대통령의 능력도 약화될
것이다. 이와 함께 책임 있고 진정으로 민주적인 정부가 들어설 가
능성도 높아질 것이다.

근본적인 중요성을 지닌 변화로, 미국 군인들의 정체성에 실
질적인 수정이 일어날 것이다. 제국의 변경에 파견된 직업적 전사
들이 돌아오게 되면 어쩌면 이들은 조국의 시민 보호자로 탈바꿈

할 수도 있을 것이다. 그렇게 되면 이들은 국가의 도구로서 복무하는 것이 아니라 단순히 국가를 방위하는 임무만을 맡게 될 것이다. 이것이야말로 계급과 정치적 성향을 막론하고 미국 국민이 자신들의 고유한 의무라고 생각하는 의무이다.

바로 이러한 변화의 전망—워싱턴 룰로 오랫동안 워싱턴이 누려왔던 여러 특권들을 감소시킬 것이 분명하다는—때문에 워싱턴은 그토록 필사적으로 현상유지를 위해 노력하고 있는 것이다.

대중의 책임도 있다

"전쟁은 국가의 건강이다." 약 1세기 전, 랜돌프 번은 미국의 1차 세계대전 참전에 대해 성찰하면서 이렇게 썼다. 번의 이 유명한 경구는 진실의 핵심을 포함하고 있으나 오늘날의 상황에 적용하기에는 그 범위가 너무 좁다. 오늘날에는 전쟁 자체뿐만 아니라 전쟁 준비, 전쟁에 대한 집착, 그리고 전쟁을 아무렇지도 않은 것처럼 받아들이는 태도까지도 국가의 권력을 강화시키는 역할을 한다. 나아가 국가뿐만 아니라 국가로부터 자양분을 빨아들이는 개인과 조직들도 융성하게 한다.

워싱턴 컨센서스의 핵심 수혜자가 바로 워싱턴이라는 사실 때문에 비판자들—반전을 주장하는 좌파든 또는 반개입주의를 외치는 우파든—은 워싱턴 스스로가 문제를 규정한다고 결론 내린다.

이들은 지미 카터 이후 거의 모든 대통령 후보들이 다짐했던 것처럼 워싱턴의 작동 방식을 바꾸면 문제는 저절로 해결될 것이라고 생각한다.

그러나 이러한 처방은 대기오염에서 비만식품, 그리고 빈곤에서 도덕적 기준의 타락에 이르기까지 미국 사회에 악영향을 끼치는 모든 문제들은 어딘가 멀리 있는 어둠의 세력이 만들어낸 것이라고 비난하는 공허한 외침에 불과할 뿐이다. 월가, 독점 대기업, 대형 석유기업, 대형 제약기업, 광고업계, 할리우드, 주류 언론기관, 이런 것들이 문제의 주범이라는 것이다. 여기 제시된 악당들의 목록은 대단하다고 할 수 있다. 이러한 고발이 전혀 틀린 것은 아니지만 만족스럽다고 하기에는 크게 모자란다. 미국인들은 사회의 거대 세력에게 비난을 퍼부으면서 스스로에게는 면죄부를 주고 있기 때문이다.

워싱턴 컨센서스가 지속되는 이유는 이 합의가 상당 부분, 대단히 문제가 많긴 하지만 널리 받아들여지고 있는 미국식 시민문화에 적응하면서 이를 강화시켜왔기 때문이다. 간단히 말해, "저들이" 잘못된 국가안보 정책들을 아무렇지도 않게 계속해서 만들어내고 있는 것은 "우리가" 그렇게 하는 것을 허용했기 때문이다. 초창기의 앨런 덜레스나 로버트 맥나마라, 그리고 이들의 후계자인 도널드 럼스펠드나 로버트 게이츠 등 준전사들이 워싱턴 룰을 영속시킬 수 있었던 이유는 이 법칙들이 현재 미국 시민정신의 빈곤화와 약화를 초래하고 유지하며, 나아가 이러한 빈곤화와 약화가 실질적으로 도덕적으로 어떤 의미를 가지는가를 은폐해왔기 때문이다.

시민정신의 빈곤화와 약화에 따라 이제 미국인들은 집단적 책임보다는 개인적 선택을, 장기적 웰빙보다는 즉각적인 욕망의 충족을 더 중요시한다. 오늘날의 미국인들에게 의무와 책임은 거의 없다. 물론 '좋은 시민'이 없는 것은 아니지만—모든 지역 공동체에는 좋은 시민이 있기 마련이다—이제 시민의 삶에 대한 적극적 참여는 의무가 아니라 전적으로 개인의 선택 문제가 됐다. 오늘날 미국에서는 세금을 제때 내고, 명백한 위법행위만 하지 않으면 모두 모범시민이라고 할 정도로 시민다움에 대한 요구사항이 극소화됐다.

워싱턴 컨센서스는 바로 이러한 시민다움에 대한 최소주의적 정의에 맞춰 국가안보 정책을 펴나갈 수 있는 접근 방식을 제공했다. 한때 미국인들은 시민이라면 조국 방위에 기여할 책임이 있다고 믿었다—또는 적어도 믿는 척했다. 조지 워싱턴은 미국혁명 직후에 쓴 〈평화제도에 관한 소고〉라는 글에서 이 명제에 관한 고전적 공식을 제시했다. "자유로운 정부의 보호를 받는 모든 시민들은 이 정부를 지키기 위해 자신이 가진 재산의 일정 부분을 내놓는 것은 물론이고 몸소 나서야 한다는 것을 우리 체제의 근본, 그리고 기본적 입장으로 정할 수 있을 것"이라고 말했다.[13] 이러한 제안에서 시민-병사citizen-soldier의 전통이 생겨났고, 베트남전쟁으로 이 전통이 무너질 때까지 미국이 싸운 모든 주요한 전쟁은 시민-병사들에 의해 수행됐다.

그런데 베트남전쟁 이후, 시민-병사의 전통을 처음 제안한 장군의 이름을 딴 도시를(워싱턴) 관장하고 있는 군부와 민간 당국자들은 워싱턴 장군의 입장을 포기한 채 시민의 의무와 군 복무와의 긴밀했던 관계를 과격하게 수정—사실은 단절—했다. 이제 군 복무는 총기 소유나 낙태 등과 마찬가지로 개인이 선택할 수 있는 영역의 문제로 격하됐다. 이에 따라 미국 정부는 국가와 국익을 방어하기 위해 지원병에 의존해야 했다. 그리고 지원병들로 채워진 직업적 군대기구는 미국 사회와 느슨하게 연결돼 있을 뿐이었다.

　워싱턴 장군의 시대에 이러한 형태의 군대는 '상비군'으로 불렸다. 어쨌거나 오늘날 군 복무를 희망하는 인력이 크게 부족함에 따라 펜타곤은 정규 군인이 맡아 해왔던 기능의 많은 부분을 외주에 맡기고 있다. 이처럼 군대에 부수적으로 고용된 인력을 예전에는 부정적 의미가 담긴 전쟁모리배, 용병이라고 불렀다. 오늘날에는 이와 같은 부정적 의미를 감추기 위해 민간보안회사 또는 민간 계약자 등과 같은 온건한 용어들이 사용된다.

　오늘날 미국이 직업군인과 이윤을 추구하는 민간 계약자들에게 의존하는 이유는 그것이 적정한 비용에 원하는 정책 성과를 낼 수 있는 방법이기 때문이 아니다. 이러한 기준에 비추어본다면 이 조합은 낙제점을 줄 수밖에 없다. 9·11 이후의 성적이 이를 잘 말해준다. 단지 워싱턴에서 권력과 영향력을 쥐고 있는 자들의 야망을 충족시켜주면서 동시에 미국 국민에게 면죄부를 준다는 점에서만 이 시스템이 작동되고 있다고 말할 수 있을 것이다.

　건국의 아버지들, 특히 독립전쟁을 이끌었던 워싱턴 장군은 상비군이 공화국의 이상과 맞지 않을뿐더러 공화국 제도에 대한 잠재적 위협이 될 수 있다고 봤다. 오늘날 미국인들은 공화국의 이상을 실현하는 데 별 관심이 없다. 그보다는 행복, 그것도 부유함과 유명세, 그리고 개인적 자격으로만 규정된 행복을 추구하는 데 골몰해 있다. 한편 워싱턴은 공화국 제도의 안녕에는 별 관심이 없으며, 국내의 만성적 문제들에 대한 관심을 돌리기 위한 수단으로 해외에서의 모험주의에 의존하면서 제몫의 이득을 챙기기에만 급급하다.

현재와 같은 이른바 전원 지원병 군대는 미국 시민과 워싱턴, 이 둘 모두를 만족시킨다. 시민들에게는 자율의 외양을 제공하고 워싱턴의 준전사들에게는 제국적 야망을 추구하는 데 필요한 수단을 제공해주고 있는 것이다. 개개의 미국인들은 군복무라는 원치 않는 의무에서 해방됐으며, 많은 사람들이 이를 자유로 착각하고 있다. 준전사 역시 일종의 자유를 획득했는데, 그들이 필요하다고 생각하는 경우에 미 군대를 동원할 수 있게 된 것이다. 이렇게 공모한 미국 시민과 워싱턴, 두 당사자는 군 복무의 실질적 부담을 지고 있는 미 국민의 0.5%에 불과한 미군 병사들에 대해 한없는 찬사를 보내고 있다. 하지만 이 둘 모두 과연 이러한 상황이 일반적으로 말하는 공정함이나 효율성과 배치되는 것은 아닌지에 대해서는 결코 질문하지 않는다. 이러한 상황은 미국 국민이나 워싱턴에게 편한 것이고, 그것으로 충분한 것이다.

워싱턴 컨센서스와 기존 시민문화가 야합하는 두 번째 방식이 있다. 미래를 담보로 현재 이곳에서의 삶을 마음껏 누리는 것이다. 오늘날 미국의 통치자나 피치자 모두 내야 할 돈을 내지 않는다는

점에서 한 몸이나 같다. 단순화시켜 말하면 다음과 같다. 워싱턴은
총을 원하고 미국 국민은 버터를 원한다. 대규모의 지속적인 재정
적자로 이 둘의 욕구를 충족시킬 수 있다. 하지만 재정 적자에 따
른 부채를 갚을 책임을 미래세대에게 전가하고 있는 것이다.

9·11 이후의 기록은 특히 시사적이다. 2001년 조지 W. 부시
가 대통령이 됐을 때 국방예산은 3,050억 달러, 총 국가부채는 5.7
조 달러였다. 이후 8년 동안 적자는 늘어만 갔다. 국방예산은 두 배
가 됐고 연평균 재정 적자는 6,000억 달러를 넘어섰다. 부시가 백
악관을 떠날 즈음 국가부채는 10.6조 달러에 이르렀다.

오바마 대통령의 첫 해, 세수가 감소했음에도 국방예산과 전
체 연방정부의 씀씀이는 증가했다. 이에 따라 연간 재정 적자는 사
상 최고치인 1.4조 달러에 이르렀다. 이는 미국 GDP의 10%에 이
르는 규모이다. 국가부채에 대한 이자만도 자그마치 3,830억 달러
에 달했다. 이는 벨기에의 연간 GDP와 맞먹는 규모이며 계속 늘
어가고 있다. 국방예산 또한 줄어들기는커녕 계속 늘었다. 오바마
정부는 국방예산을 부시 정부 당시의 평균보다 5% 늘리겠다고 발
표했다.

오바마 정부 두 번째 해에 백악관은 연방 재정 적자 규모를 1.3
조 달러로 추산했다. 그러나 역대 정부들이 모두 적자 규모를 낮
게 잡아왔다는 점에서 이 같은 추산을 곧이곧대로 믿을 수는 없었
다. 재정 보수주의를 자처하는 공화당의 거센 비판에 밀려 오바마
는 연방정부의 씀씀이를 줄이겠다고 약속했다. 그러나 이 약속도
국방부와 국토안보부, 그리고 국가안보와 조금이라도 관련된 기구

들의 예산과 관련해서는 예외였다. 따라서 재정 적자가 줄어들 가능성은 전혀 없었다. 초당파적 기구인 의회예산국CBO은 향후 10년 간 매년 1조 달러 규모의 재정 적자가 예상된다고 발표했다. 이 분석에 따르면 2019년 미국의 국가부채 규모는 21조 달러를 넘어선다. 이는 미국의 연간 GDP보다도 많은 액수이다. 또 이때쯤 되면 국채에 대한 이자만 해도 그 어마어마하다는 펜타곤의 국방예산보다도 많아지게 된다. 쉽게 말해 내 신용카드 사용액에 대한 이자가 매달 내는 모기지 액수보다도 많아지는 셈이다.[14]

이처럼 연방정부 살림살이의 한심한 난맥상을 놓고 민주당과 공화당은 서로에게 책임을 떠넘기기에 바쁘다. 그러나 사실 미국의 파산을 향한 돌진은 처음부터 끝까지 두 당의 합작품이었다. 두 당이 깊숙이 개입돼 있었고, 미국 국민 중 어느 누구도 이에 대해 심각한 반대를 제기하지 않았다. '티파티 운동'처럼 대중의 항의가 발생했다 해도 이는 당파적 고려에 의해 비롯된 것이었다. 대체로 현 세대의 미국인들은, 금융사기범 버나드 매도프가 자신을 믿고 맡긴 고객들의 돈을 냉혹하게 갈취했듯이, 자녀들과 손자 세대에게 물려주어야 할 몫까지 흥청망청 쓰고 있다.

한편 정치인들은 나중에 치러야 할 비용이야 어찌됐건 유권자들의 당장의 요구를 충족시켜줌으로써 대중의 지지를 얻고 재선에 성공하며, 나아가 워싱턴 룰에 대한 진지한 재검토를 미연에 방지한다. 아직 미국이 채권 국가였던 반세기 전, 아이젠하워 대통령은 군사비 지출이 사회에 쓰여야 할 돈을 갉아먹는다는 사실을 잘 알고 있었다. 턱 밑까지 부채의 늪에 빠져 있는 오늘날, 정치인들은 미국이 여전히 총과 버터를 동시에 가질 수 있다는 듯 위선을 떨면서 매도프보다도 훨씬 거대한 규모의 사기극을 자행하고 있다. 이들의 사기극이 통할 수 있는 것은 매도프의 경우와 마찬가지 이유에서이다. 진짜라고 믿기엔 너무 좋은 물건, 즉 가짜를 누군가에게 팔 수 있었다면 그것은 고객들이 탐욕에 가득 차 있고 거짓말에 쉽게 속아 넘어갔기 때문이다.

요약하면 결론은 다음과 같다. 시민의 의무에 대한 최소주의 정의에 따라 개개의 미국인은 조국 방위에 참여할 의무를 면제받았고, 워싱턴은 미국의 군사력을 필요한 곳에 동원할 수 있는 재량권을 확보하게 됐다. 그 결과 불필요하고 잘못된 전쟁들과 같은 해로운 결과들이 초래됐다. 미국은 다른 나라들과는 달리 값을 걱정을 하지 않고 얼마든지 빌려 쓸 수 있다는 생각으로 말미암아 적자 규모는 눈덩이처럼 불어나고 있으며 그 결과 파산을 향해 달려가고 있다.

달리 말하자면, 워싱턴이 지금과 같은 파멸적인 군사·재정 정책을 중단하지 않는다면 이후 모든 사태의 책임은 미국인이 질 수밖에 없다는 얘기다. 미국 국민이 (조지 워싱턴이 촉구했던 것처럼) 국가방위는 시민들의 집단적 책임이라고 주장했더라면, 그리고 (상식이 시키는 대로) 국가는 들어온 돈만큼만 쓰라고 요구했더라면 워싱턴 룰은 즉각 붕괴할 수밖에 없었을 것이다.

선택을 해야 할 시점

1965년 7월 28일 백악관 기자회견에서 린든 존슨 대통령은 어째서 수천 명의 미 지상군 전투 병력을 남베트남에 보내야 하는지 설명했다. 그는 "우리가 그들의 수호천사가 되기로 선택한 것이 아닙니다. 달리 그 일을 해낼 사람이 없기 때문입니다"라고 강조했다.[15]

존슨의 이 발언은 그때나 지금이나 워싱턴에 널리 퍼져 있는 느낌을 대변한 것이며, 동시에 매우 잘못된 언급이기도 하다. 왜냐하면 그의 전임자 케네디가 이미 '선택'을 했기 때문이다. 2차 세계대전 이후 미국의 부와 힘이 정점에 이르렀던 당시 이들은 '국가안보'야말로 정부가 존립하고 운영해야 할 가장 소중한 임무로 확립했다. 이들은 '미 국가안보 정책'이라는—엄중한 의미가 담겨 있는—단어에 다음과 같은 지속적인 속성을 부여했다. 이념적 색채가 가득한 언사들을 동원해 미국의 의도를 정당화하며, 언제라도 즉각 강제력을 동원할 수 있도록 준비하고, 공개적이든 비공개적이든 세계 곳곳에 개입을 일삼는다.

이러한 접근 방식은 존슨이 만들어낸 것이 아니다. 그는 단지 물려받았을 뿐이다. 그러나 인도차이나에 대한 미국의 군사 개입을 확대함으로써 그 역시 워싱턴 룰에 충성했다. 그 역시 선택을 한 것이며, 그의 선택은 기존 방침에 대한 순응이었다.

그 선택의 결과는 참혹했다. 또한 존슨 혼자만이 피해자는 아니었다. 뒤이은 분쟁—그가 "개 같은 전쟁"이라고 부른—을 통해 5만 8,000여 명의 미국 젊은이들이 덧없이 목숨을 잃었고, 존슨은 대통령 재선 도전을 포기해야 했다. 존슨은 '위대한 사회'로 알려진 야심찬 국내 개혁 프로그램이 자신의 정치적 유산으로 남길 기대했다. 그러나 그가 후임자에게 넘겨준 미국은 극단적으로 분열됐고, 깊이 상처 받았으며, 갈수록 냉소적이 돼갔다.

그가 다른 길을 원했다면 워싱턴 룰과 결별해야 했을 것이다. 그러나 그에게는 그럴 만한 용기가 없었다. 그리고 그럴 용기가 없었던 것은 그 혼자만이 아니었다.

바로 여기에, 취임 첫 해 아프가니스탄에서 미국의 군사적 노력을 강화하기로 한 버락 오바마의 결정이 갖는 진정한 중요성—그리고 아마도 비극—이 있다. 취임 직후 로버트 게이츠를 국방부 장관에 유임시키고 예비역 4성 장군들을 백악관 국가안보 보좌관과 국가정보국 국장에 임명함으로써, 오바마는 이미 워싱턴에 대해 자신은 국가안보 정책의 기존 패턴에서 벗어나지 않을 것임을 분명히 했다. 이제 오바마 대통령은 워싱턴 컨센서스에 대한 자신의 전면적인 충성을 서약함으로써 이 합의의 존속 가능성에 대한 아주 작은 의심마저도 말끔히 제거해버렸다.

오바마는 2009년 12월 1일, 웨스트포인트 사관생도들에게 한 연설에서 왜 자신이 9년째 계속되고 있는 아프가니스탄전쟁을 확대하기로 결정했는지를 설명하면서 더 큰 맥락에서 자신의 결정을 정당화했다. 그는 "지난 60여 년간 지구촌의 안보를 보장한 것은 다른 어떤 나라보다 미국의 역할이 컸습니다. 60여 년 동안 온갖 문제가 있었음에도 베를린장벽이 붕괴됐고 시장이 개방됐으며, 수십억 인구가 빈곤에서 해방됐고 사상 유례 없는 과학적 진보와 자유의 확장을 목격할 수 있었습니다"라고 선언했다.[16] 오바마는 아프가니스탄에 미군 전투 병력 수만 명을 증파함으로써 전임 대통령들이 시작한 과업을 자신의 행정부에서도 이어받았다는 사실을 강조하고 싶었다. 전임 행정부들의 정책이 곧 자신의 정책이라는 것이다.

오바마가 교묘하게 설명을 제시한 지난 60년은 미국의 신조와 성 삼위일체가 누구의 도전도 허락하지 않을 만큼 막강한 위치에 있던 시기였다. 따라서 워싱턴의 작동 방식을 바꾸겠다는 다짐과 함께 백악관에 입성한 오바마도 자신이 물려받은 정치적 유산 중 핵심적으로 중요한 미국의 신조와 성 삼위일체만큼은 일체 건드리지 않겠다는 약속을 해야만 했다. 국내 개혁을 위한 거대한 계획으로 결국 무너지고 말았던 존슨과 마찬가지로 오바마 역시 순응하기로 선택한 것이다.

하지만 오바마에게 고마워해야 할 일이 하나 있기는 하다. 적어도 다음 한 가지만큼은 명확히 드러나게 해주었기 때문이다. 워싱턴 스스로가 워싱턴 룰에 대한 재고를 용인할지도 모른다는 상상은 자기기만에 불과하다는 것이다. 그러기에는 워싱턴은 잃을 것이 너무도 많다.

만일 변화가 시작된다면 그것은 시민에게서 시작돼야만 한다. 미국 국민이 마침내 미몽에서 깨어나지 않는다면 워싱턴은 기존 방식을 계속 이어나갈 것이다.

그래서 배움의 필요성―더 능동적이고 적극적인 시민정신을 발휘할 책임에 미국 시민들을 소환하는 것―이 어느 때보다도 절박해지는 것이다. 개인적으로 나의 경우, 배움은 20여 년 전 베를린 브란덴부르크문 앞에서 그동안 내가 믿어왔던 것과 그 자리에서 직접 목격한 것과의 차이에 대해 성찰하면서 비로소 시작됐다. 그 차이는 너무도 커서 도저히 무시할 수 없었다. 이후 온갖 환상과(나 자신의 환상을 포함해) 대결하고 미국 정책의 모순점을 해부하는 과정은 때로는 고통스러웠고 결코 쉽지 않은 일이었다. 그 과정에는 상당한 환희의 순간이 있었고 전반적 효과는 해방이었다고 할 수 있다. 자각한다는 것은 대단한 축복이다. 사물을 아무런 가림막이나 방해 없이 있는 그대로 볼 수 있다는 것은 더욱 대단한 축복이다.

　오늘날의 미국인은 엄청난 격차를 보이고 있는 모순과 정면대결을 해야 한다. 워싱턴 룰은 번영과 평화를 약속하면서 실상은 미국을 파산과 영구전쟁으로 몰아가고 있다. 저 멀리 수평선에 장대한 규모의 엄청난 침몰이 기다리고 있다. 우리가 처한 위험을 인정하는 것에서 비로소 배움이―그리고 어쩌면 행로의 변경이―시작될 수 있을 것이다. 위험을 애써 무시하는 것은 미국인들이 그토록 소중하게 아껴온 것을 파괴하는 데 공범이 되는 것이나 마찬가지다. 우리도 선택을 해야 한다.

감사의 말

나의 뒤늦은 배움이 끝까지 지속될 수 있도록 도와주신 모든 분들에게 감사의 뜻을 전하고 싶다. 그중에서도 가장 먼저 꼽아야 할 사람들로는 존 라이트, 톰 엥겔하트, 사라 버시텔 등이 있다. 이 책의 출판을 주선하고 편집하며 발행해주신 분들께도 고마움을 전한다. 이들 각자에게 이렇게 말하고 싶다: "여러분들의 격려와 충고와 우정에 감사드립니다."

리타 퀸타스와 제이슨 응은 냉철하고도 효율적으로 원고를 꼼꼼히 살펴줬다. 책의 출판 과정에 멜라니 데나르도가 참여한 것은 나와 이 책에는 크나큰 행운이었다.

폴 로체, 시빌 커크패트릭-매키, 그리고 라리사 포스터 등 젊은 조사 요원들은 어지러운 사실 관계를 바로 잡는 데 최상급의 역할을 했다. 특히 라리사, 당신은 최고였소.

케이시 브라운, 지안 젠타일, 밥 그리핀의 시의적절한 조언에 감사드린다. 특히 딕 콘은 이제까지 내가 만난 사람들 중 가장 현명하고 관대한 인물의 하나였다.

라난 재단에 대한 감사의 마음은 갈수록 커져만 간다. 집필 작업의 막바지 단계에서, 라난 재단은 내가 텍사스 주 마파에서 매우 생산적인 한 달을 보낼 수 있도록 후원을 해주었다. 한 달 동안 마파에서 유쾌하고 보람차게 지낼 수 있도록 온 힘을 다해 도와준 더글러스 험블과 레이 프리즈에게 특별히 감사의 말을 전한다. 게다가 아내 낸시가 함께할 수 있어서 마파에서의 한 달은 더욱 좋았다. 낸시와 함께 있으면 모든 것이 좋다.

보스턴 대학에서 학자의 길을 걷게 된 것도 내겐 행운이었다. 보스턴 대학의 학생과 동료들은 내가 가르치고 생각하는 데 필요한 자극을 주었다. 특히 지나 사피로 학장과 우리 과의 석좌교수들인 찰스 델하임, 에릭 골드스타인, 그리고 브루스 슐만에게, 이들의 탁월한 리더십에 대해 감사를 표한다. 또한 내가 이 책을 끝내고 새로운 작업을 시작할 수 있도록 휴가를 내준 데 대해서도 감사한다.

마지막으로 이 책을 자랑스러운 아버지로서 삶의 기쁨을 누리게 만들어준 세 명의 뛰어난 젊은 여성, 내 세 딸들에게 바친다.

이 책의 저자 앤드루 바세비치는 국내에는 거의 알려지지 않은 인물이다. 아이젠하워의 군산복합체 연설 50주년이었던 지난 2011년 〈프레시안〉이 그의 에세이 2, 3편을 소개했을 뿐 그의 책은 아직 번역된 바 없다. 역자가 이 책을 번역하기로 마음먹은 것은 우선 군사력으로 세계를 개조하겠다는 미국의 대외 정책에 대한 그의 비판이 매우 설득력이 있기 때문이었다. 여기에 바세비치의 독특한 경력도 한몫을 했다. 그는 23년간 육군 장교로 근무한 직업군인 출신으로, 자신의 아들이 이라크전쟁에서 전사하는 개인적 불행을 겪기도 했다.

1947년 미국 일리노이 주 출생인 바세비치는 1969년 웨스트포인트를 졸업한 뒤 23년간 미 육군 장교로 복무했다. 1970~71년 베트남전쟁에 참전했으며 독일 등에서 근무하다 1990년대 초 대령으로 예편한 후 뒤늦게 배움의 길에 들어섰다. 프린스턴 대학에서 미국 외교사로 박사학위를 받았으며 1998년부터 보스턴 대학에서 미국 외교사와 대외 정책을 가르치고 있다. 군 장교 출신의 학자가 미국의 대외 정책에 대해 근본적 비판을 가했다는 점이 관심을 끌었다고 할 수 있다. 이 책의 서문에 있는 것처럼, 바세비치는 베를린장벽이 무너진 직후 구 공산권의 실상을 직접 목격하면서 그동안 자신이 가졌던 생각이 잘못이 있었음을 깨닫고 새롭게 공부를 시작했다고 한다.

스스로 '가톨릭 보수파'를 자처하는 바세비치는 2000년대 초까지만 해도 《위클리 스탠더드》 등 보수 성향의 잡지들에 기고하면서 네오콘과 비슷한 입장을 취했으나 2001년 9·11사태 이후 부시의 이라크 침공을 겪으면서 미국의 대외 정책에 대해 비판적 입장으로 돌아섰다. 보수 성향의 일본 전문 학자였다가 미국의 제국주의적 행태에 신랄한 비판을 가한 《제국의 슬픔》 3부작의 저자 찰머스 존슨과 비슷한 사상적 행보를 보인 셈이다.

어느 보수주의자의 미 군국주의 비판

바세비치는 이 책 《워싱턴 룰》을 비롯해 4권의 주요 저작을 펴냈다. 2002년 하버드대학출판부에서 출판된 《미국 제국: 미국 외교의 실상과 결과 American Empire: The Realities & Consequences of U.S. Diplomacy》는 바세비치의 첫 번째 주요 저작이자 출세작이라 할 수 있다. 대부분의 전문가들이 냉전 이후 미국의 대외 정책이 갈피를 잡지 못하고 있다고 비판한 데 반해, 바세비치는 이 책에서 미국의 대외 정책은 19세기 말 이후 줄곧 하나의 목표를 일관되게 추구해왔다고 지적한다. 전 세계 어디에서든 미국 기업이 자유롭게 활동할 수 있도록 하는 '문호 개방open door'이 미국 대외 정책의 핵심 목표였다는 것이다. 냉전시기에는 소련권을 제외한 이른바 자유세계에서 문호 개방을 추구해왔다면, 냉전 이후 클린턴 정부에서는 세계화globalization라는 구호 아래 세계 전체의 문호 개방을 추진했다. 나아가 클린턴의 세계화 프로젝트가 부드러운 형태의 제국 건설이었다면, 9·11 이후 부시의 예방전쟁은 군사력을 통해 제국을 건설하려는 강압적 시도라는 것이다.

두 번째 책《미국의 새로운 군사주의: 미국은 어떻게 전쟁에 유혹됐나The New American Militarism: How Americans are seduced by War》는 2005년 옥스퍼드대학출판부에서 발간됐다. 이 책에서 그는 미국의 군사주의를 정면으로 문제 삼고 있다. 갈수록 미국 국민이 군사력을 자신들의 정체성의 근거로 삼고 있고, 나아가 외교 등 모든 문제를 군사력을 통해 해결하려 한다는 것이다. 또한 그는 이 같은 군사주의가 1960년대 신좌파운동과 1970년대 베트남전쟁 패배에 대한 반동으로 생겨난 것이라고 분석한다. 베트남전쟁의 패배를 만회하려는 군부, 패배에 따른 미국의 위상 약화로 소련 전체주의 세력이 발호할 것을 우려한 네오콘, 성해방, 낙태 등 전통적 가치의 몰락에 분노한 우파 기독교 세력 등이 이 모든 문제의 해결책으로 미 군사력의 회복을 추진했다는 것이다. 물론 여기에 중동지역 에너지 자원의 통제를 미국의 핵심적 국익으로 선언한 1980년 카터 독트린 이후 미국 정부의 정책도 작용했다.

위의 두 책이 미국의 군사주의에 대한 엄밀하고 객관적인 학술적 저작이었다면 미국 대선이 있었던 2008년 8월 출판된《힘

의 한계: 미국 예외주의의 종말The Limits of Power: The End of American
Exceptionalism》은 미국의 군사주의에 대한 비판가로서 바세비치의 대
중적 명성을 높인 책이다. 이 책은 미국이 이라크와 아프가니스탄
전쟁에서 손을 떼야 한다는 목적의식 아래 쓰인 것으로, 바세비치
는 당시 대선에서 민주당 오바마 후보에 대한 분명한 지지 의사를
밝혔다.

　그런데《힘의 한계》가 발간되기 1년 전인 2007년 5월 13일, 그
의 외아들 앤드루 존 바세비치 중위가 이라크에서 작전 도중 반군
들이 설치한 사제폭탄에 의해 전사했다. 당시 스물일곱 살이었다.
아들의 전사 2주일 후 바세비치는《워싱턴 포스트》에 칼럼을 기고
했다. 자신의 반전 집필 활동이 아들의 죽음에 책임이 있다는 비난
전화까지 받았지만, 전사한 아들은 군인의 책임을 다하기 위해, 자
신은 시민의 책임을 다하기 위해 최선을 다했으므로 후회는 없다
는 내용이었다. 바세비치는 이 칼럼에서 자신의 반전 활동이 미국
의 도도한 군사주의 흐름을 역전시킬 수는 없겠으나 변화를 위한
노력은 계속할 것이라고 다짐했다. 바세비치는 이 책《힘의 한계》
를 자신의 아들에게 헌정했다.

미국을 영구전쟁으로 내모는 워싱턴 룰

　그리고 2010년 가을에 발간된 책이 바로《워싱턴 룰: 영구전
쟁으로 나아가는 미국Washington Rules: America's Path to Permanent War》이다.
이 책은 기존의 미국 대외 정책에 근본적 변화를 가져올 것으로 기

대했던 오바마 대통령이 아무런 변화를 시도하지 않은 데 대한 반 작용에서 나온 것이라 할 수 있다. 이 책의 요지를 한마디로 요약 하면 미 군사력에 의한 세계의 개조는 불가능하다는 것이다. 오히 려 군부와 방위산업체, 그리고 극소수의 부자들의 배만 불릴 뿐 대 다수 미국인의 삶은 계속 피폐해질 뿐이라고 말하고 있다. 따라서 미국 민주주의의 회복과 국민들의 실질적 삶의 향상을 위해서는 세계에 대한 미 군사력의 과도한 개입을 대폭 축소해야 한다는 것 이다.

바세비치에 따르면 2차 세계대전 이후 현재까지 미국의 안보 정책은 확고한 초당적 합의에 의해 운영돼왔으며 누구도 이를 바 꾸지 못하고 있다. 그 요체는 첫째 '미국의 신조'다. 미국만이 국제 질서를 규정하고 운영할 특권과 책임을 갖고 있다는 것이다. 두 번 째는 이를 위해서는 강력한 군사력이 필요하다는 것이다. 미 군사 력의 세계적 주둔global military presence, 둘째 이 군사력에 의한 세계적 힘의 투사global power projection, 셋째 현존하는 또는 앞으로 예상되는 위협을 제거하기 위한 세계적 개입주의global interventionism에 의해 미 국은 세계를 자신의 이미지대로 창조할 수 있다는 것이다. 바세비 치는 이를 '성 삼위일체'라고 부른다. 나아가 미국이 세계를 운영 할 특권이 갖고 있다는 신조와 이를 위해 강력한 군사력을 유지해 야 한다는 이 두 가지 믿음, 또는 이데올로기를 '워싱턴 룰'이라고 부른다.

또한 바세비치가 말하는 '워싱턴'은 지리적 의미가 아니다. 이 러한 워싱턴 룰을 수호하고 집행하는 인물과 일련의 조직들을 말한다. 행정, 입법, 사법부의 상층부를 비롯해 국가안보의 주요 구성원—국방부, 국무부, 그리고 최근 만들어진 국토안보부, 나아가 정보기관들과 연방 법집행기구들—이 포함된다. 또한 일부 싱크탱크와 이익단체들, 그리고 변호사, 로비스트, 해결사, 전직 관료, 예비역 군 장교 등 아직도 권력 핵심부와 끈이 닿는 사람들을 워싱턴의 일원이라고 말할 수 있다. 또한 거대 은행을 비롯한 금융기관들, 방위산업체와 대기업, TV 방송국과 《뉴욕타임스》와 같은 고급 신문들, 나아가 대외관계협의회Council on Foreign Relations나 하버드 대학 케네디행정대학원 같은 준학술 조직들도 포괄한다. 이들 세계의 일원이 되기 위해서는 반드시 워싱턴 룰을 받아들여야 한다. 예외는 없다.

2차 세계대전 이후 미국의 대외 정책은 바세비치가 말하는 '워싱턴'이 '워싱턴 룰'을 집행하고 관철해온 과정이다. 즉 미국의 압도적 군사력을 바탕으로 세계를 미국의 이미지(또는 이익)에 맞게 개조하려는 작업이 중단 없이 진행돼온 것이다. 베트남전쟁의 패배로 잠시 '워싱턴 룰'이 흔들리는 듯했으나 1980년대 레이건의 보수혁명으로 '워싱턴 룰'은 회복됐고 오히려 더 공고해졌다. 그리고 2001년 9·11사태로 부시 정부가 아프가니스탄과 이라크전쟁을 일으키면서 미국은 사실상 영구전쟁의 길에 들어섰다.

이라크전쟁이 장기화되면서 미국의 군사 지도자들은 이 전쟁이 몇 세대에 걸쳐, 즉 수십 년 이상 지속될 것임을 인정했다. 미국 국민들도 이 사실을 암묵적으로 받아들이고 있다. 실제로 미국은 2002년 아프간전쟁 이후 12년째 전쟁을 계속하고 있다. 미국 역사상 최장기의 전쟁을 치르고 있는 것이다. 그래서 초창기 '테러와의 전쟁'으로 불렸던 전쟁이 이제는 '긴 전쟁Long War'이란 이름으로 불리고 있다. 그렇다면 이 전쟁은 미국이 이길 가능성이 있는 전쟁일까? 바세비치의 대답은 불가능하다는 것이다. 경제적, 군사적으로 이길 가능성이 전무한 전쟁이라는 것이다.

문제는 세력이나 인물이 아니라 시스템이다

2003년 부시 정부가 예방전쟁의 이름으로 이라크를 침공한 이래 찰머스 존슨이나 촘스키 등 많은 비판자들이 미국의 일방적 군사주의를 비판하는 책들을 펴냈다. 바세비치와 이들의 차이점은 군사주의의 원인을 어디에서 찾는가에 있다. 대부분의 비판자들이 미국의 과도한 군사화는 부시 대통령, 또는 딕 체니나 도널드 럼스펠드 같은 네오콘, 복음주의 기독교 등 특정 인물이나 세력의 책임이라고 지목한다. 따라서 이들 인물이나 세력을 제거하거나 대체하는 것이 미국의 군사주의를 해결하는 방법이 된다고 말한다. 반면 바세비치는 미국의 시스템 자체가 원인이라고 진단한다. 즉 미국의 지배세력이 주도한 군사주의에 일반 국민들이 동조한 결과라는 것이다. 따라서 특정 세력의 제거가 아니라 시스템 자체의 변화, 국민적 차원의 각성이 있어야만 군사주의는 해결될 수 있다.

대표적 사례가 미국 사회의 석유의존증(또는 과도한 소비 성향)이다. 현재 미국은 전체 석유 사용량의 60%를 수입에 의존하고 있다. 미국이 에너지 자립을 하지 못하는 한 미국은 계속 세계 석유

자원의 보고인 중동과 카스피해 지역을 장악해야 하고, 이것이야
말로 미국의 핵심적 국익이 걸린 사안이다. 사실 현재 미국이 벌이
고 있는 전쟁은 테러를 퇴치하기 위한 것이 아니라 에너지 자원을
확보하기 위한 것이다. 부시 대통령은 테러와의 전쟁을 시작하면
서 '미국의 자유를 지키기 위한 전쟁'이라고 선언했는데, 바세비치
는 그 자유를 미 국민들이 '마음껏 소비하기 위한' 자유로 해석하
고 있다. 중동지역 등에서 들여오는 값싼 석유, 중국 등에서 수입
하는 값싼 소비재, 미국 국채를 팔아 충당하는 값싼 대출금 등 미
국민의 소비의 자유를 위해 군대를 동원하고 전쟁을 계속하고 있
다는 것이다.

바세비치는 전작《힘의 한계》에서 지난 1979년 7월 카터 대
통령이 미국의 힘의 한계를 인정하고, 대체 에너지 개발 등을 통해
에너지 자립을 하며, 더 적은 소비로 새로운 삶을 지향하자는 호소
를 한 바 있으나 미 국민이 이를 거부했다고 지적한다. 오히려 '마
음껏 소비하라, 미국의 힘은 무궁하다'는 레이건의 주장에 동조했
다는 것이다. 그리고 이것이 1980년대 이후 빚에 의존해 흥청망청
하는 미국의 부채경제, 미국의 군사력으로 전 세계가 미국의 소비
주의에 봉사하도록 강요하는 '외교 정책의 군사화'가 강화됐다는
것이다.

게다가 현재 미국은 외국의 빚으로 전쟁을 수행하고 있다. 아
프가니스탄 등 실제 전쟁에 들어가는 경비만 연간 4,000억 달러에
이른다. 클린턴 정부 당시 균형재정을 이루었던 미국 정부의 재정
상황은 부시 정부 이후 적자를 거듭해 2009 회계연도의 경우 무려

1조 4,000억 달러의 적자를 기록했다. 연방정부의 총 부채 규모는 2001년 부시 취임 당시 3조 3,000억 달러에서 그의 퇴임 시에는 7조 5,000억 달러로 두 배 이상 늘어났다. 오바마 정부 이후에도 미국의 국방비는 계속 늘어만 가고 있다. 게다가 2008년 금융위기 이후 미국의 경제적 능력은 갈수록 약화되고 있다. 바세비치는 이런 식으로 미래 세대에게 현재의 전쟁 비용을 부담시키는 것은 지속가능한 일이 아니라고 지적한다.

나아가 바세비치는 현재의 지원병 제도로는 더 이상의 전쟁 수행이 어려울 것이라고 말한다. 미국은 지난 1973년 징병제도를 폐지하고 지원병 제도로 전환했다. 부도덕하고 정의롭지 못한 베트남전쟁에 징발된 젊은이들이 대거 반전시위에 나서면서 더 이상 징병제를 유지할 수 없다고 판단한 것이다. 그 이후 미국의 부자, 상류계급의 자제들은 군대에 지원하지 않고 있다. 농민, 빈민층, 유색인종 등 돈 없고 힘없는 집 자식들이 군인이 되고 있다. 이제 미국에서 군인이 되는 것은 시민의 의무가 아니라 선택의 문제가 돼버린 것이다. 전 국민의 1%가 채 안 되는 군인들이 미 국민들의 소비할 자유를 위해 전 세계를 감시하고 통제하는 임무를 맡고 있다. 99%의 국민들은 군인들에 대한 의례적 찬사와 감사만을 늘어놓을 뿐, '워싱턴'이 벌이고 있는 전쟁에는 아무런 관심이 없다. 자신들의 자유와 안락이 침해되지 않는 한. 나아가 자신이 군인이 되지 않는 한, '워싱턴'이 정의롭지 못한 전쟁을 벌이든 말든, 군인들이 어떤 고생을 하든 말든 미 국민들은 정부를 감시하지 않고 전쟁과 군대에 관해 아무런 관심을 갖지 않는다. 즉 미 제국의 유지를 위한 전쟁에 워싱턴과 대다수 국민들이 결과적으로 공모한 셈이다.

　　바세비치는 이에 대해 이제 미군은 '미국의' 군대가 아니라 '워싱턴의' 군대가 됐다고 지적한다. 또한 대부분의 미국인들의 태도에 대해 (소비 성향과 개인적 안락을 추구하는 현재의 생활 스타일을) 바꾸려 하지 않으며, (막대한 전쟁 비용을) 부담하려 하지 않고, (미국이 벌이는 전쟁을 위해 자신을) 희생하려 하지 않는다고 비판한다. 또한 전쟁을 통해 1%의 부자(석유재벌과 방위산업체 등)들이 막대한 돈을 버는 동안 99%는 침묵하고 있으며, 1%의 시민(군인)들이 미국을 위해 희생하는 동안 나머지 99%는 방관하고 있다고 지적한다.

군사적 패권이 아니라 민주주의의 모범으로

　　결국 미국의 문제를 군사력으로 풀겠다는 것은 잘못됐을 뿐만 아니라 실현 가능성이 전무한 계획이며, 따라서 군사력에 바탕을 둔 기존 미국의 대외 정책에 대한 근본적 반성이 필요하다는 것이 바세비치의 결론이다. 지난 2010년 10월 1일 《워싱턴 룰》을 발간한 후 《게르니카》 잡지와의 인터뷰에서 바세비치는 이를 위해 필요한 것은 한마디로 '희생'이라고 밝혔다. 에너지 등 지금의 과도한 소비 성향을 줄이고, 군대와 전쟁의 문제에 대해 시민들이 더 많은 관심과 참여를 해야 한다는 것이다. 나아가 2차 세계대전 이후 '고립주의'로 매도됐던 '반反개입주의'의 전통을 되살려 미국 자신의 문제를 해결하는 데 더 많은 힘과 관심을 기울여야 한다고 역설했다. 즉 지금까지는 외국의 문제를 군사적 방법을 통해 해결해야(개입주의) 미국의 안보와 평화가 증진될 것이라고 생각해왔으나, 앞으로는 미국 내부의 문제를 스스로의 힘으로 해결해서 민주주의의 모범사례로 거듭 나는 것이 훨씬 더 중요해졌다는 것이다. 다시 말해 이라크나 아프간이 아니라 클리블랜드나 피츠버그의 문제를 해결하는 것이 중요하다는 말이다. 그리고 그것은 결국 민주주의의 문제로 되돌아온다. 미 국민들의 무관심과 방관 속에 벌어진 전쟁이 미 국민의 실질적 삶을 악화시켰기 때문이다.

그렇다고 해서 모든 해외 주둔 미군(현재 37개 나라에 35만 명)을 철수시키자는 것은 아니라는 게 바세비치의 입장이다. 예컨대 이슬람 과격세력을 평정하겠다는 명분 아래 계속되고 있는 아프가니스탄전쟁은 오히려 파키스탄의 이슬람 세력을 강화시키는 역효과를 초래했기 때문에 아프간전쟁을 즉각 중단해야 한다고 주장한다. 또한 서유럽의 경우 소련의 위협도 사라졌고 자체 방위의 역량도 충분하므로 이제는 철수해야 한다고 말한다. 반면 동아시아에서는 중국과 일본, 나아가 한국까지를 포함한 군비 경쟁의 가능성이 높으므로 당분간 미군이 안정자 역할을 해야 한다고 자신의 입장을 밝혔다.

동아시아도 헛된 꿈에서 깨어나야 할 때

바세비치의 지적대로 향후 동아시아에서는 안정과 평화보다 갈등과 경쟁이 높아질 가능성이 높은 것은 사실이다. 경제력을 바탕으로 미국과 어깨를 나란히 하는 신형 대국으로 떠오르는 중국과 과거 역사를 반성하지 않고 보수화로 치닫고 있는 일본과의 갈등이 기본 요인이라 할 수 있다. 물론 일본의 배후에는 미국이 있다. 미국은 동아시아에서 중국의 영향력이 커지는 것을 제어하기 위해 일본, 한국 등과 군사 협력을 강화하려 한다. 문제는 한국을 비롯한 동아시아 각국이 자체 역량으로 평화와 안정을 이룰 수 있는가 하는 것이다.

동아시아의 안정과 관련해 우리가 주목해야 할 것은 북한의 역할, 그리고 남북관계의 중요성이다. 핵무기 개발 등 북한의 군사적 위협이 계속될 경우 이를 빌미로 미국과 일본의 군사화가 강화될 가능성이 높기 때문이다. 예컨대 미국은 북핵 대비를 명분으로 한국의 미사일방어망 참여 등을 요구해올 것이고, 일본은 북한의 군사적 위협을 이유로 집단자위권 인정과 평화헌법 개헌 등을 추진해나가려 할 것이다. 또한 안보와 관련해 한국의 대미 의존도는 더욱 심화될 것이다. 핵개발 등 북한의 군사적 도발은 한반도 평화협정 체결과 북미 수교 등을 통해 외교적 고립을 벗어나려는 몸부림이라고 할 수 있다. 그러나 남북관계가 개선되지 않은 상태에서 북한이 군사적 도발을 계속할 경우 동북아의 안정은 기대할 수 없다.

따라서 동아시아의 안정과 평화를 위해서는 우선 남북이 화해하고 함께 동아시아의 안정과 평화를 추구하는 것이 바람직하다. 그리하여 북한이 핵무기를 포기하는 대신 한반도 평화협정과 북미 수교 등을 통해 북한의 군사외교적 고립상태를 해소해주는 것이 중요하다. 남북한이 화해할 경우 주한미군의 필요성은 상대적으로 줄어들 것이며, 나아가 남북한은 중국과 일본 간의 중재자 역할을 할 수도 있을 것이다.

반대로 남북관계가 개선되지 못한다면 한국의 대미 안보 의존은 심화될 것이며 중국과 미일 간의 갈등도 강화될 것이다. 불행히도 최근 한반도 주변 상황은 이런 방향으로 흘러가고 있다. 개성공단 재개를 위한 실무 회담이 사실상 결렬된 것은 물론이고 2015년 12월로 예정됐던 전시작전통제권 환수도 북한의 핵무기를 이유로 연기 움직임을 보이고 있다. 또한 일본에서는 7월 참의원 선거에서 승리한 아베 정권이 '나치 수법' 운운하며 본격적인 헌법 개정 움직임에 나서고 있다. 현재와 같은 움직임이 계속될 경우 한반도의 긴장이 고조되는 것은 물론, 남한은 미국의 미사일방어망 참여등 미일 대 중국 간의 군사 대결에 끌려들어가게 될 것이다.

하지만 바세비치가 이 책에서 미국의 군사주의를 비판했던 것처럼 오직 군사력에 의존해 평화와 안보를 확보하려는 것은 헛된 꿈에 불과하다. 현재 박근혜 정부가 추진하고 있고 대북 적대, 대미 의존 정책도 바로 이러한 경향의 하나라고 할 수 있을 것이다. 한반도의 평화와 안정을 위해 과연 어떤 방향이 옳은 것인지 진지하게 고민해보아야 할 때이다.

박인규

들어가는 말
|

1   Henry Adams, *Democracy, Esther, Mont Saint Michel and Chartres, The Education of Henry Adams* (New York, 1983), p. 1066.

2   "Table of U.S. Nuclear Weapons, 1945. 2002", Natural Resources Defense Council, http://www.nrdc.org/nuclear/nudb/datab9.asp .

3   Henry R. Luce, "The American Century", *Life, February* 7, 1941.

1장
|

1   "President-Elect Obama's Grant Park Speech", November 5, 2008, http://blogs.suntimes.com/sweet/2008/11/obamas grant park_speech .html.

2   "Foreign Policy Address at the Council on Foreign Relations", July 15, 2009, http://www.state.gov/secretary/rm/2009a/july/126071.htm.

3   "Transcript of Theodore Roo se velt's Corollary to the Monroe Doctrine", December 6, 1904, http://www.ourdocuments.gov/doc.php?flash=old&doc=56& page=transcript.

4   Tony Capaccio, "Congress Approves $636.3 Billion Defense Measure", December 19, 2009, http://www.bloomberg.com/apps/news?pid=20601209&sid=aCyW2U1Ze0uY. 이 액수에는 핵무기 프로그램, 퇴직군인 연금, 비밀작전, 아프가니스탄 전쟁 확대 비용 등은 포함되지 않았다. 따라서 전체 군사비 규모

는 7,000억 달러를 초과한다. 그리고 이것도 보수적인 추정치라고 할 수 있다.

5   "Number of American Servicemen and Women Stationed Overseas", May 28, 2008, http://www.ppionline.org/ppi_ci.cfm?knlgAreaID=108&subsecID=9000 03&contentID=254647.

6   Department of Defense Base Structure Report, Fiscal Year 2008, http://www. acq.osd.mil/ie/download/bsr/BSR2008Baseline.pdf.

7   이 구절은 찰머스 존슨의 《제국의 슬픔(The Sorrows of Empires)》(뉴욕, 2004)에서 따왔다.

8   미국 태평양사령부 비전 선언문, http://www.pacom.mil/web/site pages/ uspacom/regional%20map.shtml.

9   Gen. David Petraeus, "Posture Statement"(testimony before the Senate Armed Services Committee), April 1, 2009, http://www.centcom.mil/en/about-centcom/ posture-statement/.

10   "Mission", http://www.eucom.mil/english/mission.asp.

11   "AFRICOM Mission", http://www.africom.mil/AboutAFRICOM.asp.

12   "Our Goals", http://www.southcom.mil/AppsSC/pages/our Mission.php.

13   "Overview", http://www.fas.org/spp/military/program/nssrm/initiatives/ usspace.htm.

14   "Exercises and Other Engagements", http://www.pacom.mil/web/sitepages/ uspacom/facts.shtml.

15   "U.S. Strategic Command", http://www.stratcom.mil/.

16   Michael J. Hogan, A Cross of Iron: Harry S. Truman and the Origins of the National Security State, 1945-1954 (Cambridge, En gland, 1998), p. 74.

17   Roger Morris, "Take the Myth and Mystery Out of Foreign Policy", New York Times, January 29, 1980, p. A19.

18   "Eisenhower's Farewell Address to the Nation" January 17, 1961, http:// mcadams.posc.mu.edu/ike.htm.

19   알렌 덜레스와 CIA에 대한 묘사는 다음 책들을 참고했다. James Srodes, Allen Dulles: Master of Spies (New York, 1999); Evan Thomas, The Very Best Men: Four Who Dared (New York, 1995); Tim Weiner, Legacy of Ashes: The History of the CIA (New York, 2007).

20   Srodes, Allen Dulles, p. 457.

21 Cabell Phillips, "Allen Dulles of the 'Silent Ser vice,'" *New York Times Magazine*, March 29, 1953, p. SM12.

22 "The Man with the Innocent Air", *Time*, August 3, 1953, pp. 12-15.

23 Srodes, *Allen Dulles*, p. 439.

24 Srodes, *Allen Dulles*, p. 384.

25 William Colby, *Honorable Men* (New York, 1978), p. 73.

26 Allen Dulles, *The Craft of Intelligence* (New York, 1963), p. 54.

27 Dulles, *The Craft of Intelligence*, pp. 44, 50.

28 Thomas, *The Very Best Men*, p. 37.

29 Dulles, *The Craft of Intelligence*, p. 264.

30 Weiner, *Legacy of Ashes*, p. 76.

31 커티스 르메이와 전략공군사령부에 대한 묘사는 다음 책들을 참고한 것이다. William S. Borgiasz, *The Strategic Air Command: Evolution and Consolidation of Nuclear Forces*, 1945-1955 (Westport, Connecticut, 1996); Thomas M. Coffey, *Iron Eagle: The Turbulent Life of General Curtis LeMay* (New York, 1986); Curtis LeMay, *Mission with LeMay: My Story* (Garden City, New York, 1965).

32 LeMay, *Mission with LeMay*, pp. 494-495.

33 Tami Davis Biddle, "Shield and Sword: U.S. Strategic Forces and Doctrine Since 1945", in *The Long War: A New History of U.S. National Security Policies Since World War II*, ed. Andrew J. Bace vich (New York, 2007), p. 142; Borgiasz, *Strategic Air Command*, p. 12.

34 Coffey, *Iron Eagle*, p. 255.

35 Steven L. Rearden, "U.S. Strategic Bombardment Doctrine Since 1945", in *Case Studies in Strategic Bombardment*, ed. R. Cargill Hall (Washington, D.C., 1998), p. 403.

36 LeMay, *Mission with LeMay*, p. 454.

37 LeMay, *Mission with LeMay*, p. 436. 강조는 원문에 있는 것.

38 Francis V. Drake, "On Guard!", *Reader's Digest*, August 1953, pp. 11-12.

39 George Barrett, "On Patrol with 'The Weapon,'" *New York Times Magazine*, April 6, 1958, p. SM16.

40 Richard S. Meryman, Jr., "The Guardians", *Harper's*, October 1955, pp. 38-39.

41 "The Man the Kremlin Fears the Most?", *U.S. News & World Report*, May 2,

1958, p. 62.

42 "Here Comes LeMay", *Time*, April 15, 1957, p. 33.

43 Ernest Havemann, "Toughest Cop in the Western World", *Life*, June 14, 1954, pp. 145, 147.

44 "Second Best in Air Is Not Good Enough", Life, May 14, 1956, pp. 53-56.

45 LeMay, *Mission with LeMay*, p. 381.

46 David Alan Rosenberg, "The Origins of Overkill: Nuclear Weapons and American Strategy, 1945. 1960", *International Security* 7 (Spring 1983): 50, 55, 58.

47 Henry Adams, *The Education of Henry Adams* (New York, 1983), p. 1027.

48 LeMay, *Mission with LeMay*, p. 380.

49 "U.S. Cold War Overflights", http://www.rb-29.net/HTML/77ColdWarStory/ 09.01apndxD.htm.

50 Richard H. Kohn and Joseph P. Harahan, eds., *Strategic Air Warfare* (Washington, D.C., 1988), p. 109.

51 LeMay, *Mission with LeMay*, p. 481.

52 Theodore Shackley, *The Third Option: An American View of Counterinsurgency Operations* (New York, 1981), p. 13.

2장
|

1 Maxwell D. Taylor, *Swords and Plowshares* (New York, 1972), p. 170.

2 Maxwell D. Taylor, *The Uncertain Trumpet* (New York, 1960), pp. xi, 4, 5, 6, 146.

3 "Excerpts of a Speech by Senator John F. Kennedy", American Legion Convention, Miami, Florida, October 18, 1960, http://www.jfklink.com/ speeches/jfk/oct60/jfk181060 miami03.html.

4 "Speech by Senator John F. Kennedy", VFW Convention, Detroit, Michigan, August 26, 1960, http://www.jfklink.com/speeches/jfk/aug60/ jfk260860vfwadvance.html.

5 Lawrence S. Kaplan, Ronald D. Landa, and Edward J. Drea, *The McNamara Ascendancy*, 1961-1965 (Washington, D.C., 2006), p. 69.

6 Russell F. Weigley, *History of the United States Army* (New York, 1967), pp. 538, 543. 544, 561, 569.

7   "Who Fights Brush-Fire Wars?", *Life*, January 13, 1961, p. 43.

8   Taylor, *Uncertain Trumpet*, p. 108.

9   Robert S. McNamara, *In Retrospect: The Tragedy and Lessons of Vietnam* (New York, 1995), p. 25.

10 Robert J. Watson, *Into the Missile Age, 1956-1960* (Washington, D.C., 1997), pp. 473-495.

11 McNamara, *In Retrospect*, pp. 6, 22.

12 이 발언은 에롤 모리스(Errol Morris) 감독의 2003년 다큐멘터리 영화 The Fog of War: Eleven Lessons from the Life of Robert S. McNamara에서 인용했다. http://www.imdb.com/title/tt0317910/.

13 LeMay, *Mission with LeMay*, p. 8. 강조는 원문에 있는 것.

14 Deborah Shapley, *Promise and Power: The Life and Times of Robert McNamara* (Boston, 1993), pp. 106-107.

15 Ernest R. May and Philip D. Zelikow, eds., *The Kennedy Tapes: Inside the White House During the Cuban Missile Crisis* (Cambridge, Massachusetts, 1997), p. 32.

16 "Herman Kahn's Escalation Ladder", http://www.texaschapbookpress.com/magellanslog41/escalation.htm.

17 Kaplan et al., *The McNamara Ascendancy*, p. 322.

18 Shapley, *Promise and Power*, pp. 194-195.

19 David MacIsaac, "Strategy: Nuclear Warfare Strategy and War Plans", in *The Oxford Companion to American Military History* (New York, 1999), p. 694.

20 전체 사건에 관한 최근의 기록은 이 책을 보라. Howard Jones, *The Bay of Pigs* (New York, 2008).

21 쿠바조사그룹의 의장 테일러가 케네디 대통령에게 보낸 편지, June 13, 1961, *Foreign Relations of the United States*, 1961-1963, volume X, Cuba, 1961-1962 (Washington, D.C., 1997), p. 575; 이하 인용은 미국 외교문서 쿠바(FRUS, Cuba) 편에서 따온 것이다.

22 "Memorandum No. 2 From the Cuba Study Group to President Kennedy" June 13, 1961, *FRUS, Cuba*, pp. 600-602.

23 "Memorandum No. 4 From the Cuba Study Group to President Kennedy" June 13, 1961, *FRUS, Cuba*, p. 606.

24 Editorial Note, *FRUS, Cuba*, p. 666. 이 인용문은 1961년 로버트 케네디가 직

접 쓴 자필 문서에서 발췌한 것이다.

25 CIA 작전 담당 부국장 리처드 헬름스가 매콘 국장에게 보낸 메모, 주제: 쿠바 관련 (로버트 케네디) 법무부 장관과의 면담, 1962년 1월 19일, *FRUS, Cuba*, p. 720. 이 메모에는 로버트 케네디의 발언이 포함돼 있다.

26 몽구스 작전 책임자인 랜스데일이 카리브해 지역 조사 그룹에 보낸 메모, 1962년 1월 20일 *FRUS, Cuba*, p. 721.

27 몽구스 작전 책임자 랜스데일의 작전 계획 검토, 1962년 1월 18일, *FRUS, Cuba*, pp. 710. 718.

28 국무부 작성 문서, 1962년 8월 10일, *FRUS, Cuba*, p. 922.

29 국방부 부장관이 케네디 대통령에게 보낸 보고서, January 31, 1962, *FRUS, Cuba*, p. 735.

30 Memorandum, August 21, 1962, *FRUS, Cuba*, p. 956. 이 문서의 작성자는 앨런 덜레스의 후임자 존 A. 매콘 CIA 국장이다.

31 몽구스 작전 책임자 랜스데일이 국무부 미주 지역 담당 부차관보 굿윈에게 보낸 메모, March 6, 1962, *FRUS, Cuba*, p. 767.

32 Sam Dolgoff, *The Cuban Revolution: A Critical Perspective* (Montreal, 1977), pp. 63, 67.

33 Theodore C. Sorensen, *Kennedy* (New York, 1965), p. 308.

34 Ted Sorensen, *Counselor: A Life at the Edge of History* (New York, 2008), p. 321.

35 Arthur M. Schlesinger, Jr., *A Thousand Days: John F. Kennedy in the White House* (Boston, 1965), p. 297.

36 Tim Weiner, *Legacy of Ashes: The History of the CIA* (New York, 2007), p. 180.

37 CIA 작전 요원이 몽구스 작전 담당 간부(하비), 국가평가위원회 위원장 대행 (스미스), 그리고 몽구스 작전 책임자(랜스데일)에게 보낸 메모, 1962년 8월 17일, *FRUS, Cuba*, p. 942.

38 May and Zelikow, eds., *The Kennedy Tapes*, pp. 666-675.

39 Dean Rusk, *As I Saw It* (New York, 1990), p. 242.

40 Plan for Cuba, undated [1961], *FRUS, Cuba*, p. 681.

41 James G. Blight and Janet M. Lang, *The Fog of War* (Lanham, Mary land, 2005), p. 40.

42 James G. Hershberg, "Before 'The Missiles of October': Did Kennedy Plan a Military Strike Against Cuba?", *Diplomatic History 14* (Spring 1990): 163-198.

43 Sorensen, *Kennedy*, pp. 3, 696.

44 May and Zelikow, eds., *The Kennedy Tapes*, pp. 177-178.

45 John F. Kennedy, "American University Commencement Address", June 10, 1963, http://www.americanrhetoric.com/speeches/jfkamericanuniversityaddress.html.

46 May and Zelikow, eds., *The Kennedy Tapes*, p. 198.

47 McNamara, *In Retrospect*, p. 96.

48 당시 미국의 반란진압작전의 핵심은 기존의 마을을 없애고 남베트남 정부와 미군이 만든 마을에 주민을 이주시키는 것(Strategic Hamlet Program)으로 그 성과는 실망적이었다. George C. Herring, *America's Longest War: The United States and Vietnam, 1950-1975* (New York, 1979, 4th ed., 2002), pp. 103-109.

49 케네디가 암살될 즈음 이미 미군 헬리콥터가 남베트남 병사들을 전장으로 실어 날랐고, 미군 조종사가 남베트남 공군 소속 비행기를 몰고 공중 지원 임무를 하고 있었다.

50 Herring, *America's Longest War*, p. 104.

51 1961년 11월, 이른바 테일러-로스토 조사단의 활동을 마치면서 이미 테일러 장군은 베트남에 미 전투 병력을 투입할 것을 주장했다. 보고서는 "만일 베트남이 무너지면 동남아 전체를 지키기가 매우 어려워질 것"이며 그러한 패배는 다른 나라들에게 "과연 미국은 이 지역에서 공산주의의 공격에 맞서 싸울 의지와 능력이 있는지"에 대해 의문을 갖게 할 것이라며 당시의 지배적인 도미노이론을 전개했다. Stanley Karnow, *Vietnam: A History* (New York, 1983), p. 252에서 인용.

52 "Kennedy Considered Supporting Coup in South Vietnam", August 1963, National Security Archive, http://www.gwu.edu/~nsarchiv/NSAEBB/NSAEBB302/index.htm.

53 McNamara, *In Retrospect*, p. 164.

54 베트남 대사관에서 국무부로 보낸 전문, January 6, 1965, *Foreign Relations of the United States, 1964-1968*, volume II, Vietnam, January. June 1965 (Washington, D.C., 1996), pp. 12-19; 이후 인용은 미 외교문서 베트남(FRUS, Vietnam)에서 따왔다..

55 베트남 대사관에서 국무부로 보낸 전문, January 6, 1965, *FRUS, Vietnam*, p. 24. 책에는 별개 문서인 것처럼 편집됐으나 실제로는 위에 인용한 전문의 뒷부분이다.

56   백악관 안보 담당 특별보좌관 맥조지 번디가 존슨 대통령에게 보낸 메모, 1965
     년 1월 27일, *FRUS, Vietnam*, pp. 95-97. 강조는 원 저자인 번디가 한 것이다.

57   미 국무부가 베트남 주재 대사관에 보낸 전문, 1965년 1월 30일, FRUS,
     Vietnam, p. 114. 이 전문은 맥조지 번디가 작성했다.

58   Brian VanDeMark, *Into the Quagmire: Lyndon Johnson and the Escalation of the
     Vietnam War* (New York, 1995), p. 63.

59   백악관 안보 담당 특별보좌관 맥조지 번디가 존슨 대통령에게 보낸 메모, 1965
     년 2월 7일, *FRUS, Vietnam*, pp. 174-181.

60   번디 특사 일행이 작성한 (지속적인 보복 전략) 보고서, 날짜는 적혀 있지 않음
     [February 8, 1965], *FRUS, Vietnam*, pp. 184-185.

61   1965년 2월 8일 회의 기록, *FRUS, Vietnam*, pp. 192. 197. 작성자는 존 매콘
     CIA 국장. 이 회의에는 존슨 대통령이 불참했으며 번디가 회의를 주재했다.

62   백악관 안보담당 특별보좌관 맥조지 번디가 존슨 대통령에게 보낸 메모, 1965
     년 2월 7일 *FRUS, Vietnam*, p. 175.

63   마이크 맨스필드 상원의원이 존슨 대통령에게 보낸 서한, 1965년 2월 8일,
     FRUS, Vietnam, p. 204.

64   마이크 맨스필드 상원의원이 존슨 대통령에게 보낸 서한, 1965년 2월 8일,
     FRUS, Vietnam, p. 204.

65   백악관 안보 담당 특별보좌관 맥조지 번디가 맨스필드 상원의원에게 보낸 서
     한, 1965년 2월 9일, *FRUS, Vietnam*, pp. 208. 211.

66   마이크 맨스필드 상원의원이 존슨 대통령에게 보낸 서한, 1965년 2월 8일,
     FRUS, Vietnam, February 10, 1965, *FRUS, Vietnam*, pp. 226. 227.

67   백악관 안보 담당 특별보좌관 맥조지 번디가 맨스필드 상원의원에게 보낸 서
     한, 1965년 2월 11일, *FRUS, Vietnam*, pp. 237. 238.

68   David Halberstam, *The Best and the Brightest* (New York, 1972), p. 462.

69   베트남 대사관에서 국무부로 보낸 전문, February 7, 1965, FRUS, Vietnam, p.
     165. The author of this cable was John McNaughton.

70   베트남 주둔군 미군 사령관 웨스트모어랜드가 태평양사령부 최고사령관 샤프
     에게 보낸 전문, February 23, 1965, FRUS, Vietnam, p. 351.

71   합동참모부의장 휠러가 태평양사령부 최고사령관 샤프에게 보낸 전문,
     February 27, 1965, FRUS, Vietnam, p. 380.

72   국방부 장관이 베트남 대사관에 보낸 전문, March 2, 1965, FRUS, Vietnam, p.

395.

73   국방부 차관보의 국제안보문제 문서, March 10, 1965, *FRUS, Vietnam*, p. 430.

74   Johnson Report Outline, March 14, 1965, *FRUS, Vietnam*, p. 439.

75   백악관 안보 담당 특별보좌관이 작성한 메모, March 16, 1965, *FRUS, Vietnam*, p. 447.

76   베트남 대사관이 국무부에 보낸 전문, March 18, 1965, *FRUS, Vietnam*, pp. 454. 457.

77   합동참모본부장이 국방부 장관 맥나마라에게 보낸 메모, March 20, 1965, *FRUS, Vietnam*, p. 466.

78   National Security Action Memorandum No. 328, April 6, 1965, *FRUS, Vietnam*, p. 538.

79   Kaplan et al., *The McNamara Ascendancy*, p. 531.

3장

|

1   J. William Fulbright, *The Arrogance of Power* (New York, 1966), pp. 3-4.

2   Fulbright, *Arrogance*, pp. 3, 15.

3   Fulbright, *Arrogance*, pp. 32, 121, 248, 252.

4   Fulbright, *Arrogance*, pp. 138, 248.

5   Fulbright, *Arrogance*, pp. 14, 21.

6   Fulbright, *Arrogance*, pp. 20, 134. 135, 217.

7   Fulbright, *Arrogance*, pp. 5, 127, 185, 199.

8   Fulbright, *Arrogance*, pp. 202, 250.

9   Fulbright, *Arrogance*, pp. 253, 256.

10   Howard Jablon, "General David M. Shoup, USMC: Warrior and War Protester", *Journal of Military History 60* (July 1996): 513-538.

11   숍 장군의 이 연설은 1966년 5월 14일 로스앤젤레스의 피어스 대학에서 행한 것이다. reprinted in Senate Foreign Relations Committee, *Present Situation in Vietnam*, March 20, 1968, pp. 44-51.

12   "General Shoup Derides U.S. Stand on Vietnam", *Washington Post*, December 19, 1967.

13   이 대화의 전문을 보려면 다음을 보라. Senate Foreign Relations Committee,

Present Situation in Vietnam, March 20, 1968, pp. 1. 44.

14 David M. Shoup, "The New American Militarism", *The Atlantic*, April 1969.

15 Seymour M. Hersh, "Huge C.I.A. Operation Reported in U.S. Against Anti-War Forces, Other Dissidents in Nixon Years", *New York Times*, December 22, 1974, p. A1. 허시 기자의 이 기사는 (법으로 금지된) CIA의 국내 첩보 활동을 폭로한 것이다.

16 Gerald K. Haines, "The Pike Committee Investigations and the CIA", https://www.cia.gov/library/center-for-the-study-of-intelligence/kent-csi/pdf/v42i5a07p.pdf.

17 Russell F. Weigley, *History of the United States Army* (New York, 1967), p. 569.

18 "Military Basic Pay and Allowances", http://www.dfas.mil/militarypay/militarypaytables/militarypaypriorrates/1965.pdf.

19 "Withdrawal of Troops Asked", *Evening Prescott* [Arizona] Courier, May 16, 1966, http://news.google.com/newspapers?nid=918&dat=19660516&id=ZP4KAAAAIBAJ&sjid=aFADAAAAIBAJ&pg=4110,354870.

20 Don Oberdorfer, *Senator Mansfield* (New York, 2003), pp. 311-313.

21 The War Powers Act of 1973 (Public Law 93-148), http://www.thecre.com/fedlaw/legal22/warpow.htm.

22 베트남전쟁 이후 미군의 개혁 작업에 관해서는 앤드루 바세비치 《미국의 새로운 군사주의: 미국은 어떻게 전쟁에 매혹되었는가(The New American Militarism: How Americans Are Seduced by War)》(뉴욕, 2005), 34~68쪽을 보라.

23 Anthony Lake, ed., *The Vietnam Legacy: The War, American Society, and the Future of American Foreign Policy* (New York, 1976), p. xxiii.

24 Lake, ed., *The Vietnam Legacy*, p. 120.

25 Lake, ed., *The Vietnam Legacy*, p. xii.

26 Lake, ed., *The Vietnam Legacy*, p. 64.

27 Lake, ed., *The Vietnam Legacy*, p. 91.

28 Lake, ed., *The Vietnam Legacy*, p. 354.

29 Lake, ed., *The Vietnam Legacy*, p. 410.

30 Lake, ed., *The Vietnam Legacy*, pp. xiii, xvii, xxi.

31 Martin Luther King, "Declaration of In de pen dence from the War in Vietnam", April 1967, www.h-net.org/~hst203/documents/King.html.

32 레이크의 《베트남의 유산》은 예외적 사례라고 생각하는 독자들은 W. Scott Thompson와 Donaldson D. Frizzell가 편집한 *The Lessons of Vietnam* (New York, 1977)을 보라. 필자의 면면은 다르지만 접근 방식이나 결론은 동일하다.

33 1980년 공화당 전당대회, http://www.presidency.ucsb.edu/showplatforms. php?platindex=R1980. 이 문서에는 베트남의 인권 유린을 비판하는 간략한 문장이 포함돼 있다.

34 Ronald Reagan, "Address to the Veterans of Foreign Wars Convention in Chicago", August 18, 1980, http://www.presidency.ucsb.edu/ws/index. php?pid=85202.

35 "The Munich Analogy", http://www.americanforeignrelations.com/E-N/The-Munich-Analogy-Reagan-bush-and-the-gulf-war.html.

36 클린턴은 소말리아전쟁에서 패배했고, 아이티와 보스니아, 코소보에 무력 개입했으며, 수단과 아프가니스탄, 이라크에 공습을 가했다. 이라크의 경우 공습은 셀 수 없을 만큼 여러 번 행해졌다. 클린턴은 미군의 세계적 배치의 일환으로 사우디아라비아에 미군을 주둔시켰다가 1996년 6월 25일 호바르 타워에 대한 테러 공격을 자초했다. 또 클린턴의 명령으로 예멘을 방문한 미 전함 콜호는 2000년 10월 12일 테러리스트에게 치명적 공격을 받았다.

37 세르비아에 대한 공습의 정당성을 강변하면서 클린턴은 다음과 같이 반문했다. "누군가가 윈스턴 처칠의 경고를 받아들여 더 일찍 아돌프 히틀러에게 대항했더라면 어땠을까요? 더 많은 인명을 구할 수 있지 않았을까요? 나아가 미국 국민의 희생을 줄일 수 있지 않았을까요?" Timothy Garton Ash, "The New Adolf Hitler?" *Time*, April 5, 1999에서 인용.

38 Henry A. Kissinger, "Lessons of Vietnam", ca. May 12, 1975, http://www.ford. utexas.edu/library/exhibits/vietnam/750512b.htm. 대통령에게 보내기 위해 작성된 이 초안은 실제 대통령에게 보고되지는 않았다.

39 Elaine Sciolino, "Madeleine Albright's Audition", *New York Times Magazine*, September 22, 1996, p. SM67.

40 "Interview on NBC- TV 'The Today Show'with Matt Lauer", February 19, 1998, http://secretary.state.gov/www/statements/1998/980219a.html.

41 Colin Powell, *My American Journey* (New York, 2005), p. 576.

42 Interview on 60 Minutes, May 11, 1996.

43 Sciolino, "Madeleine Albright's Audition".

44 "Farewell Remarks by Secretary of State Madeleine K. Albright", January 19, 2001, http://usinfo.org/wf-archive/2001/010119/epf503.htm.

4장
|

1 David Vine, *Island of Shame: The Secret History of the U.S. Military Base on Diego Garcia* (Prince ton, New Jersey, 2009).

2 Foreign Policy Association Medal for Leaders 모임에서 코언 장관의 발언, April 2, 1998, http://www.defenselink.mil/transcripts/transcript.aspx?transcriptid=791.

3 James R. Blaker, *Transforming Military Force: The Legacy of Arthur Cebrowski and Network Centric Warfare* (Washington, D.C., 2007), pp. 82, 74, 84.

4 Operation Northern Watch, http://www.globalsecurity.org/military/ops/northern_watch.htm, accessed September12, 2009; Operation Southern Watch, http://www.globalsecurity.org/military/ops/southern_watch.htm.

5 Department of Defense, *Conduct of the Persian Gulf War: Final Report to Congress*, April 1992, p. 19, http://www.ndu.edu/library/epubs/cpgw.pdf.

6 Dan Balz and Rick Atkinson, "Powell Vows to Isolate Iraqi Army and Then 'Kill It'", *Washington Post*, January 24, 1991, p. A1.

7 Department of Defense, *Conduct of the Persian Gulf War*, pp. 22, 24, 25.

8 Department of Defense, *Conduct of the Persian Gulf War*, p. 38.

9 군사혁명(RMA)에 관해서는 대단히 많은 책들이 나와 있다. 대부분 2001년 9·11테러 이전에 나온 것들이고 이젠 거의 읽히지 않는다. 관련 책들을 찾아보려면 'Project on Defense Alternatives'의 홈페이지(http://www.comw.org/rma/)를 참고하라. 가장 좋은 문서는 1996년 합참이 작성한 *Joint Vision 2010*이다. http://www.dtic.mil/jv2010/jv2010.pdf.에서 볼 수 있다.

10 Norman Podhoretz, *World War IV: The Long Struggle Against Islamofascism* (Garden City, New York, 2007).

11 "Building a Military for the 21st Century", http://avalon.law.yale.edu/sept11/testimony_002.asp. 이 문서에는 2001년 10월 3일과 4일 월포위츠가 미 상하원 합동군사위원회에 제출한 서면 증언 전문이 실려 있다.

12 Remarks at the Citadel in Charleston, South Carolina, December 11, 2001,

http://externalaffairs.citadel.edu/presbush01.

13　"Text of Bush Speech", May 1, 2003, http://www.cbsnews.com/stories/2003/05/01/iraq/main551946.shtml.

14　"Cheney Declares Iraqi Freedom 'Most Extraordinary Military Campaign,'" May 1, 2003, http://www.defenselink.mil/news/newsarticle.aspx?id=29033.

15　"Prepared Statement for the Defense Transformation Act of the 21st Century", May 6, 2003, http://www.defenselink.mil/speeches/speech.aspx?speechid=388.

16　"Operation Enduring Freedom/Iraqi Freedom Intelligence Lessons Learned", April 13, 2004, www.oss.net/.../Mazzafro%20on%20OSINT%20and%20All%20Source.PPT.

17　Williamson Murray and Robert H. Scales, *The Iraq War: A Military History* (Cambridge, Massachusetts, 2003), p. 145.

18　"Secretary Rumsfeld Interview with Meet the Press", April 13, 2003, http://www.defense.gov/Transcripts/Transcript.aspx?TranscriptID=2383.

19　Donald Rumsfeld, "Pentagon Town Hall Meeting", April 17, 2003, http://www.defense.gov/Speeches/Speech.aspx?SpeechID=370.

20　Thomas Donnelly, "Toward a Global Cavalry", *AEI Outlook Series*, July 2003, http://www.aei.org/outlook/17783.

21　Statement of Lieutenant General Robert Wagner, Senate Subcommittee on Terrorism, Unconventional Threats, and Capabilities, February 26, 2004, http://www.iwar.org.uk/rma/resources/transformation/02-26-2004-wagner.htm.

22　"U.S. Casualties in Iraq", http://www.globalsecurity.org/military/ops/iraqcasualties.htm.

23　"The President's News Conference", April 13, 2004, http://www.guardian.co.uk/world/2004/apr/14/iraq.usa2.

24　"Rumsfeld Interview with Chris Matthews", April 29, 2004, http://www.defense.gov/transcripts/transcript.aspx?transcriptid=2555.

25　"Feith Speech at the American Enterprise Institute", May 4, 2004, http://www.america.gov/st/washfile-english/2004/May/20040507124856sjhtrop0.197215.html.

26　"Bush's Statement at Pentagon", May 10, 2004, http://www.nytimes.

com/2004/05/10/politics/10CND-TEXT.html?pagewanted=1.

27 "Fletcher Conference Remarks as Delivered by Deputy Secretary of Defense Paul Wolfowitz", November 14, 2001, http://avalon.law.yale.edu/sept11/dod_brief89.asp.

5장

1 "General Foresees 'Generational War' Against Terrorism", *Washington Times*, December 13, 2006, http://www.washingtontimes.com/news/2006/dec/13/20061213-010657-5560r/.

2 "Rumsfeld's War-on-Terror Memo", October 16, 2003, http://www.usatoday.com/news/washington/executive/rumsfeld-memo.htm.

3 Max Boot, "It's Not Over Yet", *Time*, September 3, 2006.

4 Bob Egelko, "Pelosi's First Priority Is to Halt Iraq War", *San Francisco Chronicle*, December 10, 2006, http://www.sfgate.com/cgi-bin/article.cgi?f=/c/a/2006/12/10/BAGJGMSTAQ1.DTL#ixzz0U0BWyLWi.

5 "President's Address to the Nation", January 10, 2007, http://georgewbush-whitehouse.archives.gov/news/releases/2007/01/20070110-7.html.

6 Paul Krugman, "Things to Come", *New York Times*, March 18, 2003, http://www.nytimes.com/2003/03/18/opinion/things-to-come.html?pagewanted=1.

7 Gen. Sir Rupert Smith, *The Utility of Force: The Art of War in the Modern World* (New York, 2007), pp. xiii, 291.

8 Rick Atkinson, "The Long, Blinding Road to War", *Washington Post*, March 7, 2004, http://www.washingtonpost.com/ac2/wp-dyn/A36843-2004Mar6?language=printer.

9 David Howell Petraeus, "The American Military and the Lessons of Vietnam: A Study of Military Influence and the Use of Force in the Post-Vietnam Era" (unpublished Ph.D. dissertation, Prince ton University, 1987), p. 305.

10 Petraeus, "The American Military and the Lessons of Vietnam", p. 241.

11 Petraeus, "The American Military and the Lessons of Vietnam", p. 13.

12 "FM 3-24 Available in Hard Copy",Small Wars Journal (May 8, 2007), http://smallwarsjournal.com/blog/2007/05/-fm-324-the-new/.

13   http://www.press.uchicago.edu/Misc/Chicago/841519.html.

14   FM 3-24/MCWP 3-33.5, *Counterinsurgency* (December 2006): ix, 1-4; hereinafter cited as FM 3-24.

15   FM 3-24, pp. 1-27, 1-28. 이 장(Paradoxes of Counterinsurgency)의 필자는 퍼트 레이어스인 것 같다. 그가 Military Review 2006년 1, 2월호에 기고한 "Learning Counterinsurgency"의 내용과 매우 유사하다.

16   Col. David Petraeus et al., "Why We Need FISTS. Never Send a Man When You Can Send a Bullet", Field Artillery Journal (May. June 1997): 3, 5.

17   FM 3-24, pp. 1-29, 2-2.

18   FM 3-24, p. 1-21.

19   실제로 민간인이 군사행동을 지휘한 사례는 무수히 많다. 필리핀을 합병한 직후인 1900년 반란이 발생하자 윌리암 맥킨리 대통령은 군 복무 경험이 없는 연방 판사 하워드 태프트를 총독으로 임명해 반란 평정의 임무를 맡겼다. 필리핀에 주둔 중이던 미군 장군들은, 비록 열성적이지는 않았지만, 태프트의 명령을 따랐다.

20   William B. Caldwell, "FM 3- 07, Stability Operations: Upshifting the Engine of Change", *Military Review* (July.August 2008), http://findarticles.com/p/articles/mim_0PBZ/is_4_88/ai_n28048846/.

21   Steven Lee Myers, "Deadly Blasts Rock Shiite Mosque in Baghdad", *New York Times*, September 12, 2009, http://www.nytimes.com/2009/09/13/world/middleeast/13iraq.html.

22   Elisabeth Bumiller, "General Sees a Longer Stay in Iraq Cities for U.S. Troops", *New York Times*, May 8, 2009, http://www.nytimes.com/2009/05/09/world/middleeast/09military.html?_r=1.

23   FM 3-24, p. 1-14.

24   Frederick W. Kagan and Kimberly Kagan, "The Patton of Counterinsurgency", *Weekly Standard* 13 (March 10, 2008), http://www.weeklystandard.com/Content/Public/Articles/000/000/014/822vfpsz.asp.

25   Jeffrey Bell, "The Petraeus Promotion", *Weekly Standard*, May 5, 2008, http://www.weeklystandard.com/Content/Public/Arti_cles/000/000/015/038lzirr.asp.

26   FM 3-24, p. x.

27   "Petraeus Cites Areas of Improvement in Baghdad", *PBS News-Hour*, April 4, 2007, http://www.pbs.org/newshour/bb/middle_east/jan-june07/petraeus04-04.html.

28   Barbara Tuchman, *The March to Folly: From Troy to Vietnam* (New York, 1985), p. 326에서 인용.

29   Walter LaFeber, *America, Russia, and the Cold War* (New York, 1976), p. 100.

30   Address at the Veterans of Foreign Wars Convention, Phoenix, Arizona, August 17, 2009, http://www.whitehouse.gov/the_press_office/remarks-by-the-president-at-the -veterans-of-foreign-wars-convention/.

31   네이글의 서문에서 인용, University of Chicago Press edition of FM 3-24, p. ix.

32   John Kerry, "A New Approach to Fighting Terrorism", July 31, 2008, 미국진보센터에서 행한 연설, http://www.americanprogressaction.org/issues/2008/kerry_event.html .

33   Bruce Hoffman, "Terrorism's Twelve Step Program", The National Interest Online, January 13, 2009, http://www.nationalinterest.org/Article.aspx?id=20592.

34   Bennet Sacolick, "Character and the Special Forces Soldier", *Special Warfare* (January. February 2009): 8-9.

35   Daniel S. Roper, "Global Counterinsurgency: Strategic Clarity for the Long War", *Parameters* (Autumn 2008): 106.

36   숫자는 The CIA World Factbook에서 가져옴, https://www.cia.gov/library/publications/the-world-factbook/geos/ym.html.

37   "Obama Approves Af ghan i stan Troop Increase", February 18, 2009, http://www.cnn.com/2009/POLITICS/02/17/obama.troops/index.html.

38   Ann Scott Tyson, "Top U.S. Commander in Afghanistan Is Fired", *Washington Post*, May 12, 2009, http://www.washingtonpost.com/wp-dyn/content/article/2009/05/11/AR2009051101864.html.

39   Dexter Filkins, "Stanley McChrystal's Long War", *New York Times Magazine*, October 14, 2009, http://www.nytimes.com/2009/10/18/magazine/18Afghanistan-t.html?ref=magazine.

40   Evan Thomas, "McChrystal's War", *Newsweek*, October 5, 2009, http://www.

newsweek.com/id/216237.

41 Mark Thompson, "A New General, and a New War, in Afghanistan", *Time*, July 10, 2009, http://www.time.com/time/world/article/0,8599,1909261-1,00. html.

42 여기에는 대외관계협의회의 스티븐 비들과 맥스 부트, 전략국제문제연구소 (CSIS)의 앤서니 코즈맨, 미 기업연구소(AEI)의 프레데릭 케이건, 미 안보센터 의 존 네이글 등이 포함된다.

43 *Lou Dobbs To night*, November 2, 2009, http://transcripts.cnn.com/ TRANSCRIPTS/0911/02/ldt.01.html.

44 Frederick W. Kagan and Kimberly Kagan, "The Cost of Dithering", *Weekly Standard*, November 11, 2009, http://weeklystandard.com/Content/Public/ Articles/000/000/017/197pvvru.asp?pg=1.

45 "COMISAF's Initial Assessment", August 30, 2009의 전문은 다음을 참조하 라. http://media.washingtonpost.com/wp-srv/politics/documents/Assessment_ Redacted_092109.pdf?sid=ST2009092003140.

46 Gen. Barry McCaffrey speaking on *Meet the Press*, October 11, 2009, http:// www.realclearpolitics.com/articles/2009/10/11/senators_levin_graham_ generals_myers_mccaffrey_on_meet_the_press_98669.html.

47 John F. Burns and Alan Cowell, "McChrystal Rejects Lower Afghan War Aims", *New York Times*, October 1, 2009, http://www.iiss.org/whats-new/iiss-in-the-press/october-2009/mcchrystal-rejects-lower-afghan-aims/.

48 Alessandra Stanley, "Situation Report: The Dilemma of Af ghanistan", *New York Times*, October 12, 2009, http://www.nytimes.com/2009/10/13/arts/ television/13stanley.html.

6장
|

1 Dwight D. Eisenhower, "The Chance for Peace", April 16, 1953, http://www. edchange.org/multicultural/speeches/ike_chance_for_peace.html.

2 John Winthrop, "A Model of Christian Charity"(1630), http://religiousfreedom. lib.virginia.edu/sacred/charity.html.

3 "Washington's Farewell Address"(1797), http://avalon.law.yale.edu/18th_

century/washing.asp.

4   "John Quincy Adams on U.S. Foreign Policy"(1821), http://www.fff.org/
     comment/AdamsPolicy.asp.

5   William James, "Address on the Philippine Question"(1903).

6   Randolph Bourne, *War and the Intellectuals* (New York, 1964), p. 45.

7   George F. Kennan, *Memoirs*, 1950–1963 (Boston, 1972), p. 84.

8   George F. Kennan, *Realities of American Foreign Policy* (Princeton, New Jersey,
     1954), p. 115. 이 책은 조지 캐넌이 1954년 프린스턴 대학에서 행한 일련의 강
     연을 엮은 것이다.

9   J. William Fulbright, *The Arrogance of Power* (New York, 1966), pp. 4, 81, 217,
     218, 247.

10   Eric Miller, *Hope in a Scattering Time: A Life of Christopher Lasch* (Grand Rapids,
     Michigan, 2010), p. 300에서 인용. 이 인용문은 1983년《하퍼스》에 쓴 에세이에
     서 따온 것이다.

11   Martin Luther King, "A Time to Break Silence", April 4, 1967, http://www.
     americanrhetoric.com/speeches/mlkatimetobreaksilence.htm.

12   Martin Luther King, "It's a Dark Day in Our Nation", April 30, 1967, http://
     www.informationclearinghouse.info/article16183.htm.

13   George Washington, "Sentiments on a Peace Establishment", May 2, 1783,
     http://www.history.army.mil/books/RevWar/ss/peacedoc.htm.

14   Trea sury Direct, http://www.treasurydirect.gov/NP/NPGateway; Lawrence
     Kadish, "Taking the National Debt Seriously", *Wall Street Journal*, October
     12, 2009; Project on Defense Alternatives, "An Undisciplined Defense",
     January 18, 2010, http://www.comw.org/pda/fulltext/1001PDABR20exsum.
     pdf; CIA World Factbook, https://www.cia.gov/library/publications/the-
     world-factbook/rankorder/2001rank.html; Council on Foreign Relations,
     "U.S. Interest vs. Defense Spending", October 26, 2009, http://blogs.cfr.org/
     geographics/2009/10/26/interest-expense/.

15   *The Pentagon Papers*, Gravel ed., vol. 4 (Boston, 1971), pp. 632–633.

16   "Remarks by the President on a New Way Forward in Afghanistan and
     Pakistan", December 1, 2009, http://www.whitehouse.gov/the-press-office/
     remarks-president-address-nation-way-forward-afghanistan-and-pakistan.

워싱턴 룰

미국은 왜 전쟁을 멈추지 못하는가

초판 1쇄 펴낸날 | 2013년 9월 5일

지은이 | 앤드루 바세비치
옮긴이 | 박인규
펴낸이 | 박재영
편집 | 강곤
디자인 | 나윤영

펴낸곳 | 도서출판 오월의봄
주소 | 413-841 경기도 파주시 탄현면 참매미길 194-9
등록 | 제406-2010-000111호
전화 | 070-7704-2131 · 팩스 | 0505-300-0518
이메일 | maybook05@naver.com
트위터 | @oohbom · 블로그 | blog.naver.com/maybook05
페이스북 | facebook.com/maybook05

ISBN 978-89-97889-26-6 03300

이 도서의 국립중앙도서관 출판시도서목록(CIP)은 서지정보유통지원시스템 홈페이지
(http://seoji.nl.go.kr)와 국가자료공동목록시스템(http://www.nl.go.kr/kolisnet)에서
이용하실 수 있습니다.(CIP제어번호: CIP2013015967)

*책값은 뒤표지에 있습니다. 잘못된 책은 바꾸어 드립니다.